KB213842

이 책을 추천하는 글

수많은 사람의 사연을 듣고 나는 우울증 환자를 가장 힘들게 하는 것은 누구도 내 아픔을 모른다는 신념임을 깨닫게 되었다. 이 책은 저자 본인의 이야기뿐 아니라 존경받는 기독교 지도자들의 이야기를 통해 이러한 신념이 거짓이라고 반박한다. 당신이 우울증을 앓고 있다면, 책장을 넘기며 희망과 격려, 조언 그리고 바로 당신과 비슷한 사람을 발견하게 될 것이다.

에이미 심슨 | 『고통받고 있는 영혼』 저자

다이애나 그루버가 시선을 사로잡는 책을 썼다. 그녀가 들려주는 7인의 역사적 인물은 모두 심각한 우울증에 시달렸던 이들이며, 그중에는 누구나 알 만한 사람도 있다. 자칫 지나치게 감상적이거나 비판적일 수 있었던 내용을 균형감 있게 잘 다루고 있다. 그루버는 책 속의 인물이 스스로 자신의 경험을 나누게 하면서도 그것들을 현대 의학으로 재단하려는 시도를 거부한다. 책 속의 인물들이 겪은 악몽 같은 시간을 떠올리며 눈물을 멈출 수 없을 정도로, 저자가 선택한 인용구들은 하나같이 심오하고 인간적이며 강렬하다. 그루버는 쉽고 명확하며 설득력 있는 문체로 이들의 이야기를 세심하고 따뜻하게 들려준다. 그리고 책 속의 인물들이 세월의 벽을 뛰어넘어 우리에게 얘기할 수 있도록 그들에게 목소리를 선물했다. 그루버의 해설과 고찰은 희망으로 가득 차 있다. 이 책은 신뢰할 만하면서도 감동적인 책으로 역사에 기억될 만한 저작이다. 내 친구들에게 꼭 추천하고 싶은 책이다.

제럴드 싯처 | 휘트워스 대학 신학 교수, 『하나님 앞에서 울다』 저자

이 책은 우울증에 시달리며 그저 간헐적으로만 자유와 치유를 경험했던 7인의 마음속으로 우리를 인도한다. 우울증을 몸소 겪어 잘 아는 다이애나 그루버는 이들의 심적 고통과 어려운 환경을 조심스럽고 세심하게 드러내며 다루기 힘든 우울증의 특성과 오명에 관한 어렵고 중요한 질문을 제기한다. 그리고 왜 하나님은 어떤 이들이 죽을 때까지 눈물을 흘리며 고통받게 놔두시느냐고 묻는다. 그루버는 차라리 죽는 게 낫다고 생각할 수 있었던 7인이 어둠 속에서도 어떻게 계속 하나님을 신뢰하며 삶을 지속할 수 있었는지, 우리에게 유익한 교훈을 전해 준다. 7인이 남긴 편지와 자서전을 통해 이들의 삶을 상세하게 살핀 저자는 각주에 더 많은 정보와 추가로 읽을거리를 소개하는 배려도 잊지 않았다. 이 책은 삶이 감당할 수 없을 정도로 힘겨워진 사람 그리고 그런 이들을 돕고자 하는 사람에게 건네는 따뜻하고 절실한 격려다.

리처드 윈터 | 커버넌트 신학교 실천신학 명예 교수,
『지친 완벽주의자를 위하여』 저자

다이애나 그루버의 『영혼의 밤을 지날 때』는 7인의 성자 마르틴 루터, 한나 앨런, 데이비드 브레이너드, 윌리엄 쿠퍼, 찰스 스펄전, 테레사 수녀, 마틴 루서 킹 주니어가 우울증과 벌인 분투를 간명하게 그려 낸, 매우 유익하고 감동적인 걸작이다. 우울증을 이해하려면 꼭 읽어야 할 책으로 강력히 추천한다.

샹양 탠 | 풀러신학대학 심리학 교수, 『상담과 심리치료』 저자

다이애나 그루버는 우울증의 지형을 속속들이 잘 아는 자만이 가진 지혜와 연민으로 이 책을 썼다. 『영혼의 밤을 지날 때』에서 그루버는 우리에게 유명한 또는 그리 잘 알려지지 않은 그리스도인을 소개한다. 모두 절망과 분투한 이들로서 치유와 구원을 갈망하는 사람들에게 위로와 연대감을 선사하는 스토리의 소유자들이다. 용기 있고 솔직하며 독특한 이 책은 쉬운 해결책을 제시하지 않으면서도 일말의 주저함 없이 하나님은 어둠 속에서 우리와 동행하신다고 선언한다.

샤론 갈로우 브라운 | 『Shades of Light of Light』, 저자

지혜롭게 쓰인 이 책은 우리를 위로하고 붙들어 주는, 다정한 친구다. 저자는 어둠에 잠긴 길 속에서 우리를 인도한다. 그녀가 몸소 걸었던 길이라 잘 알고 있다는 사실만으로도 우리에게 위로가 된다. 책을 읽으며 당신의 아픔을 보듬고 당신에게 흔들리지 않는 희망을 심어 주는 손길을 느낄 수 있으리라. 하나님은 우리에게 근심에 잠긴 성자들을 주셨다. 미로 속에서 한 걸음씩 나아가는 법을 아는 이들이 우리가 잊어버린 은혜의 소식을 다시 한 번 외치거나 속삭일 수 있도록 차근차근 가르쳐 줄 것이다. '어둠이 우리를 둘러싸도 하나님에게는 어둠마저 빛입니다.'

잭 에즈윈 | 미주리주 웹스터그로브즈 리버사이드 교회 목사,
『현대인을 위한 성경적 설교』 저자

난 30년 동안 양극성 장애를 안고 살아왔다. 그러니 『영혼의 밤을 지날 때』가 우울증의 골짜기를 지나는 사람에게 치유와 도움을 준다는 나의 말을 신뢰하시라. 다이애나 그루버는 우울증과 싸운 자신의 경험담과 함께, 기겁할 만큼 어두운 길을 터벅터벅 걸어간 성인들의 숨겨진 실화를 능숙하게 풀어낸다. 마르틴 루터와 테레사 수녀, 마틴 루서 킹 주니어까지, 성인들의 실화를 접하며 우리는 우울증이 어떻게 하나님의 빛과 사랑을 가릴 수 있는지 알게 된다. 그러나 무엇보다 중요한 것은 그루버가 믿음의 삶을 살면서도 우울증을 겪을 수 있음을 보여 준다는 사실이다. 7인의 성인을 통해 난 어둠 속에서 절대 혼자가 아니며 언제나 희망이 있음을 그리고 그 속에도 예수님을 따르는 길이 있음을 확신하게 되었다.

마이클 존 큐직 | 『하나님을 탐닉하라』 저자

다이애나 그루버가 『영혼의 밤을 지날 때』라는 선물을 교회에 안겼다. 우울증을 겪고 있는 모든 기독교인과 그의 친구들이 필독해야 할 책이다. 다이애나는 우울증에 시달린 위대한 성자들의 이야기를 보물을 발굴하듯 공들여 밝혀냈다. 강렬하면서도 따뜻하게 전달된 이야기는 우울증을 둘러싼 교회 안의 잘못된 인식을 조금씩 무너뜨린다. 어떤 이야기를 하느냐는 중요한 문제다. 수 세기 전 믿음의 대가들이 우울증에 시달렸다는 사실을 알려 주는 『영혼의 밤을 지날 때』는 역사적인 사실을 말한다는 점에서 매우 중요하다. 이 책은 판사가 봉을 두드리듯 믿음이 부정적으로 사용되는 것을 거부한다. 대신 우울증을 겪는 기독교인이 믿음을 통해 어떻게 살아갈 힘을 얻는지 보여 준다. 우울증에 시달리는 이들 또한 하나님의 자녀이며, 하나님의 자녀를 향한 그분의 놀라운 사랑을 말하는 복음에는 낙인이 존재할 수 없다. 『영혼의 밤을 지날 때』를 선물한 다이애나에게 감사를 표한다.

캐런 메이슨 | 고든콘웰 신학교 상담학, 심리학 교수

'내가 이 책만 한 책은 없습니다'라고 소개하는 일은 드물지만 다이애나 그루버의 『영혼의 밤을 지날 때』는 참으로 다른 책이 해내지 못한 일을 해냈다. 기독교를 이끌었던 선조들의 우울증 이야기를 탐색함으로써 우리에게 어둔 시기를 함께 해 줄 수 있는 동반자를 소개해 준 것이다. 다이애나는 자신의 이야기를 함께 엮어 넣어 정신 질환에 관한 현대 심리학적 통찰을 제공하며 우리가 결코 혼자가 아니라고 격려한다. 고통을 민감하게 알아채는 저자의 시선을 통해 우리는 마르틴 루터의 우울함과 육체적 고통, 윌리엄 쿠퍼의 절망과 마틴 루서 킹 주니어의 탈진, 테레사 수녀가 겪은 영혼의 밤을 이해하게 된다. 이들의 이야기는 흥미롭고 유익하다. 아니, 우리의 만나이며 빛과 소망이다. 우리에게 진정으로 도움이 되는 이 걸작을 많은 이들이 고맙게 생각할 것이라 확신한다.

바이런 보거 | 'Hearts & Minds Bookstore' 서점주

다이애나 그루버는 현명한 통찰과 따뜻한 감성으로 큰 업적을 남겨 수 세기 동안 귀감이 되어 온 기독교 지도자들의 지극히 인간적인 이야기를 적고 있다. '위대한' 기독교인이라는 명성에도 불구하고 모두 처절한 상처와 정신 질환의 아픔을 맛본 이들이다. 하나님을 찾지만 여전히 고통을 겪는 사람이라면 역경 속에서도 신실하게 살았던 형제자매들을 보면서 위로를 발견할 것이다. 동반자이자 안내자인 이들은 우리에게 우울증이 결코 끝이 아니라고 자신 있게 말해 준다. 실제적이면서도 매우 개인적인 『영혼의 밤을 지날 때』는 우리 모두에게 특별한 선물이다.

캐런 라이트 마쉬 | 『Vintage Saints and Sinners』 저자

영혼의 밤을
지날 때

COMPANIONS IN THE DARKNESS:
Seven Saints Who Struggled with Depression and Doubt
by Diana Gruver

Originally published by InterVarsity Press, LLC as
Companions in the Darkness by Diana Gruver.
© 2020 by Diana Janelle Gruver.
Translated and printed by permission of InterVarsity Press, LLC,
P.O. Box 1400, Downers Grove, IL 60515, USA. www.ivpress.com.

This Korean edition 2021 by Where the Wind Blows, Seoul, Republic of Korea.

이 한국어판의 저작권은 저작권자와 독점 계약한 바람이 불어오는 곳에 있습니다.
신저작권법에 의해 한국 내에서 보호를 받는 저작물이므로 무단 전재와 복제를 금합니다.

우울증을 안고 살아간
믿음의 사람들

영혼의 밤을
지날 때

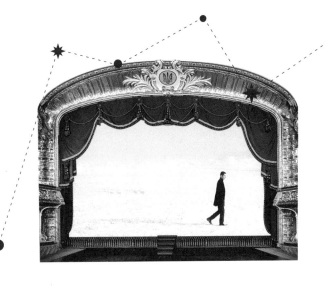

**다이애나
그루버**

지음

칸앤메리

옮김

바람이불어오는곳

리디아에게,
어둠 속에서도 늘 빛을 발견하길.

차례

영혼의 밤을 지나는
당신을 위한 안내서

한국은 우울하다. 우울증과 밀접한 연관을 가지는 자살과 관련하여 경제협력개발기구(OECD) 회원국 자살률 통계에서 십수 년째 한국이 최상위권을 지키고 있다는 뉴스는 매번 반복되어 도리어 익숙할 지경이다. 압축 성장과 좁은 땅덩어리, 과밀화된 도시에서 사람들은 비교의 과잉 속에 열등감과 열패감을 반복적으로 경험하고, 타인에게 보여지는 자신의 모습을 과도하게 의식한다. 눈치를 보며 스스로의 흠결을 끊임없이 탐색하고, 무언가 부족하고 결핍되었다는 느낌이 자책과 자기비하의 화살로 돌아온다. 비단 일상뿐 아니라 신앙의 크기도 비교하며 위축된다. 우울증의 특징으로 자기 자신을, 지금 처한 환경을, 그리고 앞으로 자신에게 펼쳐질 미래를 부정적으로 바라보게 된다는 인지 삼제(cognitive triad)는 많은 사람들에게 반복적으로 재현되고 있는 한국의 현실이고 단면이다.

그래서 정신건강의학과 진료실은 갈수록 바쁘다. 과거의 상처로 인한 아픔을 이야기하고 그 아픔이 영향을 미치는 현실의 고충을 털어놓는다. 일과 생활에서 경험하는 여러 대인 관계의 어려움과 고민을 표현하고 그로 인한 우울함과 무기력함을, 스스로를 탓하게 되는 무거움을 꺼내 놓는다. 분명하지 않고 밝지 않은 미래 조망은 암담함과 어두움으로 스며든다. 혼자 외딴 섬에 남겨진 것 같고 자신만 결핍된 어둠 속에 머무르고 있다는 생각에 무기력함은 더해 간다. 누군가 자신을 도와주었으면 하는 마음이면서도 도움 요청하기를 주저하게 된다. 어렵게 주변에 도움을 구하더라도 자신의 의지 부족인 것으로 성급한 결론이 내려지고, 취업과 결혼에 지장을 줄 수 있다는 소문을 전하며 더 버티고 노력하라는, 이해와 공감이 결여된 메마른 충고만 제공받아 마음은 심연으로 더 가라앉는다. 한국에서는 그래서 정신건강의학과 진료실은 갈수록 바쁜 동시에 그 문턱은 높아지고 있고, 적절한 치료와 회복은 더더욱 어려워진다는 모순이 공존한다.

이 와중에 코로나19 감염증 사태는 더 많은 어려움을 불러왔다. 당연하게 여겨 왔던 일상적인 만남과 대화가 줄어들고, 사람과 사람 사이의 물리적인 거리는 더 멀어졌다. 만남의 제한이 도리어 권장되고 내 생각과 느낌을 표현하고 남들과 공유할 기회를 찾기가 어려워졌다. 끝이라도 미리 알면 좋겠건만 누구도 언제 끝날는지 알지 못하고, 반복되는 코로나19

관련 뉴스에 노출되면서 우울과 불안은 일상적 경험이 되었고 '코로나 블루'라는 용어마저 일상어처럼 되었다. 종교 활동에도 제한이 생기고, 교회에서도 좀처럼 이에 대한 분명한 신앙적 해답을 제공받기 어려워졌다. 영혼의 밤으로 묘사되는 우울의 어두움은 그래서 한국에서 갈수록 짙어지고 있다.

7인의 신앙인(혹은 성자들)의 내면에 엿보였던 영혼의 밤을 나지막이 소개한 다이애나 그루버의 책 『영혼의 밤을 지날 때』는 그래서 지금 한국 현실에 더더욱 생생한 울림을 준다. 마르틴 루터에서부터 마더 테레사를 거쳐 마틴 루서 킹 주니어에 이르기까지 7인의 내면에 드리운 영혼의 밤을 천천히 따라가면서 어떤 친숙한 동질감을 느끼게 되는 건, 어쩌면 그들이 경험한 생각과 감정이 유독 나에게만 찾아오는 것이 아니었다는 안도감 때문이었을 것이다. 나 혼자 그 밤을 거닐고 있지 않았다는 것, 그 길을 누군가 먼저 걸어갔다는 것, 그래서 어두운 그 밤이 외롭고 쓸쓸하지만은 않다는 것을 깨닫게 되는 순간, 일종의 연대감을 형성하며 위로를 받게 된다. 빛나는 신앙인의 면모 뒤편으로 드리워진 친숙한 그림자를 목격하며 나 혼자만 우울하지 않으며, 누구나 우울의 심연에 머무르는 순간들이 찾아올 수 있음을 이해하게 된다. 그리고 그 심연에서 어떻게 헤어 나올 수 있었는지 따뜻한 믿음의 조언을 마주하게 된다.

책을 읽어 내려가며 사뭇 놀라게 되는 여러 위로와 조언들 가운데 한 가지만 이곳을 빌려 나눠 보고자 한다. 마르틴 루터가 우울증 치료를 위해 보내는 서신에서 권고하는 "혼자 있지 말고, 함께 있을 사람을 찾아 나설 것", "무서운 생각들이 몰려올 때 머무르지 않고 뛰쳐나갈 것", "긴장을 풀고 웃고 즐길 수 있는 무언가를 시도해 볼 것" 등의 조언이다. 이는 400년 전 마르틴 루터 시대에만 적용할 수 있는 제한적인 방법이 아니라 지금 한국에서도 그대로 변함없이 적용될 수 있는 방법이다. 그리고 실제 정신건강의학과 진료실 현장에서도 반복적으로 다뤄지는 내용이기도 하다. 즉, 시대가 변하여도 인간의 본성과 우울의 본질은 변하지 않는다는 것을 보여 주는 사례이자, 지금도 이러한 방법들이 우울증을 치료하는 데 있어서 변함없이 중요하고 절실한 해결책이라는 점을 알려 주는 것이기도 하다.

마르틴 루터, 한나 앨런, 데이비드 브레이너드, 윌리엄 쿠퍼, 찰스 스펄전, 마더 테레사, 마틴 루서 킹 주니어는 지금 한국의 현실을 살아 내는 우리와 마찬가지로 번민하며 회의했다. 신앙의 혼돈을 경험하고 옳은 길이 보이지 않아 막막하고 우울한 밤을 지냈다. 그럼에도 이들은 자신의 길을 지켰고, 데이비드 브레이너드의 표현처럼 "머무르지 않고 가기로 선택했다." 그렇다. 그렇기에 이 책은 우리에 앞서 같은 감정을 경험했던 7인에 대한 소개일 뿐만 아니라 지금 이 책을 읽는 독자들을 향한 초대이다. 비록 짙은 어두움을 동반한 길일지라도 그 길이 혼자가 아님을 알려 주는 따뜻한 위로이자, 시대를 이어 가며 동일한 고백과 간증이 지속되어야 한다는, 우리를 향한 부드러운 격려인 것이다. 인간의 본성과 우울의 본질뿐 아니라 하나님의 행하심에도 변함이 없거니와, 이 책에 소개된 7인을 통한 하나님의 행하심뿐 아니라 오늘을 살아 내는 우리를 통한 하나님의 행하심도 동일하다. 그렇기에 독자들이 7인의 영혼의 밤, 그 현장과 대응의 순간들을 엿보며 위로와 격려를 받기를, 그리고 지금도 동일하게 일하시는 하나님의 주권과 도우심을 인정하며 고백과 간증으로의 초청장을 기쁘게 받아들이게 되기를 기대하고 소망하며, 이 책을 영혼의 밤을 지나는 많은 분들께 권한다.

이산
연세대학교 의과대학 용인세브란스병원
정신건강의학과 교수

마음을 살피려는 이들을 위한
귀한 선물

　'팬데믹'(Pandemic)이라는 말은 '전염병'을 의미하는 단어(epidemic)와 '전체' 혹은 '모두'를 의미하는 헬라어 접두사(pan)를 합쳐 만든 것으로서, 전 세계 혹은 여러 대륙에 퍼져 있는 전염병을 가리킨다. 지금 우리가 싸우고 있는 코로나바이러스감염증19(COVID-19)가 인류가 가장 최근에 마주한 팬데믹이다. 하지만 의료계에서는 벌써 반세기 전에 우울증, 정신 분열증, 조현병 같은 마음의 질병을 '현대판 흑사병'이라고 부르며 그 위험성을 경고해 왔다. 코비드19 팬데믹이 오기 전에 우리는 이미 마음의 질병이라는 팬데믹과 싸우고 있었다. 이 팬데믹은 코로나바이러스가 종식된 이후에도 계속될 것이며, 불행하게도 더 깊어질 것이다.

　우울증을 비롯한 여러 가지의 마음의 질병은 지난 수 세기 동안 놀랄 만한 비율로 급증해 왔다. 발병 사례가 많아지는 것만이 문제가 아니라, 발병의 시기가 점점 빨라지고 있으며 증상이 더 심해져 왔다. 그로 인해 신경 안정제 계통의 약물 소비가 가파르게 치솟고 있다. 얼마 전에 나온 「사이언스 저널」의 보도에 따르면, 신경 안정제 성분들이 바다로 흘러 들어가 고기 떼로부터 전에 못 보던 현상들이 관찰되고 있다고 한다. 이것은 신경 안정제 계열의 약물이 얼마나 많이 처방되고 있는지를 반증하고, 마음의 질병이 얼마나 심한지를 보여 준다.

세계보건기구(WHO)에 따르면, 코비드19 이전에 전 세계적으로 5퍼센트의 인구가 우울증을 앓고 있다고 했다. 이 통계치는 코비드19 이후에 모든 국가에서 2배 내지 3배로 뛰었다. 대한신경과학회의 보도에 따르면, 한국은 OECD 국가 중 우울증 유병률에 있어서 1위였는데, 코비드19 이후에 무려 36.8퍼센트를 기록했다. 자살률 1위라는 오명은 우울증 유병률 1위라는 사실과 깊은 연관성이 있다. 통계적으로 보면, 지금 한국에서는 열 명 중 서너 사람이 우울감을 느끼고 있으며, 한두 사람은 깊은 마음의 질병을 앓고 있다는 뜻이다. 그만큼 마음의 질병은 우리 가까이에 있다. 우울증의 팬데믹은 언제든 우리의 마음에 전염될 수 있다. 누군가가 우울증으로 고통받는 것은 더 이상 특별한 일이 아니라는 뜻이다.

그늘이 있다는 것은 빛도 있다는 뜻이다. 우울증을 비롯한 마음의 질병이 창궐하는 사이 그것에 대한 연구와 치료 방법도 빠른 속도로 발전해 왔다. 그로 인해 지금은 우울증을 마음의 감기 정도로 여겨야 한다는 인식이 퍼지고 있다. 좋은 약들이 개발되어 있고, 잘 훈련된 의사와 상담가들이 많다. 일찍 진단하고 증상이 깊어지기 전에 치료를 시작하면 어렵지 않게 치료할 수 있다.

상황은 이러한데 마음의 질병에 대한 일반 대중의 이해와 태도는 크게 변하지 않았다. 과거처럼 지금도 자신에게 그런 문제가 있다는 사실을 인정하는 것조차 쉽지 않고 그것이 다른 사람에게 알려지는 것에 대해서도 두려워한다. 그로 인해 병은 더욱 깊어지고 그 끝에서 극단적인 선택을 하곤 한다. 나도 목회를 하면서 극단적인 선택을 한 가족으로 인해 슬퍼하는 교인들을 종종 만났다. 그들은 자신의 배우자 혹은 자녀가 홀로 우울증과 싸우다가 스스로 목숨을 끊었다는 사실로 인해 비통하게 몸부림쳤다.

마음의 질병에 대한 신앙인들의 태도에는 더 심각한 면이 있다. 가장 큰 문제는 그것을 믿음의 결여 혹은 부재에서 오는 것으로 여기는 데 있다. 신앙은 기본적으로 마음의 일이다. 그렇기 때문에 마음에 문제가 생기면 믿음의 문제라고 여기는 것이다. 그런 믿음 때문에 자신에게서 우울증의 증상이 심해지면 그것을 믿음에 대한 도전으로 받아들인다. 소위 믿음이 좋다는 사람들에게서 이런 현상이 더 심하다. 이들은 의사나 상담가에게 도움을 청하는 것을 신앙의 실패 혹은 믿음의 굴복이라고 여긴다. 그러는 중에 문제는 돌이킬 수 없이 심해진다.

지금까지 연구한 바에 의하면, 마음의 질병은 여러 가지 요인으로 인해 발생한다. 예컨대, 정신 질환에 있어서 가족력은 매우 중요한 발생 요인으로 인정받고 있다. 태어날 때 부여받은 체질에 정신 질환에 대한 취약성이 있으면 아무리 신앙 생활을 열심히 한다 해도 막을 수 없다는 뜻이다. 믿음이 좋다는 사람들은 그런 요인들을 고려하지 않는다. 마음의 질병은 모두 믿음의 문제에서 발생하며 믿음의 회복만이 그 열쇠라고 믿는다. 교회에서 설교자들이 그렇게 단순하게 말하는 경우를 심심찮게 본다.

신앙인들에게서 보는 또 다른 문제는 마음의 질병을 귀신 들린 것으로 오인하는 것이다. 정신 질환과 귀신 들림을 분별하는 것은 매우 조심스럽고 위험한 일이다. 서구 신학계에서는 일반적으로 귀신 들림을 인정하지 않는다. 의학계에서는 더욱 그렇다. 그것은 의학 연구가 부재할 때나 통용될 수 있었던 진단이라고 생각한다. 하지만 정신과 의사이며 영성 작가였던 스캇 펙이 『거짓의 사람들』에서 결론 지은 것처럼, 절대 다수의 정신 질환이 의학적인 문제이지만 귀신 들림으로 볼 수밖에 없는 현상도 존재한다. 문제는 은사주의적인 유산이 아직도 강한 한국 교회에서는 모든 마음의 질병을 귀신에 의해 발생하는 것으로 보는 경향이 강하다는 사실에 있다. 그로 인해 마음의 질병이 있다 싶으면 능력 있는 은사자에게 기도를 받아 귀신을 쫓아내야 한다고 믿는다.

    의학적인 치료 방법이 없을 때에는 마음의 질병이 발생하면 은사를 받은 사람에게 의존하는 방법밖에 없었다. 기독교 바깥에서는 주술사에게 찾아갔다. 하지만 이 문제에 대한 연구가 잘 되어 있고 여러 가지 치료 방법이 나와 있는 지금과 같은 상황에서도 여전히 그렇게 하고 있으니 참 안타깝다. 내가 만난 사람들 중에 이미 누구에겐가 설득되어 자신의 문제가 귀신에 의해 사로잡힌 것이라고 단정하는 이들이 있었다. 자신의 병에 대한 그릇된 인식이 고착되고 나면 치료가 더욱 어려워진다. 의사나 상담가를 찾아가는 것을 죄로 여기게 만들기 때문이다. 그렇게 믿고 영적 투쟁에 몰입했던 사람들 중에 몇 사람은 결국 정신과 의사를 찾아가 의학의 도움을 받아 지금은 정상적으로 살아가고 있다.

    이렇게 마음의 질병에 대한 여러 가지 상황을 목격해 온 나는 이 책을 만나고 얼마나 반가웠는지 모른다. 저자는 신앙인으로서 그리고 영적 지도자로서 몸소 우울증을 겪었던 사람이다. 그는 일곱 명의 신앙의 위인들이 겪었던 우울증 이야기를 자신의 체험을 엮어 풀어낸다. 그동안 우울증에 대한 연구가 진척되면서 우울증 증상을 겪었던 성경 인물들에 대한 논의도 진행되었다. 구약의 인물 중에는 모세, 욥, 사울, 다윗, 엘리야, 요나, 예레미야 등이 관심의 대상이었고, 신약의 인물 중에는 바울 사도가 대표적인 인물이다. 또한 기독교 역사에 위인으로 기록된 인물들이 우울증을 겪었다는 연구 결과도

자주 발표되었다. 저자는 그들 중 일곱 명을 선택하여 그동안 드러나지 않았던 이면의 이야기를 들려준다. 그 위인들 사이에 보통 사람의 이야기를 더한 것은 이 책에 기록된 이야기들이 독자들의 이야기로 읽힐 수 있게 하려는 저자의 배려라 할 수 있다.

나는 이 책을 사람들의 마음(영혼 혹은 내면)을 다뤄야 하는 사역자들에게 필독서로 권하고 싶다. 아직도 교회 안에는 믿음의 결여 혹은 부재가 우울증을 일으킨다는 도식이 통하고 있다. 믿음이 회복되면 혹은 성령의 능력을 받으면 우울증은 능히 치료된다고 가르치는 사람들이 아직도 많다. 물론, 성령의 치유의 능력이 고치지 못할 질병은 없다. 우울증도 예외가 아니다. 하지만 모든 질병의 치유를 성령께만 의지해서는 안 되는 것처럼 우울증도 마찬가지다. 이 시대에 목회하는 사람은 필경 우울증으로 고생하는 사람들을 만나게 되어 있다. 사실, 마음에 질병에 가장 취약한 사람들이 사역자들이다. 따라서 이 책은 우울증에 대해 교회에서 유통되고 있는 오해를 바로잡아 줄 것이며 마음의 질병으로 고통받는 사람들을 공감적으로 대하고 바르게 인도할 시각을 마련해 줄 것이다.

얼마 전, 우울증으로 자살한 교인에 대해서는 장례 미사를 해 줄 수 없다 하여 그 가족이 나에게 장례식을 부탁해 온 일이 있다. 이웃 종교의 이야기여서 조심스러웠지만, 나는 그 가족의 부탁을 기꺼이 받아들였다. 나는 다른 책에서 "우울증으로 자살한 것은 본질상 암으로 사망한 것과 다르지 않다"는 말을 한 적이 있다. 내가 존경하는 어느 교인은 30년 넘게 우울증을 앓고 있다. 그분은 깊은 믿음 안에 사시는 분이다. 그분이 나에게 한 말에 의하면, 우울증의 깊은 나락에 빠지면, 자살이 사랑하는 사람들에게 가장 좋은 선택이며 하나님께서도 허락하실 것 같은 생각이 든다고 했다. 그분은 그런 생각이 들 때마다 스스로에게 '이것은 병이 만든 생각이다. 이것은 나를 속이는 음성이다'라고 외치며 스스로를 지켜 왔다고 한다. 상황이 이러한데, "자살한 사람은 구원받을 수 없다"는 교회의 속설을 따라 고통받는 유가족을 두 번 상처 주는 것은 옳지 않다.

이 책은 우울증을 앓고 있는 사람들 혹은 사랑하는 사람이 마음의 병을 앓고 있는 사람들에게 큰 도움이 된다. 크게 두 가지 점에서 그렇다. 첫째, 이 책을 통해 독자는 믿음의 결여 혹은 부재로 인해 마음의 질병이 발생하는 것이 아니라는 사실을 확인할 수 있다. 이 책을 읽으면서 나는 '마음의 질병이 하나님의 부름을 따라 사는 사람들이 짊어져야 할 십자가일 수도 있겠다'는 생각을 했다. 사역자에게 마음의 질병은 바울이 말한 "그리스도의 남은 고난"(골 1:24)을 채우는 것이 되기도 한다. 둘째, 고질적인 질병과 싸우는 과정에서 신앙의 위인들이 자신보다 더 큰 고통을 겪었다는 사실을 아는 것은 그것 자체로 위안과 격려가 된다. 나도 수년 전에 암 선고를 받고 투병해야 했는데, 그때 나보다 영적으로 깊다고 생각되는 분들이 투병하고 있다는 소식이 이상하게도 위로가 되고 격려가 되었던 것을 기억한다. 또한 그들의 이야기를 통해 믿음으로 고난을 이겨 내는 지혜와 통찰도 발견할 수 있다.

이런 이유로 나는 이 책이 널리 알려지고 많은 이들에게 읽혀지기를 바란다. 그것이 코비드19가 종식된 이후에도 여전히 남아 인류의 삶의 질과 생명을 위협할 마음의 질병을 제대로 이해하고 대처하도록 도와줄 것이기 때문이다.

김영봉 목사

미국 버지니아주 와싱톤사귐의교회 담임목사

'영혼의 밤'을 정의하다

대학 4학년 때까지 나는 내가 겪고 있는 어려움의 정체를 파악하지 못했다. 돌이켜보면 문제는 이미 전부터 주기적으로 찾아왔고 나는 그때마다 "의기소침하다", "울적하다", "힘들다", "처진다"고 하소연했다. 친구가 대학 보건소에 가서 상담을 받아 보라 권했고 거기서 나는 우울증이라는 진단을 받았다.

처음에는 생경했다. **내가 그럴 리 없어, 이런 느낌이 우울증일 리가 없어.** 하지만 정서적으로 안정감을 느끼거나 "기분이 좋았다"고 느낀 지 너무 오래되었던 탓에 나는 정상적인 상태가 어떤 것인지 더는 기억하지 못했다. 내게는 머릿속 생각들과 씨름할 기력조차 남아 있지 않았다. 나는 안개 속에 갇힌 듯했다. 혼란스러웠고 주체하지 못해 숨이 막혔다.

가끔은 우울증의 안개에서 벗어나 신선한 공기를 들이켜

기도 했다. 그때마다 우울증이 없는 세상이 얼마나 밝고 따뜻한지 실감했다. 그러나 안개에 사로잡힌 날에는 자신을 보호하려는 고슴도치처럼 잔뜩 웅크린 채 하나님께 내 기도를 들어 달라고, 제발 정상이 되게 해 달라고 눈물로 기도하다 잠들었다.

시간이 지나면서 나는 하나님이 기도를 듣고 계신지 의구심이 들기 시작했다. 눈물샘이 마르고 감정마저 사라졌다. 무감각해진 나는 뜬눈으로 밤을 새웠다. 녹초가 됐는데도 잠이 오지 않았다. 내가 껍데기뿐인 인간이 아니라 여전히 살아 있는 존재임을 알 수 있도록, 제발 눈물이 돌아오기를 간절히 빌었다. 그냥 사라지거나 영원히 깨지 않는 잠이 들기를 바라기도 했다. 나는 우울증이 아주 사라지기를 절박하게 구했다.

이 기간에 나는 전방위로 나를 포위해 오는 어둠과 맞서 홀로 싸워야 하는 졸병처럼 지레 겁을 먹었다. 뭔가 잘못을 한 것처럼 죄책감을 느끼기도 했다. 무엇보다 우울증이 숨통을 조여 와 제정신을 잃을까 두려웠다. 이성을 갉아먹는 생각들이 두려웠고, 바닥을 알 수 없는 수렁에 빠진 것 같아 두려웠으며, 죽고 싶은 충동이 무서웠다.

나는 살아남았다. 정신과 치료와 우울증 약, 훌륭한 지원 프로그램과 하나님의 은혜 덕에 빛이 서서히 비춰 왔다. 삶은 점차 편해졌고, 일상생활도 그만큼 쉬워졌다. 집중력과 사고력도 되돌아왔고, 다른 사람들에게 따뜻한 관심을 기울일 수도 있게 되었다. 하얗게 밤을 새우는 일도 없어졌고, 마음에 다시 기쁨이 찾아왔다.

정말 운이 좋았다고 생각했다. 우울증이라는 어둠을 간신히 빠져나온 사람처럼. 살아 있는 게 감사했고 다시 빛을 볼 수 있어서 감지덕지했다. 하지만 우울증을 겪은 시간을, 우울증이 남긴 흉터를 어떻게 받아들여야 할지 몰라 난감했다. 우울증이 재발할 경우 어떻게 대처해야 하는지도 풀지 못한 숙제로 남았다.

그리고 우울증이 재발했다. 나는 타국에서 보육원 행정을 맡으며 아이들을 돌보고 있었다. 영혼의 어둠과 눈물, 고갈이 다시 찾아왔다. 평소에 도움을 받았던 관계망에서 떨어진 채 나는 필사적으로 빛을 찾으려 다시금 약을 먹어야 했다.

몇 개월 후 상태가 안정되어 우울증 약의 마지막 회분을 먹던 나는 신학교 강의실에 앉아 공책 가장자리에 교회사에 등장하는 이름들을 끼적이고 있었다. 우울증의 기억이 아직도 생생하던 나는 교수님이 들려주는 역사 속 인물들의 에피소드를 듣다가 귀가 번쩍 뜨였다. 그들은 마치 몇 백 년의 시간을 거슬러 올라온 친구처럼 내 귀에 속삭였다. 아, 이들도 역시 영혼의 밤을 헤맸구나. 나와 같이 우울증을 앓았구나.

그렇게 나는 어둠 속에서 그들이 발견했던 교훈을 배워보려는 마음으로, 그들과 또 그들처럼 시련을 경험했던 이들을 연구하기 시작했다.

무엇이 우울증인가?

우울증을 앓았던 사람들은 여러 가지 이름으로 우울증을 부른다. 안개. 검은 개. 영혼의 밤. 위험한 유령. 우리는 갖은 비유로 우울증을 조심스럽게 묘사하고 자신만의 빛깔을 지닌 언어로 고통을 색칠한다. 우울증이라고 하면 너무 병원 냄새가 나며 그곳에서 말하는 증상 목록은 그저 건조하기만 하다.

진단 설명서는 제대로 말해 주지 않는다. 가슴에서 찢겨 나와 박동을 멈춘 심장이 피가 돌지 않아도 몸은 여전히 무감각하게 기계적으로 움직이는 느낌을. 나는 꼭두각시 인형이다. 유령처럼 보이지 않게 떠다니며 아무것도 느끼지 못한 채 웃고 사랑하는 사람들을 쳐다만 본다. 이 공허감과 외로움, 허무한 고통을 어떤 말로 설명할 수 있을까.

어떤 사람은 우울증을 슬픔이라고 생각한다. 하지만 우울증은 그것보다 더 깊은 무엇이다. 명확히 정의할 수 있고 원인을 알 수 있는 슬픔이라면 오히려 낫다. 그러나 우울증은 정신을 갉아먹는, 모호한 비애감에 완전히 압도당하는 것이다. 처음에는 우울증의 무게감을 못 견뎌 울면서 온몸을 뒤틀며 괴로워한다. 그러다가 감정에 완전히 눌려 아무것도 느끼지 못하게 되는데, 이때가 더 두렵다. 경직되고 멍한 상태. 단순히 슬픈 거라면 다행이다. 여전히 살아 있다는 것을 아니까. 우울증은 걸어 다니는 송장이 되는 것과 같다.

그러나 의료 전문가들은 그림책으로 설명하지 않는다.

공식적인 진단 매뉴얼인 「정신 질환의 진단 및 통계 편람」 (DSM-5)에서 그들은 자연수에서 증류수를 걸러 내듯 우울증의 증상을 다음과 같이 무미건조하게 열거한다.

* 우울한 기분
* 한때 좋아했던 사물이나 활동에 대한 관심과 흥미를 상실
* 식욕의 감소 혹은 증가, 또는 알 수 없는 체중 감소 혹은 증가
* 피로하거나 기운이 없음
* 수면 장애, 불면증 혹은 평소보다 수면 시간이 늘어남
* 사고력과 신체적 활동 능력이 현저하게 저하되거나 눈에 띄게 불안하고 초조해함
* 사고력이나 집중력의 감소 또는 우유부단함
* 자신을 하찮게 여기거나 지나치게 죄책감을 느낌
* 자살을 생각하거나 계획함, 반복적으로 죽음을 생각함[1]

어떤 사람이 우울증으로 진단받으려면 2주간 적어도 다섯 개의 증상을 보여야 하고 반드시 첫째나 둘째 증상을 포함해야 한다. 또한 증상은 일상적인 업무나 사회생활을 힘들게 할 정도로 심각해야 한다.

이렇게 명확하게 정의된 증상 목록이 비록 딱딱하게 보일지 모르지만, 적어도 우리에게 우울증이 질병이라는 점을 상기시켜 준다. 그렇다. 우울증은 엄연히 증상과 진단 기준이

존재하는 질병이며 전문 의료진의 도움이 필요한 정신 질환이다. 약과 치료가 필요할 수도 있고 생명을 위협하기도 한다. 단순히 "머릿속에만 있는" 게 아니며 "정신력"으로 극복할 수 있는 것도 아니다. 우울증은 심각한 병이다.

우울증의 다양한 얼굴

체크 리스트와 같은 증상 목록을 읽다 보면 우울증이 다양한 얼굴을 하고 있다는 현실을 인식하지 못할 수 있다.

수업을 빼먹고 어두운 방에 아무렇게나 누워 있는 학생. 마음이 너무 혼란스러워 도저히 강의를 들을 수 없다. 한 사람에게 말을 걸기도 버겁기만 하다.

사랑하는 가족을 잃은 아버지. 슬픔 때문에 생각도 못하고 제대로 살거나 쉬지도 못한다. 스스로 치유할 능력도 잃었다. 숨 쉬는 것조차 아프다. 직장에 돌아갈 힘도, 아니, 침대에서 일어날 힘조차 없다. 슬픔에 이끌려 헤어 나올 수 없는 절망의 늪으로 점점 깊이 빠져들어 가는 아버지.

무관심과 불면의 밤으로 괴로워하면서도 애써 아무렇지도 않은 척 살아가는 젊은 전문직 종사자. 다양한 의류와 음식을 시도해 보고 회의에도 열심히 참석하지만, 막상 삶은 껍데기처럼 의미가 없다.

희망을 잃고 다리 난간에 서 있는 남편. 아내에게 남기는 유서를 집에 두고 온 남편은 아프지 않은 세포가 없는 듯 온

몸으로 괴로워한다.

우울증은 우리가 사용하는 진단 기준의 경계를 넘나들며 변신한다. 우울증은 고통스러운 일을 잇따라 경험할 때 생길 수도 있고 아무런 경고 없이 불쑥 찾아올 수도 있다. 우울증에 걸려도 아침에 일어나 학교나 직장에 가는 일상을 유지하는 사람이 있는 반면, 어둠 속에서 꼼짝도 못하는 사람도 있다. 특히 쉽게 낙인찍히는 문화에 사는 사람은 신체적 증상을 더 호소하기도 한다. 우울증은 환자마다 심각한 정도도 다르고 삶 깊숙이 파고드는 시간도 다르다.

이 책에서 만나게 될 사람들은 우리에게 우울증이 다양한 얼굴을 하고 있다는 사실을 말해 준다. 어떤 이는 절름거리면서도 일상을 유지했고 어떤 이는 아예 정상적인 생활을 하지 못했다. 정신 질환과 더불어 신체 질환을 동시에 경험한 사람도 있다. 어떤 경우에는 우울증에 유전적 영향이 있을 수 있음을 암시하는, 가족력이 의심되는 사람도 있다. 트라우마와 외로움, 난관 때문에 우울증이 촉발된 사람도 있고 어느 날 갑자기 우울증에 사로잡힌 사람도 있다.

나는 여기에 등장하는 인물들을 임상적으로 우울증이라고 진단하는 데 관심이 없다. 다른 문화와 시대를 살았던 사람들을 그렇게 진단하려는 시도는 역사학적으로 무책임하고 어리석은 일일 것이다. 그런데도 나는 이들이 보였던 증상과 자기 생각과 감정을 표현한 말에서 요즘 우리가 우울증이라고 일컫는 경험과 너무나 유사한 무엇을 발견한다는 점을 부인할 수 없다. 이야기 속에서 이들과 교감하고 이들의 지혜를 빌리는 데 굳이 진단이 필요하지는 않을 것이다.

우울증의 간략한 역사

우울증이 현대에 들어 생긴 병은 아니다. 단지 수 세기 동안 사람들이 우울증의 원인을 다른 데서 찾거나, 다른 치유 방식으로 접근하거나, 다른 이름으로 우울증을 불렀을 뿐이다. 예를 들어, 이 책에서 여러분이 만나게 될 사람들은 자신이 겪는 어려움을 우리처럼 "우울증"이라고 말하지 않는다. 누군가는 "울적함" 혹은 "호르몬의 불균형"이라 불렀고 또 누군가는 아예 이름조차 붙이지 않았다. 하지만 그 증상은 시대와 관계없이 늘 동일했다.

서구 사회에서 우울증에 관한 인식은 문화나 접근 방식에 따라 변해 왔다. 이러한 인식의 변천 과정을 들여다보면서 나는 다음과 같은 패턴을 발견했다. 우울증은 질병인가? 우울증은 영감을 불러일으키는 원천인가? 아니면, 개인적인 결점일 뿐인가? 논쟁과 이론 사이에 끼어 언제나 고통 받는 건 우울증을 앓는 당사자였다. 의사나 철학자들이 그들의 질환(어떤 의견인가에 따라 저주라 부를 수도, 혹은 천재성의 근원이라고 부를 수도 있겠다)을 놓고 말싸움을 벌일 때 막상 그들은 살기 위해 몸부림치고 있었다.

고대 그리스 로마 시대의 의사는 우울증을 몸에 생긴 병이라고 인식했다. 당시에는 인체가 네 가지 기초적인 체액의 균형 정도에 반응한다고 믿었는데 이런 생각은 이후로도 수백 년 동안 이어졌다. 이 이론에 따르면 우울증은 흑담즙이라는 체액이 과도해서 생긴 질환이었다. (4체액설이라 불린 이 이론은 적어도 17세기까지 우울증을 이해하고 치료하는 데 지속해서 영향을 미쳤다.) 어떤 사람은 태생적으로 체액이 불균형해서 우울증을 가질 수 있고, 또 어떤 사람은 외부적 혹은 환경적 요인으로 인해 체액의 균형이 깨질 수 있다는 게 그 당시 통념이었다.

히포크라테스나 에베소의 루퍼스, 갈레노스 같은 의사는 우울증을 일으키는 흑담즙을 조절하기 위해 식이요법이나 경구약과 같은 치료법을 개발했다. 그들은 또한 환경적인 요인이나 환자의 침울한 정서를 개선하기 위해 여행과 안마, 운동과 다양한 여가 활동을 권하기도 했다.[2] 이러한 고대적 치유법은 (비록 지금은 흑담즙이 아니라 뇌의 화학 성분이라고 말하지만) 생활 방식의 조절을 통해 신체의 균형을 바로잡는 현대적 치유 방식과 유사하다. 불행하게도 이후 역사를 살펴보면 언제나 이런 식으로 우울증에 접근했던 것은 아니었다.

그리스 로마 시대의 의사가 치료법을 개발하는 동안 그리스 철학자 아리스토텔레스는 우울증을 좀 더 긍정적으로 묘사했다. 그의 주장에 따르면 우울증은 질병일 뿐만 아니라 영감의 모판이기도 하다. 우울한 기질 또는 우울증에 쉽게 빠지게 만드는 선천적인 성향 때문에 탁월함이나 창조성, 특별한 재능을 가질 수도 있다는 것이다. 물론 이런 성향이 정신 이상이 될 위험을 높이기도 한다. 그러나 동시에 철학과 시, 예술과 같은 분야에서 뛰어난 실력을 발휘할 가능성도 높인 다는 게 아리스토텔레스의 주장이다.[3]

아리스토텔레스의 이런 견해는 이후 르네상스 시대와 낭만주의 시대에 다시 등장한다. 이 시대에 침울함은 또다시 탁월함과 창조성 그리고 세상에 대한 깊은 통찰력을 주는 필수적인 성향으로 인식된다. 사람들은 우울한 인물을 우러러보았고 우아하다고 생각해 모방하기까지 했다. 귀족들과 천재적인 야심가들은 우울증으로 괴로워하는 사람들의 음울함을 한두 번 흉내 내다가 곧 우울증을 따라하는 데 재미가 들리기도 했다.[4] 우울증이 주는 절박감도 모른 채 자신의 우울한 겉모습만 즐기는 사람들을 바라보는 우울증을 심각하게 않는 이의 심정이 어땠을까.

물론 우울증이 이렇게 높이 평가되지 못한 시대도 있었다. 우울증을 신체의 병으로 보기보다는 영혼의 병으로 봤던 시대다. 이 시대 사람들은 우울증을 죄 혹은 마귀의 장난으로 생각했다. 어떤 면에서 이런 인식은 성경에서 영감을 얻은 논리의 결과물이었다. 아우구스티누스가 인간과 짐승을 구분해 주는 이성을 잃는 것은 곧 하나님의 징벌을 의미한다고 주장했던 것이 그 좋은 예다.[5] 어떤 교회 지도자는 유다의 자살(마태복음 27장)과 느부갓네살 왕의 정신 이상(다니엘 4장)을 언급하며 정신 질환은 죄와 하나님의 심판의 결과라고 주장하

기도 했다.[6]

　사막 교부와 교모 그리고 초기 수도공동체가 "7대 죄악" 혹은 중죄 중 하나라고 여겼던 acedia는 우울증과 매우 유사한 양태를 보인다. '나태함'이라고 번역되는 acedia는 단순히 요즘 우리가 생각하는 무관심이나 게으름과는 다른 개념이다. 그것은 초기부터 또 다른 "죄"이자 슬픔과 비애감을 함축하고 있는 tristitia와 연관됐다. 개념이 정립되는 과정에서 acedia는 탈진과 슬픔, 불안, 무관심, 둔함, 절망과 부주의로 특징지어지는 우울증과 유사한 의미를 갖추게 되었다.[7] 지금 우리가 우울증이라고 부르는 것과 acedia가 동일하다고 단정할 수는 없다. 그러나 acedia라는 죄를 범해서 징계를 받은 초기 수도사 중에는 실제로 우울증을 앓았던 사람이 있었을 것이라고 쉽게 짐작될 만큼 둘 사이에는 충분한 유사성이 존재한다.

　우울증의 흑역사는 계속됐다. 종교 재판에서 어떤 이는 우울함이라는 "죄"에 빠졌다고 벌금을 물고 감옥에 갇히기까지 했다.[8] 훨씬 이후에는 우울증의 원인을 퇴폐적이고 방종하며 도덕적으로 타락한 사회 분위기에서 찾기도 했다. 우울증에 걸린 사람은 곧 이런 사회의 타락에 동참한 사람이었다.[9]

　사용하는 용어는 다르지만, 오늘날에도 여전히 많은 사람이 우울증을 죄악시하며 우울증에 빠진 사람이 구원받았는지 의문시한다. 그들이 영적으로 성숙하지 못하거나 어떤 죄 때문에 그와 같은 절망에 빠진 건 아닌지 의심하는 것이다. 과

거의 기독교인들처럼 이들도 우울증을 앓는 사람을 질책하거나 전염이라도 될까 봐 아예 멀리한다. 감옥에 갇히는 신세는 면했지만 여전히 우울증에 걸린 사람은 교회 안에서 외면과 모욕, 비난의 대상이다. 과거와 달라진 것은 별로 없다.

우울증을 향한 교회의 시각만이 우울증에 걸린 사람을 괴롭혔던 것은 아니다. 18세기는 공포의 정신병원이 전성기를 맞았던 부끄러운 시대였는데, 그 대표적인 예가 런던의 악명 높은 베드람(정식 이름은 '베들레헴'이었지만 당시 사람들은 '아수라장'을 뜻하는 bedlam으로 비꼬아 불렀다—옮긴이) 정신병원이었다.[10] 가족에게 미친 사람으로 취급돼서 평생 잔인한 기관에 짐승처럼 갇혀 살았던 사람이 애처롭지 않은가. 그보다 우울증 증상이 덜했던 사람들 역시 정신병원에 갇히지 않으려고 필사적으로 제정신을 유지하려 했을 것을 생각하면 불쌍하긴 마찬가지다. 당시 정신병원은 "치료"라는 이름으로 신체적인 고문을 가했던 것도 모자라 방문객에게 입장료를 받고 정신 질환을 앓는 사람들을 구경할 수 있게 했다. 환자를 대중의 볼거리로 만든 것이다. 다행히도 그간 정신 질환자의 인권에 관한 법적, 사회적 인식이 바뀌어 요즘 정신병원의 환경은 전보다 많이 개선됐다.

히포크라테스 시대부터 지금까지 우울증에 대한 시각이 시계추처럼 오락가락하는 사이에 신체의 과학적 이해가 깊어지면서 우울증에 대한 우리의 이해도 깊어졌다. 우리는 신체와 마음의 장애를 더는 체액의 불균형 때문이라고 생각하지 않는다. 현대에는 뇌의 화학 구조와 심리학으로 우울증에 접근한다. (누군가가 그랬듯이) 이 둘을 서로 대치시켜 놓으면 우울증의 원인을 찾는 긴장감에서 벗어날 길이 없다. 우울증은 신체적 결함에서 오는가 아니면 정신(혹은 영혼)의 이상인가? 우울증은 유전적 요소에 영향을 받는가 아니면 환경적 요인의 영향을 받는가? 우울증을 치료하려면 항우울제가 필요한가 아니면 생각의 패턴을 연구해야 하는가? 반대로 뇌 화학과 심리학을 결합하여 우울증에 접근하면 우리에겐 좀 더 타협적인 치료의 길이 열린다. 그것은 우울증 환자를 전인적으로 치료하는 방법으로 건강에 영향을 미치는 다른 중요한 요소들과 조화롭게 약물 치료, 정신과 상담을 진행하는 것이다. 곧 지원 프로그램과 환자의 신앙 그리고 생활방식을 함께 고려하는 치료책이다.

우리는 정신 질환에 관한 이해에 있어 괄목할 만한 발전을 이루었다. 그러나 한편으로는 우리의 선조들이 취했던 문제적 태도를 떨쳐 버리려 아직까지 노력하는 중이다. 어떻게 보면 우리는 기원전 고대인들이 이미 알려 준 방식으로 되돌아가고 있을 뿐이기도 하다.

그러나… 그들에겐 항우울제가 없었다

우울증 환자를 잔혹하게 처벌하고 정신병원에 가두던 시절 이후로 우울증 치료가 의미심장하게 바뀐 것은 사실이다.

아직도 뇌 안에서 이뤄지는 복잡한 작용 원리에 대해 알아내야 할 게 많지만 대부분의 우울증 환자의 고통을 덜어 주는 치유책은 이미 개발된 상태다. 약물 치료와 상담은 우울증 치료에 매우 효과적이고 (운동과 같은) 생활 방식의 변화도 치료에 도움이 된다.

여기서 독자에게 간곡히 권하고 싶은 게 있다. 당신이 사랑하는 누군가가 우울증을 앓고 있다면—앞서 언급한 증상 혹은 뒤에 나오는 이야기가 익숙하게 들린다면—꼭 전문가의 도움을 구하시라. 필자는 정신과 의사도 전문 상담사도 아니다. 이 책에 등장하는 누구도 전문가가 아니었다. 이 책의 내용은 우울증을 치료하는 데 필요한 정보로 충분하지 못하다. 여기에 담긴 것은 당신이 아는 누군가처럼 우울증을 안고 살아갔던 믿음의 형제자매 이야기일 뿐이다. 이 책이 삶의 경험과 일상의 고비들을 극복하며 배운 교훈을 당신에게 나눠주는 친구가 될지는 모른다. 그러나 우울증을 안고 살았던 사람들의 이야기와 지혜가 회복에 중요한 역할을 담당할 수 있다 하더라도 우울증 환자에게 꼭 필요한 전문적 치료를 대체할 수는 없는 일이다.

본서에 등장하는 인물들 대다수는 현대 정신 건강 의학의 지식과 치료법과는 거리가 먼 사람들이었다. 그들은 우울증이 뇌에 미치는 영향에 관한 이해도, 증거바탕의학(evidence-based therapies)도, 향정신성 약품도 없었던 시대에 살았다. 자연히 이들의 이야기에 항우울제나 정신과 치료는 등장하지 않는다. 그렇다고 필자가 이런 전문적 치료가 별 도움이 안 되며 별로 권할 만하지 않다거나, 혹은 우울증을 극복하는 데 필요하지 않다고 말하는 것으로 이해하면 큰 오산이다. 다시 말해, 이야기에 나오지 않았다고 해서 중요하지 않다고 생각하면 안 된다는 말이다. 특별히 이런 것들이 당시 사람들의 선택지에는 존재하지 않았던 점을 고려하면 더더욱 그렇다. 나는 종종 생각해 본다. 그들이 요즘과 같은 치료를 받았더라면 그들의 인생과 유산이 얼마나 달라졌을까.

그러니 이 책의 이야기를 마음에 소중히 간직하고 위로와 격려로 삼되 절대 전문적인 치료를 거부하는 핑계로 삼아서는 안 된다.

신앙의 역할

이쯤 해서 많은 사람이 물을 것이다. "하지만 저는 기독교인입니다. 제가 우울증을 앓고 있을 때 신앙은 아무런 역할을 하지 않나요?"

물론이다. 나는 신앙이 아주 중요한 역할을 담당한다고 믿는다. 그러나 그 역할은 다른 질병을 앓고 있을 때와 크게 다르지 않다.

가족 중 누가 암 진단을 받았을 때 우리는 치유를 위해 기도한다. 성경을 보며 위안을 받기도 한다. 복음의 희망을 붙들고 현 상황을 뛰어넘는 어떤 것을 바라보며, 시련을 통해 우리를 성장시키시는 자비로운 하나님께 마음을 연다. 그리고 믿음의 공동체의 도움을 받으며 가족의 신앙으로 버텨 나간 다. 하지만 동시에 좋은 병원을 찾고, 성실하게 약을 먹으며, 진료를 받고, 의사의 조언을 따르지 않는가.

정신 질환의 경우도 마찬가지다. 우울증이라는 시련 속 에서 믿음으로 꿋꿋이 버티며 스스로 위로할 수 있다고 해서, 병원에서 제공하는 양질의 치료를 무시하면 안 된다. 맞다. 나 역시 하나님께 치유를 구했지만 동시에 의사를 만나고 꾸준 히 약을 먹었다. 매일 보려고 벽에 성경 구절도 붙였다. 그리 고 정신과 상담도 빼먹지 않았다. 성경도 읽지만 운동도 하고 건강하게 먹고 잘 쉬고 될 수 있는 한 기쁘게 살아가려는 노 력도 병행했다.

고백하건대 예수님을 믿는 믿음이 없었다면 우울증을 버 텨 내지 못했을 것이다. 하지만 그렇다고 신앙이 의사를 찾아 가는 내 발목을 붙잡은 건 아니다.

왜 우리에게 이 이야기가 필요한가

우울증이라는 진창길을 철벅철벅 걸어가며 그리고 좀 더 마른 땅에서 그 시간을 돌아보며 나는 깨달았다. 우울증을 경 험했던 다른 이들의 존재와 이야기가 너무나 소중하다는 것 을. 그들의 이야기 속에서 나는 어떤 실마리—어둠이 남긴 상 처를 가리키는 단서 혹은 은유 또는 연극의 방백과 같은 것—

를 발견한다. 그리고 거기에 온 신경을 집중한다. 아, 여기에 나를 이해하는 누군가가 있구나. 그들 역시 우울증의 음침한 골짜기를 지나왔구나. 그들의 이야기 속엔 팔짱을 끼듯 나와 그들을 하나로 묶어 주는 무언가가 있다. 우리가 싸운 싸움이 우리를 하나로 결합한 것이다.

나는 이들의 이야기를 통해 위로받고 내가 혼자가 아니라는 사실을 다시금 깨닫는다. 그들은 이 길을 걷는 사람이 나 뿐만이 아니며 이런 경험이 그들에게 낯설지 않다고 말한다. "아무도 이렇게 느낀 사람은 없어"라는 거짓은 그렇게 느꼈던 사람들이 있다는 진실에 무너지고 그들의 존재 덕에 나의 고립감은 줄어든다. 이들이 내 영혼의 밤을 함께해 주는 동반자다.

이들은 내게 지혜를 선물한다. 그들이 값비싼 대가를 치르고 얻은, 생존에 관한 지혜이자 교훈이며 무기다.

이들은 내게 소망을 안겨 준다. 여기가 내 이야기의 마지막 장이 아니며 나도 여기서 살아날 수 있다는 희망을, 최후 승리는 우울증의 몫이 아니라는 희망을, 그들의 인내와 생존의 이야기를 들으며 나도 주저앉지 않고, 계속 싸우며, 회복을 위한 눈물겨운 노력을 지속할 수 있다는 희망을 품게 한다.

나는 나와 같은 시대를 사는 사람에게서도 희망을 발견한다. 앉아서 커피를 마시며 대화할 수 있는 사람, 전화를 걸거나 편지를 보낼 수 있는 사람, 내게 자신의 고민을 털어놓을 정도로 솔직한 리더, 자신의 경험에 뿌리를 둔 노래와 시, 그림과 영화를 만드는 예술가들이 바로 그들이다. 더는 생존하지 않는 사람에게서도 마찬가지다. 그들의 편지와 일기, 글을 통해 우리는 이야기라는 값진 유산을 받았다.

물론 이 책에 실린 이야기는 무작위로 선택된 것이 아니다. 이 이야기는 사후에도 오랫동안 회자되는, 우리의 영웅들의 이야기다. 그런 면에서 이 책만이 지니고 있는 고유한 가치가 있다.

여기 등장하는 위인들의 이야기는 우울증을 죄악시하며 낙인찍는 교회의 편견을 깨뜨린다. 나는 실패자야, 나는 "형편없는 신앙인"이야, 이것보다 훨씬 더 잘 지내야 해, 내가 좀더 신실하거나 거룩하거나 강했다면 이런 일이 생기지는 않았을 텐데 하고 말하는 거짓을 뭉개 버린다. 이런 뻔뻔한 요구서를 이 책에 등장하는 형제자매들에게 들이밀었다고 상상해보라. 찰스 스펄전에게 성경을 더 읽으라고 말했다면? 데이비드 브레이너드에게 더 기도하라고 했다면? 또는 마더 테레사에게 그냥 기뻐하라고 다그쳤다면? 우리는 이 사람들을 믿음의 거인이라고, "성인"이라고 떠받들지만, 막상 그들은 우울증과 씨름하며 살았다. 이들에게 믿음이 우울증에 대한 면역주사가 아니었듯이, 우리의 믿음도 마찬가지다. 우리는 이들의 이야기를 통해 우울증이란 종종 찾아오는 것임을 알게 된다. 슬픔에 짓눌릴 때도 있을 수 있다는 것을, 몸이 아플 때처럼 뇌도 그럴 수 있다는 것을 말이다. 이들의 삶이 바로 이 사실을 증명한다.

* * *

신학교 수업에서 영혼의 밤을 안내해 주는 이들을 처음으로 만난 이후로 나는 우리가 이야기를 선택하는 방식에 어떤 메시지가 있다는 점을 깨달았다. 오늘날에도 여전히 위인이라고 여겨지는 교회사의 인물에게서 우울증의 흔적을 지우려는 시도에는 이런 메시지가 담겨 있다. '그런 얘기는 별로 중요하지 않아. (더 나쁘게 말하자면,) 우리는 그런 얘기를 부끄럽게 생각해야 해.'

이것이 바로 이 책이 쓰인 이유다. 당신이 이 책에서 읽게 될 이야기는 꼭 전해져야 하는 이야기다. 이 형제자매들이 나눠 주는 지혜와 위로를 우리가 받을 수 있도록, 우리가 자신의 이야기를 할 수 있는 용기와 자유를 발견하도록, 그리고 하나님은 여전히 우리를 사용하실 수 있으며 우울증이 우리의 묘비명이 될 수 없음을 깨달을 수 있도록 이 이야기들은 반드시 전해져야 한다. 나에게 이 이야기들은 우울증이라는 어둠 속에서도 어떻게 예수님을 따를 수 있는지 가르쳐 주는 안내서다.

당신이 우울증을 가진 사람이 아니라면, 부디 주변에서 우울증을 앓는 수많은 사람이 어떤 시련을 겪고 있는지 이해할 수 있게 되기를 바란다. 당신이 겸손하게 이 이야기에 귀를 기울일 때, 마음속에 동정심이 차오르고 우울증에 걸린 형제자매들을 어떻게 도와야 할지 더 잘 알게 되기를 기대한다.

독자가 나와 같이 우울증에 익숙한 사람이라면, 이 책에서 함께할 "친구"를 발견했으면 좋겠다. 당신과 비슷한 경험을 한 사람과 동지애를 나눌 수 있기를 바란다. "그래, 나 역시 그랬어. 나도 잘 알아"라고 속삭여 주는 이, 우울증에서 어떻게 살아남을 수 있는지, 어떻게 믿음을 지킬 수 있는지에 대해 작은 조언을 건네 줄 수 있는 이를 만나시길. 당신이 그들에게서 위로와 소망을 얻을 수 있기를 기도한다. 당신이 걷는 어두운 길에 그들이 작은 빛을 비춰 주기를.

1

마르틴 루터

고독을 피하라: 웃고 즐기고 마셔라

마르틴 루터(1483-1546)

독일의 종교 개혁가인 마르틴 루터는 1483년 11월 10일 아이슬레벤에서 태어났다. 1501년 법조인이 되고자 에르푸르트 대학에 입학한 루터는 1505년 학업을 그만두고 아우구스티누스 수도원에 들어가 1507년 사제 서품을 받았다. 이후 비텐베르크 대학으로 파송된 루터는 1512년 신학 박사 학위를 받고 같은 대학의 신학 교수가 되었다. 강의 준비를 위해 시편, 로마서, 갈라디아서, 히브리서 등 성경을 폭넓게 연구하고 묵상하면서 루터는 서서히 자신만의 신학을 갖게 된다. 루터는 구원이 선행이나 속죄 행위의 결과가 아닌 예수를 믿는 믿음을 통해 주어지는 하나님의 은혜임을 깨닫는다.

1517년 루터는 학문적 양심을 따라 면죄부 판매를 비판하는 95개조 반박문을 작성했다. 그 후 몇 년간 의회와 청문회장에 불려 다니며 상황은 악화됐지만 루터는 자신만의 신학을 구축했다. 루터의 신학이 교황의 권위를 훼손하며 기존의 신학을 의문시한다는 사실이 분명해지자 교회는 루터에게 그의 주장을 철회할 것을 명령했다. 명령을 거부한 루터는 1521년 교회로부터 파문당했다. 루터는 독일의 정치 지도자들이 소집한 보름스 제국의회에서 범법자와 이단으로 규정됐지만, 친구들의 도움을 받아 탈출하여 바르트부르크성에 은신했다. 그곳에서 신약 성경을 독일어로 번역했다.

1년 후 루터는 자신의 가르침을 급진적이고 폭력적으로 실행하려는 움직임을 진정시키려 비텐베르크로 돌아갔다. 종교개혁의 불길은 신학의 영역에 머무르지 않고 정치에도 번져 1524년 농민 전쟁으로 이어졌고 루터는 전쟁의 원흉으로 비난받았다.

1525년 루터는 파계 수녀 카타리나 폰 보라와 결혼했다. 카타리나는 지모가 풍부해서 루터에게 잘 맞는 배우자였다. 두 사람은 슬하에 6명의 자녀를 두었다. 학생들이 하숙했던 루터의 집은 토론의 장이기도 했으며 그 내용은 『루터의 탁상담화』에 잘 기록되어 있다.

루터는 1533년부터 죽을 때까지 비텐베르크 대학에서 신학과 학장으로 재직하며 가르쳤다. 동시에 그는 확장되는 종교 개혁 운동의 자문역을 지속했다. 성례의 기능과 해석에 관해 다른 신학자들과 논쟁을 벌인 루터는 교리문답을 만들고 찬송가를 쓰고 설교를 하며 성경 번역을 끝마쳤다. 말년에는 재세례파와 교황, 유대인을 향해 비판의 날을 세우기도 했다.

마지막 10년을 심장 질환, 소화불량, 신장 결석, 관절염 같은 갖은 질병으로 고생한 루터는 1546년 2월 18일 생을 마감했다.

읽을거리

『마르틴 루터』, 롤런드 베인턴 지음, 이종태 옮김, 생명의말씀사, 2016.

『루터의 탁상담화』, 마르틴 루터 지음, 이길상 옮김, CH북스, 2019.

Luther, Martin. *Letters of Spiritual Counsel*. Edited and translated by Theodore G. Tappert. Philadelphia : Westminster Press, 1955.

휘갈기는 그의 팔을 따라 종이 위에 새까만 자국이 남았
다. 토하듯 써 내려간 글. 어두운 생각에 맞서는 검정 잉크의
몸부림. 어둠이 접근하지 못하게 믿음의 불씨를 살려야 한다.

**네 교리가 틀렸다면? 이 모든 소동이 헛일이라면? 네 주장
이 불러온 건 폭력과 언쟁뿐이야.**

허기진 사냥개가 먹이를 구석에 몰아넣듯, 어두운 생각
이 루터를 맴돌았다. 금방이라도 달려들어 날카로운 이빨로
숨통을 끊어 버릴 기세다. 그럴수록 루터는 미친 듯이 글을 썼
다.

고문은 계속됐다. 루터는 얼굴에 땀이 송골송골 돋는 걸
느낄 수 있었다. 시큼한 냄새까지. 안면에 맺힌 땀방울이 친
구 필립에게 보내는 편지지에 떨어지기 일보 직전이었다. "내
걱정일랑 접어 두게. 난 잘 지내고 있으니. 그저 해결해야 할

정신적 문제와 나약한 신앙 때문에 생긴 영혼의 병이 좀 있을 뿐."[1]

오래된 역병이 찾아왔다. 의심과 의문, 그리고 두려움. 옛 스승의 말이 떠올랐다. **마르틴, 그리스도의 상처를 보게. 부서진 그의 몸에서 흘러나오는 피를 보게나.**

나무판자로 덧댄 작은 방 안에 그의 목소리가 메아리쳤다. "이 마귀야, 내가 하는 일은 복음서에 기반을 둔 거야. 하나님이 내게 주신 복음서. 그분께 가서 지껄여 보시지. 하나님은 내게 그리스도의 말에 귀 기울이라고 명령하셨으니까."[2]

그리스도의 이름으로 시작된 일이었다. 그분이 루터를 버릴 리 없었다.

하지만 지금 루터는 보이는 거라곤 새들뿐인 이 황량한 언덕 위에 망명객으로 갇혀 있다.

포로들 가운데 섞여 사는 자유인처럼 나는 여기서 할 일 없이 지내고 있어.[3]

루터는 책상 위에 놓인 헬라어 신약 성서를 언뜻 보았다. 글 쓰는 일 말고는 할 수 있는 일이 없었다. 헬라어 동사와 씨름하는 일 말고는. 루터는 신약 성서를 번역하고 있었다. 텅 빈 골방을 하나님의 말씀으로 채우려는 듯이. 민중에게 그들이 이해할 수 있는 말로 된 성경을 주리라는 포부로.

속이 메스꺼워진 루터는 손으로 지그시 배를 눌렀다. 복부가 돌처럼 굳어 있었다. 어둠은 정신뿐 아니라 육체까지 공격해 왔다. 이 전쟁의 끝은 어딜까?

"밤새 한숨도 못 잤네. 아직 맘도 편치 않고. 나를 위해 꼭 기도해 주게. 이런 식으로 계속 가다간 이 만성질환을 견뎌 내지 못할 거야."[4]

"난 점점 영적으로 나태하고 무기력하게 식어 가고 있어. 정말이지 끔찍하네. 오늘까지 엿새 동안 뒷일을 못 봤어."[5]

루터는 이곳에서 고통 가운데 쓸쓸히 생을 마감할 수도 있었다.

비록 타의에 의한 피신이었지만, 루터도 기꺼이 자신의 역할을 수행했다. 수도사가 되면서 삭발한 가운데머리를 다시 기르고 수염도 길렀다. 그리고 게오르크라는 기사 행세를 했다. 방에 처박혀 연구와 글쓰기로 시간을 보내는 참으로 별난 기사였다.

루터는 언덕 아래 적막한 마을을 바라봤다. 이 망명 생활은 언제 끝이 날까. 피신처가 감옥이 되었다.

"이곳에서 외롭게 썩어 가느니 이글거리는 숯불에 타 죽는 게 차라리 낫겠어. 살아도 사는 게 아니야."[6]

사형 집행인 그리스도: 암울했던 수도원 시절

바르트부르크성에 은신하기 전 마르틴 루터는 우리에게 종교 개혁으로 알려진 혁명에 불을 지폈다. 하지만 종교 개혁이 있기 수년 전, 제국 의회와의 심문과 논쟁이 있기 전, 마르틴 루터는 수도사였다.

모든 게 그 여름날 시작됐다. 법률가가 되기 위해 에르푸르트 대학에서 법학을 공부하던 루터는 방학을 맞아 집에 들렀다가 말을 타고 다시 대학으로 돌아가고 있었다. 도중에 폭풍우를 만난 루터는 천둥 번개로 잔뜩 겁에 질렸다. 죽음의 두려움에 사로잡힌 루터는 땅에 엎드려 다른 인생을 살겠노라 맹세했다. "성 안나여, 나를 도우소서. 그러면 수도사가 되겠습니다!" 뇌우에서 살아남은 루터는 맹세를 지켰다. 몇 주 후 대학을 그만둔 루터는 책을 몽땅 팔고 아우구스티누스 수도원에 들어갔다. 루터의 아버지는 그동안의 학업이 물거품이 되었다며 불같이 화를 냈다.

수도원에 입회한 루터는 경건 생활에 혼신을 다했다. 훗날 루터는 다음과 같이 말했다. "난 모범적인 수도사였어. 수도 규칙을 빠짐없이 다 지켰지. 수도 생활로 천국에 가는 수도사가 있다면 그건 바로 나였을 거야."[7] 하지만 그의 삶은 평화로운 명상과는 거리가 멀었다. 하나님의 심판을 극도로 두려워한 나머지 거룩하게 살아야 한다는 강박 관념에 사로잡혀, 하루하루를 공포와 절박감의 그늘 속에 살았다. 끊임없이 하나님의 사랑을 의심했고 구원의 희망을 상실한 채 살아갔다. 사소한 죄에도 끙끙 앓으며 스스로 가혹한 고행을 부과했던 루터는 자신의 영혼이 버림받았다고 확신했다. "난 구세주와 위로자 되신 그리스도를 잊었어. 대신 그분을 가련한 내 영혼을 옥에 가두어 처형하는 사형 집행인으로 만들어 버렸지."[8]

생애 처음으로 미사를 집전하게 된 날 루터는 미사 현장에서 하나님이 자신을 죽여 버릴지 모른다는 두려움에 사로잡혔다. 사시나무처럼 바들바들 떠는 몸을 간신히 제단을 붙잡아 가눌 정도였다. 루터가 어찌나 손을 심하게 떨었던지 미사주를 거의 엎지를 뻔했다고 전설은 전한다.

이와 같은 정신적 불안 속에서 루터는 존경하는 고해 신부이자 스승이요 친구였던 요한 폰 슈타우피츠에게서 성경을 받았다. 스타우피츠는 루터에게 자격지심에서 벗어나 십자가에 달리신 예수님을 바라보라고 충고했다. 두려움에 휩싸인 채 결코 기준에 도달하지 못한다는 절망과 죄책감 속에 살아가던 루터. 그리스도를 당장이라도 자신을 형벌에 처할 심판자로만 생각하며 끊임없이 속죄의 고행을 일삼던 그에게, 스타우피츠는 깊은 울림을 주는 한마디를 남겼다. "그리스도의 상처를 보게."

처음에는 박사 학위 과정을 밟으면서, 이후엔 비텐베르크의 교수로 재직하며 루터는 슈타우피츠의 조언을 가슴에 새긴 채 성경을 연구했다. 차츰 그가 가졌던 하나님 상(像)이 바뀌기 시작했다. 루터에게 하나님은 더는 위에서 내려다보며 심판의 칼을 휘두를 구실을 찾는, 성난 심판자가 아니었다. 그분은 아무 대가 없이 믿음을 주셔서 언제나 용서받게 하시는 아버지였다. 루터는 절망을 통해 복음을 새롭게 이해하게 되었다. 십자가에 달리신 예수님은 하나님을, 우리를 자기의 자녀로 삼기 위해 우리의 고통과 죄악을 짊어지시는 분이라 말하고 있었다. 이렇게 되찾은 복음의 메시지는 종교 개혁의 슬로건이 되었다.

루터는 자신이 경험한 내적 고통과 우울한 불안을 '**시련**' (*anfechtung*)이라고 불렀다. 그는 평생 신앙의 위기와 시험에서 오는 두려움, 공포, 절망을 이 단어로 묘사했다. 그에게 '시련'의 순간은 믿음의 전쟁이었다. 하나님이 자신을 버리지 않으셨다는 진리, 그리스도로 인해 더는 저주 아래 있지 않다는 진리를 고수하는 투쟁이었으며, 하나님의 말씀을 굳게 붙잡는 싸움이었다.

루터의 '시련'은 오늘날 우리가 말하는 우울증보다 훨씬 더 넓은 개념이어서 우울증과 동의어라고 보기는 어렵지만, 둘 사이엔 어느 정도 연관성이 있다. 머릿속에 생각이 소용돌이치게 하고 심적 공포를 유발한다는 점에서 그렇다. 자신의 가치를 계속 의심하게 하고 죄책감을 부추기며 사랑받을 만한 존재인지 의문을 품게 한다는 점에서도 마찬가지다. 루터가 말하는 '시련'과 우울증 모두 하나님의 선하심을 회의하게 만들고 그분의 은혜를 놓치면 어쩌나 걱정하게 만든다.

따라서 슈타우피츠의 조언은 우울증에 빠져 죄책감과 수치심으로 고통받는 누구에게나 유용하다. **그리스도의 상처를 보게.** 거기서 우리는 하나님의 사랑이 얼마나 큰지 확인할 수 있다. 인간을 아름답고 온전하게 만드는 심오한 하나님의 섭리, 그분의 넘치는 은혜를 볼 수 있는 곳, 감정을 벗어나 그 무엇도, 심지어 가장 심한 우울증까지도 우리를 하나님의 사랑에서 끊을 수 없다는 진리를 되새길 수 있는 곳은 바로 그리스도의 상처다. 루터의 생은 우리에게 말한다. 그리스도의 상처가 우리를 어둠 속에서 인도하실 거라고.

뒤돌아보면 내가 복음을 더 깊이 이해할 수 있었던 것은 다른 어떤 경험보다 우울증으로 힘들었던 시간의 덕이 컸다. 하나님은 내가 그분에게서 가장 멀리 떨어져 있다고 느꼈을 때 나를 만나 주셨고 어렸을 적부터 들어 온 말씀이 사실임을 알려 주셨다. 나는 절박하고 무력하고 처참했다. 내 고통보다 더 큰 무엇, 숨 막힐 듯한 우울함의 무게를 버틸 수 있게 해 주는 그 무엇이 필요했다. 여기가 끝이 아니라고 말해 주는 희망이 절실했다. 나는 이 어둠 속에서 부서진 내게 다가와 구원의 손길을 내미는 분의 이야기, 은혜의 메시지에 침잠했다. 복음은 내게 "안 괜찮아도 괜찮다"고 말했다. 어차피 복음이 기대했던 나는 망가진 나였다. 복음을 통해 나는 내 영혼을 구원해 주실 뿐 아니라 온 피조 세계를 완전히 새롭게 하실 구주를 만났다. 그분은 슬픔과 질병, 잘못된 뇌의 화학 작용까지 바꾸신다. 어떤 생각을 붙잡을지 몰라 혼란스러울 때도 나는 이 희망이 진리라고 믿었다. 이 희망이 암흑 속에서 안전하게 발을 디딜 수 있는 유일한 바닥이었다.

복음에 초점을 맞춘다고 우울증이 치유된다고 말하려는 건 아니다. 적어도 루터의 경우에는 그랬다. 종교 개혁을 전후로 그의 신학이 바뀌었을 때도 증세는 여전했다. 불안감과 우울함은 평생 루터를 괴롭혔다. 절망과 죄책감을 느낄 때마다 루터는 해독제를 찾듯 반복해서 십자가의 메시지로 돌아갔다. 그러나 우울증은 루터에게 훈련장이 되었다. 훗날 루터는 자신의 신학이 하루아침에 완성되지 않고 "영적 시련"(*anfechtung*)들을 거치며 차츰차츰 완성됐다고 말했다.[9] 절박한 심정으로 구구절절 성경을 연구하던 의기소침한 수도사가 "그리스도의 상처를 바라본" 순간, 희망의 서광이 밝아 왔다. 한 사람이 겪은 영적 암흑기 속에서 자신뿐 아니라 서구 기독교의 토대를 통째로 바꿀, 복음에 대한 새로운 이해는 그렇게 탄생했다.

개혁의 시작과 바르트부르크에서 보낸 고뇌의 시간

루터가 95개조 반박문을 발표하자 곧 그의 신학적 전향은 대중의 시선을 사로잡았다. (당시 루터의 종교 개혁 신학이 얼마나 완성된 상태였는지에 관해선 아직도 학자들 간에 논쟁이 있음을 알아 두자.) 95개조 반박문은 면죄부 판매를 목회자의 시선으로 바라보며 우려를 제기한 학문적 결과물이었다. 루터는 면죄부가 평신도를 속여 돈을 뜯어내려는 수단으로 전락했다고 생각했다. 루터의 주장은 최근 개발된 구텐베르크의 인쇄술을 힘입어 들불처럼 널리 퍼졌고 결과는 그가 의도했던 것 이상으로 가히 폭발적이었다. 기대했던 학술적 토론 대신 루터를 기다린 것은 공개 심문과 교회의 징계였다. 루터는 개혁을 바랐지만, 도리어 온 생애를 바칠 정도로 사랑했던 교회에서 완전히 추방될 위기에 직면했다.

이후 루터가 속했던 수도회와 추기경, 독일 영주들과의 의회가 단기간 연달아 열렸고 각지에서 그의 주장을 논박하는 글이 쏟아져 나왔다. 루터는 자신의 글을 철회하거나 취소하기를 거부했고 교황은 그를 교회에서 파문했다.

이 모든 소란의 절정은 보름스 제국 의회였다. 이단 재판을 받기 위해 정치 지도자들 앞에 선 루터. 그의 목숨이 위태로웠다. 이미 종교 개혁을 주장하다 화형을 당한 이들도 있었다. 루터는 담대하게 누군가 성경을 근거로 자신이 틀렸음을 입증하지 않는 한 자신의 주장을 철회할 수 없다며 기존 입장을 고수했다. 의회가 끝나고 발표된 보름스 칙령은 루터를 이단으로 규정하고 그의 서적을 금서로 지정했다. 이제 루터에게 숙식을 제공하는 것은 범죄가 되었다. 루터는 생사를 불문하고 잡아 와야 할 지명 수배자 명단에 올랐다.

보름스 칙령의 암운이 감도는 가운데 제국 의회를 마치고 집으로 돌아가던 루터는 동료들에 의해 위장 납치되어 바르트부르크성에 숨겨졌다. 현명하다고 알려진 지방 영주 프리드리히 선제후가 주선한 일이었다. 누구도 루터의 행방을 알지 못했고 어떤 이는 루터가 죽었다고 생각했다.

10개월 동안 루터는 바르트부르크성에 갇혀 지냈다. 교회에서 파면된 도망자로 살해의 위협 속에 간신히 목숨을 부지하던 루터. 거세게 이는 종교 개혁의 향배가 그의 손에 달려 있었다. 이 모든 일이 95개조 반박문을 쓰고 난 후 4년 안에,

마흔이 채 되지 않은 루터에게 벌어졌다.

상상만으로도 현기증이 난다.

바르트부르크성에 머물던 루터가 감정적, 정서적, 영적 어려움을 호소했던 것은 어찌 보면 당연한 일이었다. 질병으로 인한 육체적 고통에 시달리고 있었고, 일촉즉발의 상황에서 절친한 친구들로부터 격리되어 외로운 나날을 보내고 있었다. 친구들에게 편지를 보내 달라고 애걸하면서도 루터는 자신의 주소를 차마 말하지 못했다. 수도원에서 겪었던 '시련'의 시간이 다시 돌아왔다. "나약한 신앙 때문에 생긴 영혼의 병"이 다시 도졌다.

이러한 고난 속에서 루터는 초인적인 저술 능력을 보였다. 바르트부르크성에 있는 동안 종교 개혁을 설명하고 옹호하는 책자를 여러 권 완성한 것도 모자라 몇 주 만에 신약 성경 전체를 독일어로 번역해 낼 정도였다.

누군가는 이렇게 놀라운 저술량을 보인 루터가 우울감에 빠졌을 리 없다고 단언한다. 어떤 이는 암울한 생각이 접근하지 못하도록 "마귀에게 잉크를 뿌려 댔다"고 말한다.[10] 루터의 글을 직접 확인한 나는 후자가 맞다고 인정할 수밖에 없었다.[11]

숨어서 당신을 기다리는 악마

여기서 우리는 루터가 이 세상에서 악마의 역할이 어떤

것이라고 이해했는지 살펴볼 필요가 있다. 당시 사람들이 우울증을 지나치게 영적으로 진단해서 제대로 치료하지 못했던 점을 기억한다면 더더욱 그렇다.

　루터는 보이지 않게 현실 세계에 영향을 미치는 영적 세력이 세상에 차고 넘치며, 특히 마귀는 끊임없이 혼란을 일으키는 존재라고 생각했다. 이런 루터가 자신(과 타인)의 우울함을 마귀의 탓으로 돌린 것은 그다지 놀랄 일이 아니다.[12] 그렇다고 정신 질환만 특별히 그렇게 생각한 건 아니다. 루터에게는 온갖 질병과 불행, 심지어 채인 발가락마저 모두 마귀의 소행이었다. 우울증이나 다른 정신병과 같은 맥락이었다. 루터는 다음과 같이 자살을 진단했다. "그들의 목에 줄을 매고 칼을 댄 것은 다름 아닌 마귀이다."[13] 루터는 우울증으로 어려움을 겪는 사람에게 고독만큼 치명적인 것은 없다고 생각했다. 고독은 마귀에게 어두운 생각과 무력함, 유혹과 거짓이라는 무기로 급소를 공격할 틈을 주기 때문이다. 성경은 우리의 적, 마귀가 "훔치고 죽이고 파괴할"(요 10:10) 기회를 노린다고 말한다. 이 구절을 현대 서구인의 눈으로 보더라도, 마귀가 기쁨을 빼앗긴 채 영적으로 사망한 사람처럼 살아가는 우리의 모습을 보며 회심의 미소를 지을 존재임을 쉽게 파악할 수 있다. 할 수 있으면 우리의 육신까지 파괴하려 들 원수임을.

　따라서 우울함의 원인을 마귀에게 돌리거나 마귀와 싸울 것을 치유책으로 제안하는 루터의 글을 읽을 때, 우리는 그의 세계관을 고려해 종합적으로 판단해야 한다. 루터는 침울해질 때 마귀와 싸웠다. 문제의 근원이 마귀라고 생각했기 때문이다. 앞서 언급했듯이 루터는 다른 건강상의 문제에 대해서도 병마(病魔)와 싸워야 한다는 식으로 말했다. 이 모든 시련이 복음의 자유와 위로에서 멀어지게 하는 원흉이라 생각했기에, 그는 맞설 수밖에 없었다. 마귀와의 전투에 관해 남긴 루터의 글을 전부 읽는 일은 독자의 몫으로 남기겠다(불꽃 튀는 해설을 각오하시라). 간추려 말하자면 루터는 승리하신 그리스도 앞에서 마귀는 종이호랑이에 불과함을 잊지 않은 채 말씀으로 무장하고 노래하며 마귀를 조롱했다. 그는 눈을 들어 은혜로우신 주님, 승리자이신 그리스도께 얻을 위로와 희망을 바라봤다.

이미 수도원 시절 '시련'(anfechtungen)과 맞서 본 경험이 있었기에 루터는 바르트부르크에서도 맹렬히 전투에 임했다. 글쓰기와 번역은 절망에 사로잡힐 때마다 꺼내 든 그의 전략이었다.

곧 전의를 상실하다: 루터의 병

10개월간의 은둔 생활을 정리한 루터는 바르트부르크성을 떠나 비텐베르크로 돌아갔다. 세력을 키워 가던 종교 개혁 운동을 진두지휘하기 위한 결정이었다. 성으로 피신할 때 내려진 칙령 때문에 여전히 목숨이 위태로운 상황이었지만, 자신의 주장을 극단적으로 해석하여 과격한 행동을 일삼는 무리의 등장으로 인한 불가피한 선택이었다. 일단 비텐베르크에 다시 자리 잡은 루터는 곧바로 개신교 교회를 조직하는 작업에 착수했다. 예배에 쓰일 전례문을 간결하게 독일어로 만들고 교리 교육과 기도를 위해 『대교리문답』과 『소교리문답』을 발간했다. 루터는 성례의 역할을 명확히 하는 한편, 일곱 개의 성례를 두 개로 줄여 세례와 성찬만 남겼다.

이런 일들과는 별개로, 루터의 친구들을 깜짝 놀라게 할 사건이 벌어졌다. 마흔한 살의 루터가 별안간 결혼을 발표한 것이다. 신부 카타리나 폰 보라는 몇 해 전 낡은 생선 통 속에 숨어 수녀원을 빠져나왔다. 알려진 바에 의하면 루터의 아내는 거침없고 개미처럼 부지런하며 남편만큼 고집불통인 여자였다. 두 사람은 슬하에 여섯 자녀를 두었고 누가 보기에도 서로를 깊이 사랑하는, 행복한 결혼 생활을 유지했다.

루터와 카타리나는 결혼 선물로 비텐베르크의 '검은 수도원'을 받았다. 종교 개혁이 시작되기 전 루터가 거주했던 바로 그 아우구스티누스 수도회 건물이었다. 수도사들의 기도와 연구하는 소리로 소곤대던 방들이 이제는 두 사람의 보금자리가 되어 루터와 그의 제자들의 열띤 대화와 아이들의 소리로 시끌벅적했고, 기세를 올리는 종교 개혁에 관심을 둔 사람들로 북적였다.

이처럼 눈코 뜰 새 없이 바삐 살아가다가도 루터는 종종 몸져누웠다. 바르트부르크성에서부터 심하게 앓던 변비에 더

해 이제는 신장과 방광에 결석까지 생겼다. 결석으로 인한 통증은 루터가 죽음에 비유할 정도로 극심했다. 좀처럼 귀울림이 가시지 않았고 현기증과 두통에 졸도까지. 누군가는 루터가 메니에르병에 걸렸던 것이 아닌가 추측하기도 한다. 그것도 모자라 관절염에 심장 질환까지 앓았는데 결국 이 심장 질환이 악화하여 생을 마친다.

　루터의 긴 질병 목록을 읊었으니 잠시 딴 얘기를 해 보자. 루터는 자신의 신학에 맞서는 정적에게 차마 입에 담지 못할 표현을 서슴지 않았다는 비판을 받아 왔다. 특히 삶을 마감할 무렵 루터는 유대인에 대해 비열한 반유대주의적 발언이라고밖에 할 수 없는 말들을 거침없이 쏟아냈다. 귀에 거슬리는 루터의 신랄한 표현을 열거하자면 끝이 없다. 루터의 이러한 언사가 어떤 변명으로도 정당화될 수 없음에도, 나는 루터가 겪었던 신체적, 감정적 고통이 그의 혀를 더 독하게 만들었던 것은 아닌가 하는 의구심을 지울 수 없다. 많은 이들이 고질병으로 인해 정서적인 피해를 보거나, 육체적 고통과 정신적 문제가 상호 간에 영향을 미친다고 얘기하지 않는가.[14] 루터 또한 자신의 경험을 다음과 같이 진술한다. "침울한 생각은 육체의 병을 불러온다. 영혼이 아프면 몸도 역시 아프다······. 걱정과 우울한 생각, 슬픔과 화가 많으면 신체는 약해진다."[15] 반대의 경우 또한 사실이다.

　루터가 마흔세 살 때 건강에 심각한 위협을 느꼈던 일은 몸과 정신이 어떻게 연결되어 있는지 보여 주는 좋은 예다.

루터의 친구 유스투스 요나스는 아래와 같은 목격담을 남겼다.[16]

루터는 그간 몸이 좋지 않았다. 귀에서 굉음이 들린다며 양해를 구하고 저녁 식사 자리에서 물러난 루터는 침실로 돌아가던 중 쓰러졌다. 다행히 의식을 잃진 않았다. 분명 루터는 자신이 죽어 간다고 생각하고 있었다. 몇 번이고 기도를 올린 그는 늘 "주님의 뜻을 이루소서"라고 기도를 끝맺었다. 루터는 자신에게 시간이 더 있었더라면 꼭 이루었을 일들을 하나님께 얘기했다. 아내와 아들 한스에게 작별 인사를 건넨 루터는 두 사람을 하나님의 은총에 맡기며 자기가 죽더라도 하나님의 뜻을 받아들일 것을 당부했다. 루터는 흐느꼈다. 아내와 아들도 눈물을 흘렸다. 참으로 애절했다.

아시다시피 이것이 루터의 마지막은 아니었다. 그러나 루터는 남은 생애 동안 계속해서 이와 비슷한 증상을 호소했다. 그런데 그날 루터에겐 죽을 뻔했던 일 말고도 또 다른 일이 벌어지고 있었다. 쓰러지던 날 아침, 루터는 친구들에게 자신이 심각한 '영적 시험'을 겪고 있다고 털어놓았다. 요나스는 다음 날 이렇게 적었다. "오늘 루터 박사가 내게 말했다. '오늘은 내게 특별한 날일세. 어제 인생에서 큰 시험을 치렀거든.' 루터는 어제 경험했던 영적 시험이 자신을 쓰러뜨렸던 신체적 고통보다 두 배는 더 괴로웠다고 말했다."[17]

아쉽게도 우리는 루터가 친구들에게 말한 영적 시험의 자세한 내용을 알 수 없다. 우리가 아는 건 단지 그것이 루터를 몹시 힘들게 했다는 사실뿐이다. 한 달 후 루터는 동료 필리프 멜란히톤에게 보내는 서신에서 같은 일로 추정되는 사건을 언급한다.

일주일 넘게 나는 지옥 같은 시간을 보냈다네. 그 탓에 다시 앓아누웠고 여태껏 사지가 떨려. 성난 파도처럼 밀려오는 절망과 신성 모독 때문에 그리스도를 거의 잃을 뻔했지. 하지만 성인들[다른 그리스도인들]의 기도를 들으신 하나님께서 나를 불쌍히 여겨 내 영혼을 가장 끔찍한 지옥에서 건지셨다네.[18]

루터는 이즈음 또 다른 친구 요하네스 아그리콜라에게 다음과 같이 썼다.

제발 나를 위한 위로와 기도를 멈추지 말아 주게. 내 형편이 참으로 딱하고 어려우니……. 사탄은 내 안에서 전력을 다해 싸움을 걸어 오고, 주님은 나를 욥처럼 사탄의 처분에 맡겼네. 마귀는 영혼의 중병으로 나를 시험하지만 성인들의 기도로 내가 홀로 버려지는 일은 없을 거야. 비록 마귀에게 입은 상처가 쉽게 치유되지는 않을 테지만.[19]

의심과 심적 고통의 파도가 루터를 엄습했다. 그를 괴롭히는 생각이 어떤 것이든, 어둠이 속삭이는 내용이 무엇이든 간에 루터는 이 기간에 우울증으로 입은 상처를 한동안 안고 살아야 함을 알고 있었다. 회복하는 데만 몇 달이 걸릴 상처임을. 루터는 한 친구에게 이 시련의 시간을 "심장이 떨리고 초조한" 시간이라고 설명했다.[20] 수개월 후 루터는 멜란히톤에게 재차 편지를 썼다. "나를 위해 기도해 주게. 나는 불쾌하고 징그러운 벌레와 다름없어. 슬픔 때문에 꿈틀거리는 벌레 말일세."[21]

그런데도 루터는 이런 경험을 "학교"라고 불렀다. 생각만 해도 소름 끼치는 정신적 고통과 차라리 죽는 게 더 나을 만큼 끔찍한 의심과 두려움 속에서도 루터는 뭔가 배우고 있음을 깨달았다. 다른 시련들과 마찬가지로 이 시련도 배움의 장이 되었다. 언젠가 루터는 우리가 시련을 통해 교리를 확신하게 되며 믿음을 굳게 하고 말씀의 참의미를 깨닫는다고 말했다.[22] 빛의 속성을 배우는 곳은 어둠 속이다. 이러한 태도를 취한다고 어둠의 공격이 쉬워지거나 고통이 가벼워지는 것은 아니지만, 적어도 루터는 시련 속에서, 종종 시련 자체로 인해 성장할 것을 기대했다. 이러한 신념이 얼마나 강했던지, 치열한 영적 싸움으로 정서적 어려움을 겪는 중에도 "너는 배우는 중이야"라고 적어 놓고 스스로 일깨울 정도였다.

루터의 유명한 찬송 〈내 주는 강한 성이요〉가 세상의 빛을 본 시기가 바로 이 즈음이다.[23] 루터는 찬양이 복음을 떠올리게 하고 의심의 공격에 맞서는 강력한 무기임을 간파했다.
이 시를 쓰던 시기에 루터가 겪었을 신체적, 정서적 고통을 생
각해 보면 오늘날 우리가 부르는 이 찬양의 힘찬 가사가 참으
로 의미심장하지 않을 수 없다.

내 주는 강한 성이요
방패와 병기되시니
큰 환란에서 우리를
구하여 내시리로다.
옛 원수 마귀는
이때도 힘을 써
모략과 권세로
무기를 삼으니
천하에 누가 당하랴.

내 힘만 의지할 때는
패할 수밖에 없도다.
힘 있는 장수 나와서
날 대신하여 싸우네.
이 장수 누군가
주 예수 그리스도
만군의 주로다.
당할 자 누구랴.

반드시 이기리로다.

이 땅에 마귀 들끓어
우리를 삼키려 하나
겁내지 말고 섰거라.
진리로 이기리로다.
저주받은 세상 왕자
제아무리 울부짖어도
우리를 해치 못하리.
멸망할 마귀는
한 말씀으로 쓰러지네.

말씀은 영원불멸해.
마귀가 취할 영광 없네.
주님 우리 곁에 계셔
성령의 은사 주시니.
친척과 재물과
명예와 생명을
다 빼앗긴대도
진리는 살아서
그 나라 영원하리라.[24]★

가사 속에 오롯이 새겨진 승리의 확신이 보이는가. 루터가 이를 쓸 당시 한창 영적 전투를 치르던 중이었음을 기억한다면, 그의 믿음을 더욱 도드라지게 하는 대목이 아닐 수 없다.

신물 나는 세상: 커 가는 상실의 아픔

혁명의 와중에도 루터는 종종 일상적인 삶을 영유했다. 교구민을 돌보고, 아이들과 놀아 주고, 학생들을 가르치고, 편지를 쓰고, 설교를 했다. 그러다가 시련이 해일처럼 덮쳐 왔다. 슬픈 일이 잇따라 일어나는, 당신도 겪었을 법한 그런 시기가 루터에게 찾아오곤 했다.

루터가 죽기 몇 해 전 사랑하는 아내 캐티**가 유산 후유증을 심하게 앓은 적이 있었다. 어찌나 심했던지 두 달 동안 걷지도 못할 정도였다.[25] 아내를 잃을까 노심초사했을 루터가 눈에 선하다.

2년 후 두 사람은 애지중지 키우던 딸 막달레나를 병으로 잃었다. 딸의 병상을 지킨 루터는 딸을 위로하는 한편 하나님께 간절히 기도했다. 루터는 딸에게 하늘나라에 가면 하나님 아버지가 계실 것이라 말해 줬다. 아버지의 말을 순순히 받아들이는 딸의 모습을 본 루터는 돌아서서 한탄했다. "영혼은 원하지만, 육신이 약하구나. 내가 끔찍이 사랑하는 딸. 이토록

★　개신교 찬송가 가사에 없는 원문 시구는 따로 번역했다—옮긴이.
★★　카타리나의 애칭—옮긴이.

끊기 힘든 혈육의 정을 어찌하란 말인가?"[26]

이 장면을 지켜본 어떤 이는 다음과 같이 적었다. "딸이 사경을 헤매며 고통스러워할 때 루터는 병상 앞에 무릎 꿇고 통곡하며 기도했다. 하나님의 뜻이라면 딸을 살려 달라고. 그러나 딸은 끝내 아빠의 품에서 숨을 거뒀다. 엄마도 같은 방에 있었지만, 너무나 슬픈 나머지 차마 병상 근처에 다가올 생각을 못했다."[27]

가슴 한편이 아려 오는 기록이다. 죽어 가는 딸을 위로하면서도 딸이 살지 못할 것을 충분히 인식했던 루터. 소리 높여 슬피 우는 아내를 달래는 동시에 딸에게 마지막 인사를 건네야 했던 루터. 그리고 이런 슬픈 상황 속에서도 자신에게 진리를 말하며 하나님의 약속을 붙잡으려 했던 루터. 막달레나의 죽음은 루터의 가슴에 못을 박았다. 아무리 영아 사망률이 높았던 시대라 할지라도 딸을 잃은 아비의 아픔이 덜할 리 없다. 수년이 지난 후에도 루터는 여전히 자신의 글 속에서 막달레나를 그리워하며 딸의 죽음을 슬퍼하고 있었다.

이러한 개인적 시련들과 더불어 루터의 건강 상태는 계속해서 나빠졌다. 독일의 정치 상황 역시 악화일로였다. 루터는 한 친구에게 다음과 같이 털어놓았다. "난 지쳤어. 내 안이 텅텅 비어 버린 느낌일세."[28]

마르틴 루터와 같은 위대한 인물에게도 인생을 빨리 끝내고 싶었던 순간이 있었다. 진저리 나는 고통과 분쟁, 그리고 슬픔. 완전히 고갈된 루터에겐 아무것도 내어 줄 게 없었다.

이즈음 루터는 캐티에게 토로한다. "세상이 너무 싫어."[29]

이후로 루터는 정서적, 신체적 고통에도 불구하고 자신의 소임을 다하며 거의 네 해를 더 살았다. 생의 끝자락에서 루터는 유럽—그리고 기독교—의 역사를 영원히 바꿔 놓을 종교 개혁의 물꼬를 텄다. 그는 설교와 논문, 서신과 짧은 대화록을 통해 새로운 성경 해석을 선보였다. 오늘날 개신교에 속한 사람은 누구나 루터에게 진 빚이 있다.

루터가 죽고 난 후 그의 방에서 마지막 유언이 적힌 종이가 발견됐다. 자신이 맞서 싸워 왔던 시련 그리고 삶의 기반이었던 복음에 관해 루터가 내린 최종 결론이었다. "우리는 모두 거지다. 진실로."[30]

친구를 찾아가 신나게 놀아라

대학 시절 우울증이 최악이었을 때 나는 머릿속에 생각이 떠오르는 자체가 두려웠고 아플 정도로 외로웠다. 사방이 두꺼운 벽으로 막힌 채 모든 이에게서 고립된 느낌이었다. 멀리서 들려오는 듯한 타인의 목소리는 내 마음속 두꺼운 담에 부딪혀 아득한 메아리가 되었다. 나는 차갑고 짙은 안개 속에 갇혀 있었다.

밤이 되면 공책과 교과서—보통 두꺼운 노튼 영문학 개관 시리즈 중 한 권—를 들고 엉금엉금 계단을 올라가 친구의 방을 찾곤 했다. 딱히 얘기할 사람이 필요해서가 아니라 그냥

앉아 있고 싶어서였다. 나는 살아 숨 쉬는 따뜻한 누군가가 미
치도록 그리웠고 그곳에는 내게 마음 써 주는 사람들이 있었
다. 그들은 나와 같은 공기를 마시며, 영혼의 밤을 헤매는 나
를 사랑해 주었다. 그것만으로도 나는 충분히 버틸 수 있었다.

　때로는 이런 상황이 참 궁색하게, 아니, 한심하게 느껴졌
다. "네가 있는 동안만이라도 네 방에 앉아 있게 해 줘." 하지
만 나는 나도 모르는 사이에 우울증에 관한 루터의 조언, 그가
자주 반복했던 충고를 따르고 있었다. 고독을 피하라. 함께할
누군가를 찾는 것은 내가 할 수 있는 최선의 선택 중 하나였
다. 루터라면 **내가 제대로 싸우고 있다**고 격려해 줬을 것이다.

　루터의 여러 서신에는 어떻게 하면 우울증에서 살아남을
수 있는지에 관한 조언이 담겨 있다. 그중에 내가 가장 좋아하
는 편지는 루터가 제롬 벨러라는 이름의 청년에게 보낸 편지
다. 제롬은 루터와 한집에 살며 같이 연구하고 심지어 루터의
자녀들을 가르치기까지 했던 청년이었다. 우울함 때문에 고
민하던 제롬은 자포자기해서 자살할까 두려웠다. 루터는 그
에게 다음과 같은 조언을 남겼다.

　어떤 경우에도 고독을 피하게. 마귀는 자네가 혼자 있을 때
　를 숨어서 기다리고 있으니까……. 그러니 제롬, 우리 가족
　과 어울려 웃고 즐기게. 이런 식으로 자네는 사악한 생각을
　몰아내고 용기를 얻을 수 있을 걸세……. 용기를 내서 끔찍
　한 생각을 쫓아내게. 마귀가 그런 생각들로 괴롭힐 때마다

함께할 사람들을 찾아서 한잔하며 농담도 주고받고 한바탕 즐겁게 지내게.[31]

생각만큼 따르기가 쉽지 않은 조언일 수도 있다. 우울증이 찾아오면, 으레 움츠러들고 혼자 있고 싶어지기 때문이다. 우울할 때 고독은 내게 묘한 위안감을 안겨 줬다. 혼자 있으면, 괜찮은 척할 필요도, 애써 다른 사람과 어울릴 필요도 없었다. 마주칠 눈도, 미소 짓고 대화를 나눌 상대도 없으므로. 그저 내 맘대로, 투명 인간처럼 있을 수 있었다. 하지만 루터는 내게 이런 성향에 맞서라고 얘기했을 것이다. 고독을 피하는 데 그치지 말고 아예 멀리 도망가라고, 혼자 있는 것 말고 친구들과 어울려 무엇이든 해 보라고 그렇게 조언했을 것이다.

루터도 고독의 쓴맛을 모르는 사람이 아니었다. 바르트부르크성의 골방에 처박혀 홀로 어두운 생각과 씨름했던 그였다. 루터는 친구들이 주는 기쁨과 위로, 즐거움이 없다면 꼬리에 꼬리를 무는 생각에 갇히기 쉽다는 사실을 잘 알고 있었다. "제일 슬프고 제일 나쁜 생각에까지 다다르게 되더군. 별의별 악을 세세하게 곱씹다가 지난날의 역경이라도 떠오르면 아예 그 자리에 눌러앉아 버리지. 세상에 자신만큼 불행한 사람은 없을 거라며 엄살을 부리고 최악의 결과만 상상하지."[32]

루터의 경험담이 꼭 내 얘기처럼 느껴져 쓴웃음만 나왔다. 루터가 묘사하듯 우울한 감정이 부정적인 생각을 확대했던 경험이 내게도 있었다. 온갖 종류의 생각과 기억들이 떠올랐다. 나와 내가 사랑하는 사람들에 관한 왜곡된 생각, 오래전 훌훌 털어 버렸다고 생각했던 상처, 그리고 전혀 믿지 않았던 거짓말까지. 이런 생각들이 줄지어 나타나 나를 절망과 자기혐오의 늪으로 점점 깊이 빠뜨렸고 이성과 현실로부터 멀어지게 만들었다. 이처럼 혼자 있을 때 우리는 자기 생각이라는 감옥에 빠진다. 웬만한 도움 없이는 탈출이 불가능한 감옥이다. 고독 속에서 나쁜 생각은 기고만장해지고 종종 더 위협적으로 변한다.

자살 충동에 시달리는 남편을 걱정하는 여인에게 루터는 다음과 같은 편지를 보냈다.

단 한 순간도 남편 분을 혼자 내버려 두지 마세요. 남편이 자해에 사용할 만한 물건을 아무 데나 두시는 것도 안 됩니다. 고독은 남편에게 독약입니다. 그걸 알기에 마귀가 남편을 고독으로 몰아가는 겁니다……. 어떤 경우에도 남편을 홀로 남겨 두면 안 됩니다. 상념에 잠기지 않도록 조용한 분위기도 피하시고요. 남편이 이런 조치에 아무리 화를 내도 어쩔 수 없습니다.[33]

혼자 있지 마시라. 루터의 강력한 권고다. 함께 있을 사람을 찾아 나서라.

친구가 가까이 없거나 찾아갈 안식처가 없을 경우엔 어

떻게 해야 할까? 당신이 정말로 인적 없는 곳에 있다면? 루터
는 이런 상황에서 기발한 생각을 해냈다.

> 시험에 빠뜨리는 무거운 생각들이 몰려올 때 나는 혼자 방
> 안에 머무르는 대신 돼지우리로 뛰쳐나간다네. 인간의 마
> 음은 맷돌과 같아서…… 그 사이에 곡식을 넣어 주지 않고
> 계속 돌리면 마모가 된다네. 따라서 뭔가 생산적으로 집중
> 할 거리가 없으면 마음엔 틈이 생기는데, 마귀는 바로 이
> 틈을 비집고 들어와 사악한 생각과 유혹, 시험 거리로 우리
> 의 마음을 갉아먹지.[34]

친구와 함께할 수 없다면 돼지하고라도 시간을 보내라고
루터는 말한다. 혼자이기를 거부하라. 어두운 생각이 당신의
마음속을 헛돌며 영혼을 갉아먹게 두지 말라. 침울한 감정이
접근하지 못하도록 어떤 식으로든 따스한 피가 흐르는 존재
를 찾아 같이 있어 보라.

내면에 우울한 먹구름이 드리우고 생각이 향방 없이 표
류하기 시작하면, 자신의 현실 인식과 사고 능력을 완전히 신
뢰하기 어려워진다. 우울증은 현실을 비틀고 거짓을 진실로
둔갑시키는 마력을 지녔다. 친구—루터는 특히 같은 그리스
도인 동료들을 염두에 두고 이렇게 불렀다—는 우리에게 진
리와 현실, 희망을 얘기해 줄 수 있는 존재다. 루터는 동료에
게 보내는 편지에서 다음과 같이 조언했다. "지금이 바로 자

네의 생각이 옳다는 고집을 꺾어야 할 때야. 그런 유혹 앞에 무릎 꿇지 않은 사람들의 말에 귀를 기울이게. 우리가 하는 말을 진지하게 잘 듣고 마음에 새기게. 그러면 하나님께서 우리의 충고를 통해 자네를 격려하고 위로하실 걸세."[35]

사랑하는 사람들, 친구들의 보호 속에서 내면의 목소리가 잠잠해지면 비로소 다른 사람의 말이 귀에 들어오기 시작한다. 사랑하는 사람들과 친구들은 당신에 관한 진실과 당신의 삶이 지닌 가치, 미래의 희망을 들려준다. 그리고 그들이 얼마나 당신을 사랑하는지도. 하나님의 말씀과 진실은 그런 사람들에게서 들을 때 더 강력하게 다가온다. 루터는 말했다. "자기 생각을 곱씹지 말고 다른 사람들이 자네에게 하는 말을 경청하게. 하나님은 형제자매를 위로하라고 명령하셨지. 고통받고 있을 때 그런 위로를 하나님의 위로로 받아들이는 게 바로 그분의 뜻일세."[36]

난 루터가 사랑했던 친구들과 그들이 루터와 주고받은 편지 그리고 역사의 뒤안길로 사라진 그들의 대화를 생각해본다. 먼저 루터가 시선을 십자가로 돌리도록 도와준 슈타우피츠가 떠오른다. 루터의 세계에 어둠이 닥쳤을 때 그가 어떻게 루터를 다독이며 용기를 북돋웠는지 되새겨 본다.

루터의 아내 캐티도 떠오른다. 그녀는 걱정과 근심에 잠겨 있는 루터를 성경 말씀으로 위로하곤 했다. 최악의 상황에선 극적인 수단도 마다하지 않았다.

루터의 우울증이 너무 심해 캐티의 조언이 전혀 먹히지 않던 어느 날, 그녀가 불현듯 검은 정장 차림으로 나타났다. 이를 본 루터가 아내에게 물었다. "오늘 장례식에 가나?" 캐티가 답했다. "아니요. 당신이 마치 하나님이 돌아가시기라도 한듯 행동하기에 저도 당신의 애도에 동참하기로 했어요."

아내의 의도를 알아차린 루터는 곧 우울증에서 회복됐다.[37]

의심의 여지 없이 루터는 자신이 조언한 대로 아내의 말을 하나님의 말처럼 받아들였다. 아내의 진심 어린 충고에 귀를 기울였고 최선을 다해 행동에 옮겼다. 때로는 이 정도의 노력만으로도 얼마 동안 버틸 수 있는 평정심을 얻게 된다.

루터의 조언은 여기서 멈추지 않는다. 루터는 친구(혹은 돼지)를 찾는 데서 그치지 말고 어울려 즐길 거리를 찾으라고 말한다. 말이 쉽지, 머리는 흐리멍덩하고 세상은 어둡고 마음은 한없이 무거운데 어찌 "가벼운 농담"이 쉽게 나오겠는가. 이는 모든 것에 흥미를 잃게 만드는 우울증의 본성에도 역행하는 조언이다. 그러나 루터는 알았다. 모든 수단과 방법을 다해 삶을 끌어안는 것, 삶의 기쁨을 누리는 것이 일종의 무기가 된다는 것을. 루터는 큰 소리로 우리에게 다그친다. 아무리 힘들어도 친구를 찾아서 긴장을 풀고 웃고 즐길 수 있는 뭔가를 시도해 보라고.

우울증에 시달리는 젊은 공작에게 보낸 편지에서 루터는 다음과 같은 처방을 내렸다.

승마와 사냥을 해 보십시오. 공작님과 품위 있게 즐거운 시간을 보낼 사람들도 찾아보시고요. 고독과 우수는 모든 사람에게, 특히 젊은 남자에게 해롭고 치명적입니다…….
(가까이 있는 친구와) 기분 좋게 지내십시오. 건전하고 적당한 선에서 누리는 유흥은 젊은 사람, 아니, 모든 사람에게 최고로 좋은 약입니다. 인생의 대부분을 슬픔과 침울함에 젖어 보낸 저는 이제야 즐겁게 살아 보려고 노력하고 있습니다.[38]

여기서 우리는 청년 제롬에게 "술을 더 마실" 것을 권한 루터의 진의를 제대로 파악할 수 있다. 루터는 자신이 아끼고 사랑하는 제롬 벨러에게 술에 빠져 슬픔을 잊으라고 제안한 것이 아니다. 술과 아무 약으로 자가 치료하는 건 위험한 일이다. 특히 정신 질환을 앓고 있을 때는 더더욱 그렇다. 공작에게 보낸 편지에서 명확히 볼 수 있듯 루터는 건전하고 올바른 유흥을 옹호한 것이다. 내가 보기에 루터는 두 사람 모두에게 정서에 도움이 되는, 단순하고 감각적인 즐거움을 누리라고 격려하고 있다. 기쁨과 유쾌함을 선사하는 것, 인생의 밝은 면을 보고 살아갈 수 있게 해 주는 것을 찾으라고 말이다.

애써 즐거운 활동에 참여하는 게 도저히 불가능하게 느

껴질 때도 있을 것이다. 웃는 법을 다시 배워야 하는 것은 아닌지 난감할 수도 있다. 어쩔 땐 울며 겨자 먹기 식으로 자신을 즐거운 상황에 밀어 넣고 그냥 시늉만 할 수도 있다. 한 조각의 기쁨이라도 발견하길 기다리며 말이다. 그게 승마든 사냥이든 아니면 악기를 연주하는 것이든, 혹은 친구와 웃고 떠들고 먹고 마시는 것이든, 우리가 찾는 것은 기쁨을 주는 그 무엇이다. 자기 생각에서 우리를 끄집어내어 하나님이 지으신 세상의 아름다움을 보게 해 주는 실질적 수단 말이다.

웃음을 찾아라. 희미하게 반짝이는 기쁨의 불빛을 찾아라. 그리고 그 빛을 쫓아라.

2

한나 앨런

몸과 마음과 영혼, 모두를 돌보라

한나 앨런(1638-1668?)

한나 앨런(결혼 전 이름은 한나 아처)은 1638년 영국 더비셔주 스넬스톤에서 태어났다. 어린 나이에 아버지를 잃었고 열두 살 즈음에 런던에 있는 학교로 보내져 이모와 함께 살았다. 십대에 한나는 자신의 우울증에 관한 기록을 처음으로 남겼다.

1655년 한나는 한니발 앨런과 결혼했다. 상인으로 종종 무역선을 타다가 1663년 어간에 사망한 남편과의 사이에 한 명의 아들을 두었다. 남편의 죽음으로 이미 우울증에 쉽게 빠지던 한나는 더 깊은 우울증의 나락으로 떨어졌고 수년간 자살 충동을 겪었다. 종교적 망상에 시달리며 절식으로 목숨을 끊고자 했던 한나의 삶은 1666년 봄 존 쇼트호지즈 목사를 만나 달라졌다. 쇼트호지즈 목사의 도움으로 조금씩 회복되기 시작한 한나는 1668년 완쾌되어 찰스 하트와 재혼했다.

한나의 신앙 회고록 『사탄의 악한 술수는 꺾이고: 한나 앨런이 경험한 하나님의 은혜에 관한 이야기』는 그녀의 회심과 우울증, 회복을 기록하고 있다. 이 회고록은 한나가 죽은 뒤 1683년 존 월리스에 의해 출간되었고 정확한 출간일은 알려지지 않았다. 한나는 어떤 단체의 지도자 혹은 대표도 아니었지만 그녀가 남긴 회고록에는 17세기 잉글랜드에 살았던 평범한 기독교인의 삶이 고스란히 담겨 있다.

읽을거리

Lundy, Michael S., ed. *Depression, Anxiety, and the Christian Life: Practical Wisdom from Richard Baxter*. Wheaton, IL: Crossway, 2018.

한나가 숨어 있는 어둠 속에 한 줄기 빛이 들어왔다. 친척들이 곧 일어나겠지. 내가 이렇게 가까이서 자신들의 발소리와 걱정스러운 목소리를 듣고 있을 줄은 꿈에도 모른 채. 아직도 나를 수색하고 있을까? 내 시체를 찾으려고 숲을 샅샅이 뒤지면서…….

첫째 날 한나는 배곯는 소리 때문에 들킬까 가슴 졸였다. 위장이 밥을 구걸하며 꼬르륵댔다. 분명 누가 들을 텐데. 한나는 얕은 숨을 쉬며 사지를 고정한 채 꼼짝하지 않았다. 그리고 공복을 당연시하며 애써 허기를 밀어냈다. 몇 시간이 지나자 배고픔이 사라졌다. 수의처럼, 까만 천을 뒤집어쓴 채 한나는 자다 깨기를 반복했다. 마지막 순간이 오기를 기다리며.

하지만 죽음은 오지 않았다. 사흘이 지나도록 한나는 마룻바닥 아래 숨어 있었다. 그간의 추위로 냉기가 뼛속까지 스며들었다. 좁은 공간에 오래 머문 데다 한기까지 겹쳐 온몸이 떨리고 쑤셨다. 손끝에서부터 감각이 무뎌지기 시작했다. 시체가 된다는 게 이런 느낌일까? 캄캄한 곳에 묻혀 뻣뻣하게 식어 가는…….

한나는 아직 시체가 아니었다. 느리고 불규칙하지만, 숨이 남아 있었다. 가슴에선 아직 심장이 뛰었다. 큰 소리로 천천히.

삶은 왜 나를 버리지 않았을까? 더는 살 자격이 없는 나를. 마귀의 계략에 넘어가 돌이킬 수 없는 지경에 이른 나를. 괴물이 되어 버린 나, 하나님의 은혜에서 낙오되어 몹쓸 년이 되어 버린 나에게 유일한 해답은 죽음이다.

한나의 머릿속에 어린 아들의 순진무구한 얼굴이 떠올랐다. 엄마 없이 녀석이 어떻게 살아갈까? 아무리 형편없는 엄마이긴 해도……. 친절하게 집에 머물도록 배려해 준 사촌들의 얼굴도 떠올랐다. 자기 집에 숨겨진 시체를 발견할 때 얼마나 처참한 기분일까?

삶에 지쳤지만 죽고 싶지는 않았다. 불가에 앉아 혈관에 다시 피를 돌게 해 줄 온기를 쬐고 싶었다. 보고 싶은 아들. 그 작은 몸뚱아리를 내 가슴에 다시 안아 봤으면.

몸은 굶주림으로 쇠약하고 차갑게 굳어 갔지만, 한나는 죽기 싫었다.

머리 위쪽으로 발소리가 울렸다. 누군가 가까이 오고 있었다. 한나는 마지막 힘을 다해 비명을 질렀다.

눈물의 일기장

자살을 시도하기 10여 년 전, 한나는 열일곱 살의 앳된 신부였다. 신부에게 행복을 안겨 준 신랑의 이름은 한니발이었고 두 사람 사이엔 아들이 태어났다. 그러나 무역선을 타는 남편이 자주 집을 비우면서 단란하던 가정에 먹구름이 드리웠다. 그렇게 한나의 우울한 시간이 시작됐다.

결혼한 지 8년이 지난 한나에게 믿을 수 없을 만큼 충격적인 소식이 날아왔다. 남편이 바다에서 목숨을 잃었다는 것이었다. 한나는 졸지에 비탄에 잠긴, 젊은 미망인이 되었다. 홀로 아들을 키워야 했던 한나는 우선 이모 집으로 거처를 옮겨 이모와 같이 살다가 나중엔 친정엄마에게 가 살았다. 하지만 남편을 잃은 슬픔을 이기지 못하고 결국 우울증의 늪에 빠져 버렸다.

이토록 어려운 상황 속에서도 한나는 나름대로 최선을 다해 버텼다. 병원에도 가 봤지만 황폐한 정신 때문에 몸은 계속 망가졌다. 먼 길을 달려가 친구를 만나면 위안이 되었지만 그것도 같이 있을 때뿐이었다. 자신의 상황에 적용할 수 있는 성경 구절을 찾아 속으로 되뇌면서 신앙에 기대 보기도 했다. 그러나 그 무엇으로도 커져 가는 절망을 막지 못했다. 한나의 상태는 나빠지기만 했다.

우울증이 최악으로 치닫기 전까지 수년간, 한나는 자신의 내면과 영혼에서 벌어지는 일을 기록했다. 갈등과 유혹, 그리고 그 속에서 일하시는 한나의 하나님에 관한 기록이었다. 물론 기도도 적었다. 일기를 통해 한나는 자신의 경험을 기록하고 정리할 수 있었다.

일기는 기억에도 도움이 됐다. 정신적, 심리적 어려움을 겪을 때마다 한나는 과거의 일기장을 펼쳐 보며 하나님께서 어떻게 일하셨는지 떠올렸다. 수년간 남몰래 우수에 젖어 지낸 사춘기 시절이 생각났다. 당대의 목사가 쓴 책을 통해 뜻밖의 우정과 위로를 얻은 것도 하나님이 삶에 개입하신다는 증거였다. 한나는 일기를 보면서 하나님이 어떻게 절망의 고통을 덜어 주시는지 기억했다.

마치 내가 우울증을 앓던 때 썼던 일기장을 다시 펼쳐 보는 듯, 한나의 일기장은 내게 친숙했다. 한나는 괴로웠다. 희망과 절망 사이에서 자기 생각과 씨름하며 하나님의 도움을 간청하는 한나. 나는 그녀가 느꼈을 영적 고립감과 믿음의 섬약함에 깊이 공감한다. 한나는 다음과 같이 썼다. "처음엔 기도에서 원하는 만큼 위로와 힘을 얻지 못한다고, 하나님은 왜 나를 멀리하시냐고 불평했다……. 어떨 때는 희망의 불꽃이 활활 타오르다가도 금세 꺼질 듯 위태로워졌다."[1]

매일 아침 침대에서 일어나기가 얼마나 힘들었을까! 옷을 입고, 아이를 돌보고, 음식을 먹는 일이 모두 고역이었을 것이다. 한나는 "지금은 하루하루가 짐처럼 느껴진다"고 적었다.[2] 삶은 일련의 나날 속에 엿가락처럼 늘어졌다. 더는 감당할 수 없을 것처럼 버거웠다. 견딜 힘을 달라고 간절히 빌었다. 어떻게든 시련을 복으로 바꿔 달라고 기도했다. 그러나 한나는 끝내 길을 잃었다. "뭐라고 말해야 할지 모르겠습니다. 하나님, 저를 불쌍히 여겨 주세요. 저를 찾아와 주세요…… 어떻게 해야 할지 모르겠습니다. 당신의 도움이 없다면, 저는 완전히 파탄입니다."[3]

몇 주 뒤 한나는 필사적으로 하나님께 매달렸다.

주님, 어찌할 바를 몰라 당신만 바라봅니다. 마귀는 아직도 저를 끔찍한 감옥에 잡아 두고 있습니다. 슬픔과 고통과 재앙의 감옥에. 하지만 나의 하나님이시여, 이 모든 고난을 한꺼번에 쏟아붓지 말아 주십시오. 제 아이도 건강하게 잘 자라게 하시고 제게도 한량없는 자비를 베푸소서. 하나님의 영광을 위해, 내 눈을 열어 주님의 자비를 보게 하시고 그리스도가 나를 위해 오심을 깨닫게 하소서. 그때 비로소 제 영혼이 만족할 것입니다.[4]

한나는 시련 속에서 하나님이 일하고 계심을 보기 위해 몸부림쳤다. 달리 어쩔 도리가 없었다. 형편이 더 안 좋을 수 있었다고 스스로 위로하며 시선을 하나님의 축복에 고정하려 노력했다. 그리고 눈을 열어 그리스도의 살아 계심을 보게 해 달라고, 영혼을 "만족"하게 하시는 약속을 이뤄 달라고 기도했다.

한나의 이런 노력은 일시적으로나마 효력을 발휘했던 것

같다. 나 역시 우울증이 가볍게 지나가 모든 것을 집어삼키지 않았을 때 비슷한 경험을 했다. 하지만 이 정도로 우울증을 완전히 막아 세울 순 없다. 한나는 우울증이 자신의 이성과 믿음을 조금씩 갉아먹는 것을 그대로 보고 있을 수밖에 없었다. 한나의 일기는 여기서 멈췄다. 그녀의 사정은 악화했고 구원의 희망마저 사라졌다.

"나는 괴물이다": 한나의 종교적 망상

우울증은 영혼을 서서히 잠식하기로 악명 높다. (아직까지 나는 그렇지 않은 사례를 보지 못했다.) 사고는 정체되고 기도는 납처럼 무거워진다. 하나님은 우리를 의심과 두려움, 절망의 안개 속에 버려 두고 조용히 사라지신 것만 같다.

따라서 한나의 우울증이 치열한 영적 고투를 동반했다는 사실에 놀랄 이유는 없다. 다만 한나의 우울증은 일반적인 경우와 달리 단순히 영적 생활을 뒤흔든 데서 그치지 않고 한나가 종교 생활에 집착하게 만들었다. 그리고 집착은 망상을 불러왔다.

물론 한나만 그런 경험을 한 것은 아니다. 우리에게 알려지지 않았을 뿐, 많은 사람이 "종교적 우울증"을 앓았다.[5] 말없이 고통당한 이들을 역사가 기억하지 않았을 뿐.

마르틴 루터처럼 교회사의 큰 물줄기를 바꾸거나 찰스 스펄전과 윌리엄 쿠퍼처럼 여전히 사랑받는 설교와 찬송을 남기진 않았지만, 한나의 이야기는 소중하다. 그녀는 인생의 시련 속에서 신실하게 살아가려 애쓴, 지극히 평범한 그리스도인이었다. 그러나 교회의 역사를 떠받친 기초는 다름 아닌 한나처럼 이렇게 '평범한' 사람들의 인생이었다. 이름이 잘 알려지지 않았다고 해서 굴곡진 한나의 삶까지 하찮은 것은 아니다. 우울증과 맞서 (싸우고 또) 싸웠던 형제자매들의 고투 역시 전혀 사소할 수 없다. 우리가 평생 그들의 이름을 알지 못할지라도 말이다. 우리에겐 한나와 같은 이야기가, **당신의** 이야기가 필요하다. 영웅들의 이야기에서만큼 보통내기의 이야기 속에서도 하나님의 신실하고 섬세한 손길을 발견할 수 있기 때문이다.

한나를 보며 우리는 "종교적 우울증"을 앓는 사람들의 형편을 어렴풋이 이해할 수 있다. "종교적 우울증"은 맹신적인 집착을 동반한다. 한나는 스스로 마귀의 시험이라고 불렀던 공격에 시달렸다. 죄책감에 압도당한 나머지 결국 자기가 전대미문의 죄인이라고 믿게 됐다. 한나는 일그러진 시선으로, 자신을 심판한다고 생각되는 성경 구절을 반복해서 읽었다. 위로의 말씀이 저주가 되었다. 시간이 지나면서 한나는 "사탄이 돌이킬 수 없이 자신을 제압"했고 모든 게 끝났다고 결론지었다.[6] 하나님이 자신에게 지옥을 보이셨고 사람의 탈을 쓴 마귀들이 나타나 그녀의 몰락을 기뻐하는 소리를 들었다고 주장했다. 한나는 이렇게 선포했다. "난 나와 내 친구들에게 공포의 대상입니다. 나는 이 땅의 지옥이며 악마의 화신입니다."[7] 아무도 달리 그녀를 설득하지 못했다.

목사와 친구들이 한나를 방문했다. 하지만 그들의 기도와 설교, 영적 위로가 모두 아무 소용이 없었다. 한나는 (설교를 듣던 중) 하나님의 말씀에 귀를 막았고 성찬에 참석하는 것도 거부했다. 성찬에 참여함으로 죄를 짓고 심판만 더 받을 거라 믿었기 때문이다. 한나는 사람들에게 자신을 위해 기도하지 말라고 부탁했다.

사람들은 포기하지 않고 한나의 생각이 틀렸다고 설득했지만, 그때마다 한나는 그들의 논리를 반박했다. 마귀가 자신을 조종한다고 주장하는 한나에게 사람들은 기도를 통해 악령에게서 자유로워진 사례를 들려줬다. 하지만 한나는 악령에 사로잡힌 건 치유될 수 있으니 차라리 낫다며 자기는 "마귀보다 천 배는 더 나쁜, 괴물"이라고 말했다.[8] 자신에 비하면 "마귀는 성인"이라 불릴 수 있을 정도로 자기 죄가 너무 크고 무겁다는 말도 했다. 사람들이 복음과 죄의 용서를 얘기하면, 한나는 자신은 절대 용서받을 수 없으며 영원히 저주받았다고 주장했다.[9] 한나의 삐뚤어진 생각을 듣는 것 자체가 비극이었고 고집스럽게 착각에 매달리는 모습을 보는 것 자체가 절망이었다. 한나는 가위로 벽에 새기기 시작했다. **"화, 화, 화가 있으리라. 영원히! 난 언제까지나 버려진 영혼. 창세 이후로 가장 저주받은 존재."[10]**

이 시기에 한나가 만나 조언을 듣고 싶어 했던 유일한 사람은 리처드 백스터였다. 그런 사람이 자신의 상태를 보고 판단한다면 신뢰할 수 있을 것만 같았다. 이 대목에서 나의 역사적 상상력이 발동한다. 도대체 한나는 언제 이 청교도 목사에 관해 들었을까? 백스터가 우울감에 휩싸인 사람들을 정성껏 돌본다는 사실을 어떻게 알았을까?

안타깝게도 한나는 백스터를 만나지 못했다. 사촌이 두 사람의 만남을 주선하려 애썼지만 만남은 끝내 성사되지 않았다. 수년 후 백스터 목사가 남긴 "지나친 슬픔과 우울함의 치유"[11]라는 설교를 읽으며 나는 그가 한나에게 다음과 같이 조언하지 않았을까 짐작해 본다.

"당신만 그런 감정을 느끼는 것은 아닙니다. 그렇게 느끼는 사람이 당신뿐일 것이라고 아무리 확신한다 해도 그건 사실이 아닙니다. 당신이 세상에서 제일 추악한 죄인이라는 생각도 마찬가지입니다. 당신이 그런 생각과 감정을 혐오한다는 사실이 곧 그런 생각과 감정이 하나님에게서 온 것이 아닌 마귀의 유혹이라는 증거입니다. 그런 생각과 감정이 당신의 영혼을 대변해 주진 못합니다."

"이런 감정은 당신의 신체 기능에 장애가 생겼을 때 찾아오며, 다리가 부러졌을 때 느끼는 증상처럼 아주 실제적입니다. 우울증 전문의를 찾아가서 의사의 말을 따르십시오. 당신의 왜곡된 생각을 의지하면 안 됩니다. 당신보다 올바른 사고를 하는 사람의 말을 신뢰하세요. 그들이 아무리 믿기 힘든 말을 하더라도 의지적으로 신뢰하십시오. 생각을 너무 곱씹지 말고 사색에 너무 많은 시간을 허비하지 마세요. 머리를 쉬게 하거나 다른 생각으로 전환해야지, 넋놓고 있으면 안 됩니다."

"혼자 있지 마십시오. 지금은 고독을 즐기거나 오랫동안 기도하고 묵상해야 할 때가 아닙니다. 당신을 깊이 사랑하는 가족, 친구들과 함께 있으세요. 기도하려면 교회의 지체들과 함께하십시오. 그들이 당신에게 하나님의 사랑을 전할 기회를 주세요. 할 수 있다면 이 어려운 시기에 받은 위로로 다른 사람들을 위로해 보세요. 고통받는 사람이 당신만이 아님을 깨닫게 될 것입니다. 타인을 위로할 때 당신은 자신에게 진리를 말하게 됩니다. 그리고 그 진리를 영혼에 새기게 될 겁니다."

거미 담배: 음독과 절식

우울증이 처음으로 심해졌을 때 한나는 죽음이 임박했다고 확신했다. 한나는 아침이 되면 저녁 전에 죽을 거라고 말하고 밤이 되면 아침이 오기 전에 죽을 거라고 단언했다. 한나의 이모와 엄마는 한나를 런던으로 옮기기로 마음먹었다. 그곳이 한나의 "몸과 영혼"을 더 잘 돌볼 수 있는 곳이라 생각했기 때문이다. 그러나 한나는 가는 도중에 죽을 거라고 고집을 부리며 거절했다.[12] 이모와 엄마에게 설득되어 길을 나서긴 했지만, 한나는 아침마다 침대를 빠져나오지 못했다. **"다 소용없어요. 런던에 도착하기 전에 전 죽을 겁니다. 이왕이면 침대에서**

죽는 게 낫지 않아요? 엄마, 엄마는 사람들이 시체를 실었던 마차에 타고 싶어 할 거라고 생각해요?"¹³

결국 한나는 타락한 자신에게 자연사는 너무 자비로운 죽음이라고 믿기에 이르렀다. 한나는 하나님이 그녀만을 위해 준비하신, 처참한 죽음이 있다고 제멋대로 추측했다. 또 다른 망상이었지만 아주 치명적이었다. 이때부터 한나는 자살을 생각하기 시작했다.

한나의 엄마는 런던까지 살아서 온 딸을 아들의 집에 안착시키고 고향으로 돌아갔다. 아직 결혼하지 않은 한나의 남동생은 출장을 떠나 종종 집을 비웠는데 그럴 때면 한나는 하인 부부와 홀로 집에 남겨졌다. 백스터가 한나에게 피하라고 경고했을, 그런 환경이었다. 한나는 지나치게 많은 시간을 어두운 생각에 잠겨 보냈다. 어떻게 자신의 생을 끝낼까 고민하면서.

한나가 아편을 구해 오라고 하녀를 약방에 보낼 때면 하녀는 늘 빈손으로 돌아왔다. 약방에 아편이 없다거나, 너무 위험한 약재여서 약방에서 내주지 않았다는 게 그 이유였다. 하녀의 말이 사실인지 아니면 틈틈이 자살을 생각하는 정신 나간 여주인이 치명적인 약을 손에 넣지 못하도록 지어낸, 선의의 거짓인지는 누구도 모를 일이다.

자살을 꿈꾸던 한나는 끝내 소름 끼치도록 창의적인 방법을 찾아냈다. 한나는 독을 품었다고 생각되는 거미를 잡기 시작했다. (내가 아는 한 영국 어디에도 사람에게 해를 입힐 정도로 치명적인 독거미는 존재하지 않는다.) 한나는 수집한 거미와 약간의 담배를 파이프에 섞어 넣고 불을 붙여 피웠다. 그렇게 독을 마신다고 생각했다. 어느 날 밤 잠에서 깨어난 한나는 자기 전에 피운 거미 담배 때문에 자기가 죽어 가고 있다는 느낌을 지울 수 없었다. 죽을 생각에 돌연 두려워진 한나는 남동생을 불러 자신이 한 일을 털어놓았다. 동생은 즉시 사람을 약방에 보내 일반적인 해독제를 사 오게 했다. 백스터의 말처럼 한나는 "삶에 지쳤지만 죽기는 두려운" 상태임이 분명했다.[14]

한나의 자살 시도를 알아챈 이상 남동생은 누나를 홀로 내버려 둘 수 없었다. 그러나 자신이 감당하기엔 누나의 상태가 너무 좋지 않았다. 다른 가족들과 상의한 끝에 남동생은 누나를 워커 부부에게 보내기로 했다. 한나는 친척인 워커 부인에 대해 "불청객인 자신을 자상하게 받아 준 사람"으로 기억했다.[15] 최악의 상태였던 한나를 손님으로 맞아 준 이 가족의 사사로운 관대함과 친절은 결코 사소하지 않았다.

환경이 바뀌고 더 많은 사람에 둘러싸여도 한나의 자살 충동은 사라지지 않았다. 한나는 여전히 스스로 목숨을 끊을 기회를 엿봤다. 회고록에서 한나는 이 무렵 자신을 살린 건 하나님이었다고 고백한다. "나를 지켜보시는 주님이 자살 충동이 일 때마다 나를 보호하셨다."[16] 이후로도 한나는 이 시기를 돌아보며 감사해 했다.

워커 부부와 함께 살면서 한나는 절식을 시작했다.[17] 또 다른 자살 시도처럼 보였다. 한나가 마룻바닥 아래 숨어서 천천히 죽기를 기다렸던 곳도 바로 워커 부부의 집이었다. 시간이 지나면서 한나의 거식 행동은 점점 악화했다. 한나가 윌슨 이모 집으로 거처를 옮겼을 즈음엔 "목숨을 부지할 만큼 먹고 싶진 않아요"라고 말할 정도였다.[18] 한나가 보기에도 자신의 몸은 "극도로 야위어서 피골이 상접했다." 그녀를 본 이웃은 "얼마 못 살겠네. 얼굴에 죽음이 서려 있어"라고 말하며 혀를 내둘렀다.[19]

한나가 쇠약해지는 모습을 보고 있을 수밖에 없었던 이모의 심정이 어땠을까. 이모에겐 한나가 내뱉는 끔찍한 말들도 참기 힘들었다. 정상적인 대화가 가능할 정도로 한나의 기분이 괜찮을 때면 이모는 한나를 붙잡고 그녀의 생각이 망상이며 왜곡됐다고 설득했다. 한나는 자신이 어떻게 반응했는지 다음과 같이 적었다. "이모가 그런 얘기를 꺼낼 때마다 나는 벼락같이 화를 내며 뛰쳐나갔다. 그러고선 '제발 저를 가만히 놔두실 수 없나요? 제가 지옥에서 빠져나오면 숨 좀 돌릴 수 있게 협조해 주실 줄 알았는데……'라며 투덜대곤 했다."[20]

어떨 때는 주체할 수 없이 흐느끼며 이모에게 이렇게 말하기도 했다. "이모는 제가 얼마나 참담한 상태인지 짐작도 못하실 거예요."[21]

한 걸음 한 걸음: 쇼트호지즈 가족의
도움으로 회복하다

3년 동안 호된 시련을 겪고 있던 한나를 친척인 쇼트호지즈 부부가 찾아왔다. 평소처럼 한나는 방문을 거절했다. 쇼트호지즈 부부가 집에 들어와 윌슨 이모와 식사를 할 때조차 한나는 얼굴도 내밀지 않았다. 그런 한나를 보고 쇼트호지즈 부부의 수심이 깊어진 건 당연한 일이었다.

다음 날 쇼트호지즈 부부는 윌슨 이모와 다시 저녁 식사를 같이했다. 이번에는 다른 친척의 집에서였다. 식사를 마친 부부는 다른 사람들 몰래 집을 빠져나와 윌슨의 집으로 향했다. 한나의 몸이 편찮다는 얘기를 듣고 병문안을 가야겠다는 마음이 들어서였다. 뒷문을 이용해 조용히 부엌으로 들어간 부부는, 깜짝 놀라 격분하는 한나와 마주쳤다. 이모가 자기 뜻을 거슬렀다고 넘겨짚은 한나는 큰 벽난로로 달려가 집어 올린 부집게를 휘두르며 이모가 자신을 배신했다고 고래고래 소리 질렀다. 윌슨 이모는 자신들이 여기 온 것을 전혀 모른다는 부부의 말에 한나는 차츰 누그러지기 시작했다. 쇼트호지즈 씨가 "자, 자, 부집게는 내려놓고 같이 응접실로 갑시다"라고 말하며 한나의 손을 이끌었다. 마음이 풀린 한나는 부부와 오랜 시간을 얘기했고 그들이 떠날 무렵 "헤어지기 싫다"고 말할 정도로 차분해져 있었다.[22]

전날 밤 한나와의 만남에 고무된 쇼트호지즈 씨는 다음

날 한나와 산책을 나갔다. 날이 저물 무렵 한나는 자신들과 함께 지내자는 쇼트호지즈 부부의 제안을 수락했다. 쇼트호지즈 씨는 목사인 동시에 의학을 전공한 의사였다. 그는 동료 의사들의 조언과 자신의 경험을 바탕으로 여름 내내 한나를 치료했다. 한나의 병세는 쇼트호지즈 씨의 돌봄을 받으며 드디어 호전되기 시작했다. 가을이 되어 스넬스톤에 있는 가족에게 돌아온 한나는 다시 예전처럼 친구들을 만나고 예배에 참석했다. 이후로 2년 동안 한나의 회복세가 이어졌다. 어둠이 찾아올 때처럼 빛이 "한 걸음 한 걸음씩" 다가오고 있었다.

우리가 알고 있는 것처럼 한나의 얘기는 두 번째 결혼으로 마무리된다. 결혼 상대는 찰스 하트라는 홀아비였다. 한나는 찰스를 하나님을 경외하며 자신을 편하게 해 주는 사람이라고 묘사했다. '해피 엔딩'으로 보이지만 사실 이후 그녀가 어떤 삶을 살았는지는 베일에 가려져 있다. 대부분의 학자는 15년 후 그녀의 영적 자서전이 출판될 때쯤 그녀가 이미 세상을 떴을 것으로 추정한다.

육체의 질병과 영혼의 질병:
통합적 시각으로 본 우울증

한나의 이야기가 나의 시선을 사로잡은 이유는 그녀가 신체적 고통과 영적인 시련의 연관성을 끈질기게 주장했기 때문이다. 이런 점에서 보면 한나의 고통은 마르틴 루터가 겪었던 고통과 크게 다르지 않다. 육체와 영혼은 밀접하게 엮여 있어서 한쪽에 통증이 생기면 다른 쪽도 아프게 마련이다. 종교적 집착으로 인해 우울증을 지나치게 신앙적으로 접근했음에도 불구하고 한나는 몸이 나아진 결과 영적인 장애도 없어졌다고 잘라 말했다.

음울함이라는 신체의 질병이 사라지자 영혼의 통증도 사라졌다. 하나님은 이 모든 게 내게서 비롯된 것이 아닌, 우울하고 냉소적인 분위기를 틈타 일하는 사탄의 시험과 속임수임을 조금씩 깨닫게 하셨다. 하나님을 가리던 안개는 점점 더 사라졌고 그럴수록 신앙의 기쁨과 열정도 늘어났다.[23]

한나는 사탄이 자신의 신체적 상태, 우울증으로 인해 어두워진 마음을 이용해 영혼을 시험했다고 말했다. 하지만 우리는 우울증이 사라진 다음에 영혼이 정상으로 돌아왔다고 말하는 한나의 진술에 주목해야 한다. 영혼의 회복이 먼저가 아니라 우울증의 치유가 먼저였다.

난 우울증과 영적 생활의 경계가 모호해서 고통을 겪는 많은 이들을 알고 있다. 우리처럼 우울증에 시달리는 사람들은 "좀 더 기도해 봐" 또는 "좀 더 믿어 봐"라는 말을 귀에 못이 박히도록 듣는다. 어떤 이는 성령의 열매에 기쁨이 있는데 어떻게 우울할 수 있냐고 묻기도 한다. 한번은 누군가 자살 충동으로 괴로워하는 그리스도인 친구를 위해 이렇게 기도하는 것을 들었다. "주님, 우린 한때 이 친구가 주님을 믿었다는 것을 알고 있습니다. 그러나 어떤 이유에서인지 지금 이 친구는 믿음의 길을 떠나려 하고 있습니다." 자신의 친구가 길바닥에 믿음을 내팽개쳤다는 식으로 기도한 이 사람은 믿음이 자신의 친구가 붙잡았던 지푸라기 중 하나였다는 사실을 전혀 이해하지 못했다.

나는 이런 식의 접근 때문에 얼마나 큰 상처를 받을 수 있는지 익히 봐 왔다. 고통과 죄책감이 한데 섞여 몰려온다. 나도 그런 죄책감을 느껴 봤다. 더 잘 지내야 하는데, "더 나은 그리스도인"이 (그게 무엇을 뜻하든) 되어야 하는데 그렇지 못한 수치심을. 이런 비난의 덫에 걸려 눈물을 흘리며 질문하는, 불쌍한 영혼들을 상담하기도 했다.

습관과 생각, 심지어 작은 결정에 이르기까지 삶의 모든 부분에는 영적인 측면이 있다. 그런 시각으로 본다면 우울증은 영적 문제이다. 그렇다고 우울증을 영적인 문제로만 치부해서 원인을 영적인 부분에서 찾고 영적으로만 치료할 수 있다는 말은 아니다. 종교적인 사고방식에 집착한 한나의 경우에도 그런 식으로 접근하지 않았다. 심리학과 신경과학 또는 향정신 의약품이 개발되기 훨씬 전인 17세기에 한나를 돌봤던 사람들은 우울증이 그보다 훨씬 복잡한 질병임을 잘 알고 있었다. 한나의 자서전에 머리말을 쓴 익명의 작가도 "몸의 상태가 나빠지면 영혼도 결코 평안할 수 없다"라는 사실을 우

리에게 일깨우고 있다.[24]

물론 친구들이 한나에게 이성을 되찾으라고 설득했던 것
도 사실이다. 친구들은 한나와 기도했고 한나에게 끊임없이
믿음의 진리를 말해 줬다. 이런 행동은 그리스도인 공동체가
온갖 종류의 고통을 받는 사람들과 함께 싸우기 위해 취하는
무기이다. 또한 신앙 공동체가 상처 입은(그게 우울증으로 인
한 상처든 아니면 누구에게나 생길 수 있는 다른 질병으로 인한
상처든) 지체의 곁을 지켜 주는 방식이기도 하다. 하지만 기도
와 말씀의 위로가 중요하다고 해서 우리가 다른 치유 수단을
포기해야 하는 것은 아니다. 암에 걸렸다면 당연히 그렇게 하
지 않을 것이다. 우울증을 앓고 있을 때도 마찬가지다.

한나와 그녀를 성심껏 보살폈던 이들은 우리에게 통합적
인 시각으로 우울증을 다뤄야 한다는 깨달음을 준다. 우리는
몸과 마음, 영혼의 치유를 추구해야 한다. 우울증의 농간에 시
달린 영혼을 돌보는 동시에 검증을 거친 치료법과 약물 같은,
가능한 의료적 방법을 동원해야 한다. 절대 한쪽에만 치우쳐
서는 안 된다.

한나를 교회로 끌고 간 것은 해결책이 되지 못했다. 사람
들이 더 기도해 보라 설득하고 절망이 사라질 때까지 성경 구
절을 읽어 줬다고 해서 한나가 나은 게 아니다. 한나를 돌본
사람들은 당대의 가장 좋은 의료 서비스를 물색했다. 환경을
바꾸고 요즘 용어로 자살 감시라고 부를 수 있는 체계를 마련
했다. 그리고 지치지 않는 열정으로 한나의 영혼뿐 아니라 몸

까지 보살폈다.

　　그때도 하나님은 일하고 계셨을까? 물론이다. 자기가 가
장 암울했던 시간 중에도 사랑의 하나님께서 그녀와 함께하
셨다고 한나 스스로 고백하고 있지 않은가. 하지만 가시밭길
을 동행하시는 하나님을 믿는다고 해서 한나가 의사를 거부
한 건 아니었다.

3

데이비드 브레이너드

휘청이더라도, 발걸음을 멈추지 말아라

데이비드 브레이너드(1718-1747)

미국 원주민 선교사였던 데이비드 브레이너드는 1718년 4월 20일 코네티컷주 해담에서 태어났다. 어린 나이에 부모를 모두 여읜 브레이너드는 1739년 목사가 되고자 예일 대학에 입학했다. 대각성 운동이 한창이던 1742년 조교를 두고 한 말이 화근이 되어 퇴학당했다. 그 후 코네티컷주 립톤으로 가서 제디다이야 밀즈와 동숙하며 학업을 이어 가던 브레이너드는 스코틀랜드 복음전도협회에서 선교사로 임명됐다.

1743년 봄, 매사추세츠주의 스탁브리지에서 존 서전트와 함께 선교 훈련을 시작한 브레이너드는 이후 첫 선교지인 카우나우믹(지금의 뉴욕주 올버니시 근처)으로 파송된다. 다음 해인 1744년에는 펜실베이니아주 이스턴시 근처인 더 폭스 오브 델라웨어에서, 1745년부터 1747년에는 뉴저지주의 크로스윅숭에서 사역을 계속했다. 브레이너드는 또한 서스퀘하나 지역까지 선교 여행을 감행하면서 뉴저지의 갓 회심한 원주민 형제자매들을 선교 사역에 동참시키기도 했다.

선교의 가시적인 열매를 보지 못해 사역 기간 대부분을 낙심하며 지내던 브레이너드는 마침내 크로스윅숭에서 성과를 거두고 이를 부흥에 비유했다. 크로스윅숭에서 1745년부터 1747년까지 새 신자들과 함께 지내던 브레이너드는 그들을 뉴저지의 크랜베리로 이주시키는 일에 참여하기도 했다. 브레이너드가 세상을 떠난 후에는 그의 동생 존이 크랜베리에서 사역을 이어 갔다.

브레이너드는 예일 대학 때부터 앓던 결핵이 악화되어 1747년 원주민 형제자매를 떠나 프린스턴 대학의 창립자 중 한 명인 조나단 디킨슨의 집에 잠시 머물렀다. 이 일로 브레이너드는 프린스턴 대학 1호 학생으로 불렸고 그가 예일 대학에서 퇴학당한 일이 프린스턴 대학의 설립에 일조한 것으로 인정됐다. 이후 매사추세츠주 노샘프턴으로 이주해 조나단 에드워즈의 가족과 함께 살았다. 1747년 10월 9일, 브레이너드는 그곳에서 29세의 나이로 숨을 거뒀다.

브레이너드는 선교 사역 중 선교 단체의 요청으로 자신의 선교 내용을 담은 두 권의 책을 집필했다. 첫 번째 보고서는 1746년에, 두 번째는 그의 사후인 1748년에 발행됐다. 브레이너드는 또한 자신의 우울증과 신앙생활, 속마음을 일기에 상세하게 기록했다. 조나단 에드워즈는 브레이너드의 일기를 엮어 1749년 책으로 출간했다. 이 일기는 여러 세대에 걸쳐 선교사와 기독교인들에게 많은 영감을 주었다.

읽을거리

『데이비드 브레이너드 생애와 일기』, 조나단 에드워즈 엮음, 원광연 옮김, CH북스, 2011.

흐르는 시간만큼 문명은 내게서 멀어졌다. 지금쯤이면 뉴욕주에 들어선 거겠지.

예일 대학의 복도를 거닐고 있을 동생이 생각났다. 아, 존과 같이 있을 수 있다면. 친구들과 기도하고 조교들과 만나던 강의실이, 대학 시절이 그리웠다. 조금만 자제력을 길렀다면, 자만심을 누르고 말조심하면서 편파적인 열광주의에 휩쓸리지 않았다면, 내 인생은 달라졌을 텐데. 지금쯤 학위를 거의 마치고 소박한 목회를 준비하고 있었을 텐데. 이렇게 쓸쓸한 황무지로 기어들어 가고 있다니.

늦겨울의 지옥에 갇힌 세상은 죽은 듯 황량해 보였고 나무는 앙상한 가지만 쳐들고 있었다. 지나가는 잿빛 하늘을 멍하니 바라보는 브레이너드의 귀엔 심장 박동에 맞춰 울리는 말발굽 소리만 들릴 뿐이었다. 마치 자신의 관에 못질하는 소리처럼 냉혹했다.

아버지. 근엄하지만 기억 속에 희미하게만 남아 있는 얼굴. 따뜻한 주방의 빵 냄새와 함께 어머니의 얼굴도 떠올랐다. 닳고 닳은 사진처럼 익숙한 그 얼굴. 어머니를 땅에 묻던 날 짐짓 의연한 척했던 사춘기의 자존심은 어두운 밤 몰래 흘린 눈물 속에 무너졌다. 동생 느헤미야도 생각났다. 피 섞인 가래를 그렁렁대며 결핵으로 죽어 간 동생은 두 명의 어린 조카를 남기고 세상을 등졌다. 모두 브레이너드가 묻은 사람들이다.

차라리 부러웠다. 형언할 수도, 멈출 수도 없는 슬픔의 세상에서 자유로운 그들이. 세상은 웃음과 기쁨을 집어삼키는, 아득한 공허다. 지겹다. 얼마나 더 기다려야 죽음이 나를 데려갈까?

기도하려 했지만 말이 떠오르지 않았다. 생각은 느릿느릿 제멋대로다. 기도를 들을 하나님도 없는 것처럼 느껴졌다. 이 어둠 속에 나를 버려두고 조용히 떠나셨단 말인가? 영원히 자비의 손을 거두실까? 운 좋게 죽기라도 한다면 평안해질까, 아니면 지옥에 가 있을까? 의심과 절망의 거품을 물고 가차없이 들이닥친 생각의 파도는 브레이너드를 수장시킬 듯 위협하며 마음을 짓눌렀다. 브레이너드는 온몸으로 파도에 부딪히며 평화와 고요, 확신을 찾아 부르짖었다. 생각이 많아질수록 정신은 혼돈의 늪에 깊이 빠져들어 갔다. 마음은 기절한 물고기처럼 둥둥 떠다녔다.

어쩌면 실수였을지 몰라. 내 주제에 무슨 복음을 전한단 말인가? 나 같은 선교사가 하는 사역에 어떤 결실이 맺힐까? 어리석고, 유약하고, 쓸모없는 놈. 하나님이 만드신 대지에 발 붙일 가치도 없는 사악한 자식. 이렇게 미약한 능력으로는 이 일을 제대로 감당할 수 없다.

말은 터벅터벅 전진했고 브레이너드는 굳이 방향을 바꾸지 않았다. 머무르기보다는 계속 가자. 수개월 전 자신에게 했던 말이다. **머무르기보단 가겠습니다. 하나님, 나를 도우소서.**

급진적인 대학생에서 선교사로

말을 타고 뉴욕주 북부에 있는 첫 번째 선교지로 향하고 있던 데이비드 브레이너드는 우리가 생각하는 이상적인 선교사의 모습과는 거리가 멀었다.

오늘 내가 겪은 영적 갈등은 차마 입에 담지 못할 정도로 끔찍했다. 마음은 산처럼 무겁고 홍수처럼 심란했다. 그야말로 지옥에 갇힌 듯. 하나님이 전혀 느껴지지 않았다. 아니, 신의 존재마저 의심되기 시작했다. 그게 나의 고통이었다……. 영혼이 괴로운 나머지 먹지도 못했다. 사형장으로 끌려가는 비참한 사형수가 된 기분이었다.[1]

브레이너드는 성령 충만하거나 자신감에 넘치지 않았고 신앙생활에도 확신이 없었다. 하나님은 멀게만 느껴졌고 스스로 부족하다 여겼다. 선교라는 새로운 사명이 올가미처럼 브레이너드를 죄어 왔다. 겉으로라도 기뻐하려 했지만 허사였다. 브레이너드는 침울했다.

브레이너드의 일기를 읽으면서 그의 우울함을 알아채지 못하기란 불가능하다. 브레이너드가 죽은 뒤 『데이비드 브레이너드 생애와 일기』를 엮은 조나단 에드워즈도 서문에 이 사실을 명백히 드러냈다. 편집 과정에서 많은 내용을 바꾸고 삭제했지만 브레이너드의 우울함까지 지우기엔 그 농도가 너무 짙었다. 브레이너드의 우울한 성향을 인정할 수밖에 없었던 에드워즈는 이를 브레이너드의 "결함"(imperfection)이라고 불렀다.[2] 브레이너드는 선교 사역을 하면서 반복적으로 절망과 낙심을 언급했다. 그는 너무 막막해서 죽고 싶어 하다가 조금 나아지는 듯싶더니 이내 다시 우울해지는 악순환을 되풀이했다. 그러나 질긴 악순환의 고리만큼이나 사역을 지속하려는 의지도 강했다.

첫 사역지로 가는 여정에서 브레이너드는 이렇게 적었다. "힘들고 고통스러울지 뻔히 알면서도 나는 이 일을 시작했다. 무덤으로 내려가는 게 더 쉬울 수 있겠다고 생각했지만, (여기 브레이너드의 좌우명을 들어보시라!) 머무르기보다는 가기로 선택했다."[3]

두려움과 온갖 감정들을 내려놓고 자신을 괴롭히는 의심과 불안에 맞서며 브레이너드는 "가기로" 결단했다. 결실이 보이지 않아도 브레이너드는 새로운 선교지를 찾아가 복음

전하는 일을 멈추지 않았다. 그는 뉴잉글랜드의 작은 마을과 정착지들을 찾아가고 모임과 회의에 참석하느라 항상 분주했다. 그의 사역이 막바지에 다다른 어느 한 해에만 말을 타고 5천 킬로미터를 이동했을 정도로 브레이너드는 늘 길 위에 있었다. 우울증이 시야를 가리고 폐결핵이 기력을 쇠하게 해도 브레이너드는 하나님이 주셨다고 믿는 소명에 충실하기 위해 죽을 힘을 다해 달렸다.

브레이너드가 생각했던 소명이 언제나 뉴욕과 펜실베이니아, 뉴저지의 산간벽지를 돌아다니는 선교사였던 것은 아니다. 원래 그는 할아버지와 증조할아버지의 족적을 따라 목사가 되고 싶었다.

'대각성 운동'으로 알려진 신앙 부흥 운동이 뉴잉글랜드 지역을 휩쓸던 무렵, 브레이너드는 스물한 살의 나이로 예일 대학에 들어갔다. 브레이너드가 3학년에 재학 중일 때 예일 대학과 뉴헤이븐시 전체가 종교적 열정으로 들끓었고 브레이너드도 다른 많은 이들과 함께 그 속에 빠져들었다. 결국 이 뜨거운 신앙 탓에 브레이너드는 총장실로 불려가게 되었다. 당시 총장은 (부흥 운동을 반대하는) "구파"의 충실한 지지자 토머스 클랩 교수였는데, 그는 기존의 규범과 질서가 위협받는 상황을 못마땅해 하고 있었다. 클랩 총장의 지휘 아래 예일 대학교는 어떤 학생도 교직원의 신앙생활을 비방하지 못하도록 새로운 교칙을 제정했다. 결국 브레이너드가 조교인 천시 휘틀시를 두고 "의자만큼도 은혜받지 못한 사람"이라고 부르며 그가 구원받았는지 의문을 제기했고 이 말을 전해들은 하급생이 학교에 신고한 게 화근이 되었다.[4] 브레이너드가 사사롭게 내뱉은 말이라며 공개적인 사과를 거부하자 학교는 그를 퇴학 처리했다.[5]

토머스 총장은 징계라는 명목하에 브레이너드가 성직자의 소명을 받을 수 있는 문을 매몰차게 닫아 버렸다. 당시에는 요즘처럼 다른 학교에 편입할 수 있는 제도도 없었다. 큰 충격을 받은 브레이너드는 자신의 인격과 명성에 먹칠한 이 사건을 뼈아프게 생각했다. 또한 하나님께서 자신을 쓸모없다고 생각하지 않으실까 걱정하며 죄책감과 "수치감"에 괴로워했다. 선교 사역을 시작한 이후에도 브레이너드는 이런 감정들로 인해 끊임없이 고통받았다.[6]

(1차 대각성 운동의 부흥사들이 대부분 그랬듯이) 결과적으로 브레이너드는 원숙해졌다. 대각성 운동의 뜨거운 열정까지 버리진 않았지만 극단성과 비판적인 태도는 물리쳤다. 그는 과거에 자신이 속했던 운동의 편협성을 "분리의 영"이라고 부르며 진심으로 반성했다. 부흥론자의 영성이 분열과 경쟁을 일으켰다는 사실을 깨달았기 때문이다. 브레이너드는 부흥 운동의 영향으로 분열에 휩싸인 여러 교회의 중재자가 되어 양측의 화해를 도모하는 일에 힘썼다. "급진적"이었던 경험 탓에 중재자의 균형감을 키우게 된 것이다.

이러한 변화에도 불구하고 예일대는 여전히 브레이너드의 복권과 학위 수여를 허락하지 않았다. 많은 친구와 동료들

이 브레이너드 편에 서서 학교 측과 협상했지만 끝내 복귀는 무산됐다.[7]

학위가 없어서 목사 안수를 받지 못한 브레이너드는 퇴학당한 여름, 코네티컷 목사 총회로부터 설교권을 취득했다. 몇 개월 후 스코틀랜드 복음 전도 협회(SPCK)는 브레이너드를 아메리카 원주민을 위한 선교사로 임명했다. 이미 파송된 몇 안 되는 선교사 중 하나였던 존 서전트를 방문하기 위해 매사추세츠주 스탁브리지로 간 브레이너드는 곧 첫 번째 선교지인 카우나우믹으로 우울한 여행을 시작했다. 브레이너드가 지금의 뉴욕주 수도 올버니시 근처인 카우나우믹으로 떠났을 때 그의 나이는 스물다섯이었다.

삭막한 황야에 홀로 서다

브레이너드는 뉴잉글랜드 지역의 존경받는 가문에서 자랐다. 부유하지는 않았지만 부족함이 없었고 인맥도 풍부했다. 젊은 브레이너드는 마을과 도시들을 누비며 유력가의 거실에서 신앙을 논하기도 했다. 브레이너드가 카우나우믹에 도착했을 때 이처럼 고풍스러운 생활 양식은 개척지의 현실 앞에 처참히 무너졌다. 도착한 지 한 달 정도 되었을 즈음 동생 존에게 보내는 편지에서 브레이너드는 다음과 같이 썼다.

난 올버니에서 30킬로미터 정도 떨어진 황야에 살아. 이곳처럼 사람을 쓸쓸하고 울적하게 만드는 곳은 없을 거야……. 나는 가난한 스코틀랜드 부부가 사는 집에 하숙하고 있는데 부인은 영어를 거의 못 해. 주로 옥수수죽이나 삶은 옥수수, 잿불에 구운 빵을 먹고 살아. 가끔 약간의 고기나 버터가 추가되는 날도 있고. 내 잠자리는 나무 널빤지 위에 얹은 작은 건초더미가 전부야. 그래도 땅바닥에서 조금 떨어져 있지. 마룻바닥 없는 통나무집이거든. 사역은 너무 어렵고 힘들어. 내가 만나는 인디언들이 너무 멀리 사는 통에 거의 날마다 2킬로미터 정도 되는, 극도로 험한 길을 걸어갔다 다시 돌아와야 해. 이번 달엔 백인을 한 사람도 만나지 못했어. 사실 환경적으로 불편한 건 그렇게 신경 쓰이지 않아. 오히려 영적인 갈등과 번민이 훨씬 괴롭지. 그에 비하면 열악한 환경이 사치스럽게 느껴질 정도라니까. **주여, 내가 예수 그리스도의 훌륭한 군사로 고난을 잘 이겨내게 해 주소서.**[8]

이후 4년의 사역 기간 동안 브레이너드는 같은 하소연을 되풀이했다. 여전히 외로웠고 주거 환경도 병든 몸을 건사하기에 너무 혹독했다. 4년 후 브레이너드의 목숨을 앗아 갈 결핵이 이미 그때부터 문제를 일으키고 있었다.[9] 원주민들은 멀리 떨어진 곳에 여기저기 흩어져 살았다. 브레이너드의 거처와 원주민 정착지의 물리적 거리 때문에 만나는 일이 쉽지 않았다. 밖으로는 쓸쓸한 황야에 둘러싸였고 안으로는 죄책감과 두려움, 낙심과 절망의 폭풍에 휩싸였다. 카우나우믹에 도착한 지 꼭 한 주가 되던 날 브레이너드는 이렇게 썼다.

어쩜, 이렇게 무지하고 연약하며 무력하고 보잘것없을까. 정말이지 나는 이 사역에 전혀 적합하지 않은 것 같다. 인디언들에게 아무런 도움도 못 주고 결국 선교도 실패할 거야. 삶에 지친 내 영혼. 얼마나 죽음을 고대하는가. 이미 떠나간 경건한 이들의 죽음을 생각할 때마다 나는 벌써 부럽다. "아, 내 차례는 언제일까! 아직도 여러 해를 기다려야겠지!"[10]

우울증은 브레이너드 자신과 사역 그리고 인생의 가치를 보는 눈을 흐렸다. 이듬해 12월 브레이너드는 동생에게 세상을 "말할 수 없는 슬픔"으로 묘사하며 다음과 같이 적었다. "이토록 살고 싶지 않다고 느낀 적은 처음이야. 온 세상이 텅 빈 것 같아. 선한 것이라곤 아무것도 자랄 가능성이 없는, 완전히 비어 버린 공간처럼 보여."[11] 온갖 어려움 속에서 이런 감정들에 휘둘리면서도 브레이너드는 오로지 견디는 데 집중했다. "어둡고 침침한 저택"[12]이라고 부를 수밖에 없었던 세상 속에서도 그는 멈추지 않고 사역의 길을 뚜벅뚜벅 걸어 나갔다.

스코틀랜드 부부와 3개월간의 동거를 끝낸 브레이너드는 원주민 정착촌에 작은 집을 짓고 그곳으로 거처를 옮겼다.

원주민들이 대개 집에 머무르는 아침과 저녁 시간에 그들과 더 쉽게 만나기 위한 결정이었다. 하지만 새집에서도 "생필품과 기본적인 생활의 편의"가 없기는 마찬가지였다. 20-30킬로미터 떨어진 곳에서 어렵게 빵을 구해 오더라도 막상 먹을 때가 되면 곰팡이가 피어 있기 일쑤였다.

원주민 사역도 곧 역경에 부딪혔다. 원주민들에게 백인 그리스도인은 환영의 대상이 아니었다. 대대로 살아오던 조상의 땅을 속여서 빼앗은 사기꾼이 바로 백인 그리스도인들이었기 때문이다. "불이 담긴 물"이라며 독한 증류주로 원주민 공동체를 알코올 중독에 빠지게 한 것도 그들이었다. 원주민이 의심의 눈초리로 브레이너드를 쳐다보는 건 당연한 일이었다. 그들은 단지 얼마 남지 않은 자신의 땅과 문화를 지키려 안간힘을 쏟고 있을 뿐이었다.

시간이 지나면서 다른 백인들까지 브레이너드를 적대하기 시작했다. 그들은 브레이너드에 관해 헛소문을 퍼뜨리며 선교 사역의 동기를 의심했다. 브레이너드의 권유로 원주민들이 음주를 자제하자 주류 판매 수익이 줄어든 백인들이 앙심을 품었다.[13] 원주민이 개종해서 교육을 받게 되면 그들을 속여 조약을 체결하는 일이 힘들어질까 봐 걱정하는 백인들도 있었다. 식민지 개척자들이 이렇게 반응하는 건 사악한 이기심도 있었지만 타인에 대한 원초적인 두려움도 한몫했다. 백인들은 원주민들이 밤에 찾아와 잠든 자신의 목을 베어 가는 상상을 할 정도로 원주민을 무서워했다.

우리가 모두 그렇듯, 데이비드 브레이너드도 시대의 분위기를 크게 벗어나지 못했다. 원주민을 야만적으로 대우하는 인종 차별적 생각과 문화 우월주의를 그대로 답습한 것이다. 브레이너드는 원주민들을 "애들"이라고 부르며 게으르고 무식해서 세상살이에 서툴다고 생각했다. 원주민들이 살아가는 방식이나 가치가 자신과는 너무 달랐기 때문에 제대로 이해하지 못한 것이다. 브레이너드의 머릿속엔 서구식으로 그리스도를 따르는, 백인의 기독교만 있었을 뿐이지 원주민의 삶과 문화에 맞는 기독교란 없었다. 브레이너드는 고결한 구원자가 아니었으며 우리는 브레이너드의 구시대적 사고방식을 있는 그대로 받아들여야 한다.

물론 브레이너드의 행동 중엔 당시로선 매우 파격적인 것들도 있었다. 예를 들어, 카우나우믹으로 이주했을 때 자기 집을 짓는 동안 원형 천막에서 인디언 가족과 함께 살았던 일이 그랬다. 한 해가 다 가기 전에 원주민의 언어로 기도하고 찬양할 수 있을 만큼 말을 배우는 일에도 적극적이었다. 이후 브레이너드는 자신과 같은 피부색을 가진 사람들과 한집에서 자는 것보다 원주민 친구들과 들판에서 노숙하는 것을 더 선호할 정도로 "안 믿는" 백인들보다 그리스도인이 된 원주민 형제자매들을 더 친근하게 여겼다.

또한 원주민 개종자를 교우로 대우하며 그들과 함께 성찬식을 치르기도 했다. 당시에는 이런 일이 가능할 거라고 믿는 사람이 많지 않았다. 브레이너드는 뉴저지의 크로스윅숭에서 원주민들이 복음에 반응했던 일을 부흥으로 묘사하며 매사추세츠주 노샘프턴시에 있는 조나단 에드워즈의 백인 교회에서 일어났던 대각성 운동과 비교했다. 이렇듯 원주민을 대하는 브레이너드의 태도와 행동은 조금씩 바뀌었다. 인디언과 함께했던 시간이 그렇게 빨리 끝나지 않았었더라면 얼마나 더 획기적으로 변했을까.

아무짝에도 쓸모없는 선교사

부흥과 회심의 날을 보기까지 브레이너드는 기다려야 했다. 그런 날은 생의 마지막 즈음에나 찾아왔고 사역하는 내내 브레이너드는 결실을 보지 못해 괴로워했다. 첫 번째 선교지인 카우나우믹에서 1년을 보낸 후 브레이너드는 "자기 사람들"을 스탁브리지의 존 서전트(1년 전 함께 단기 훈련을 받았던 개척 선교사)에게 맡기고 펜실베이니아주 델라웨어강 부근에 있는 새로운 사역지(지금의 이스턴시 근처)로 이동했다. 카우나우믹보다 더 외딴곳이었던 두 번째 사역지에서 브레이너드는 어떤 아름다움도 느끼지 못했던 듯하다.

펜실베이니아로 가기 몇 달 전 브레이너드는 두 교회로부터 솔깃한 제안을 받았다. 브레이너드를 목사로 청빙하고 싶다는 내용이었다. 목회는 예일 대학에서 퇴학을 당하면서 무산된 꿈이었다. 제안을 받아들였다면 쇠약해진 몸과 마음을 돌보고 쉴 수 있는 여유가 생겼을 것이다. 그러나 브레이너드가 속했던 선교 단체 임원들은 제안을 받아들이지 말라고 그를 설득했고 결국 브레이너드는 선교 단체의 뜻을 따랐다. 다시 한 번 "머무르기보단 가겠다"고 선택한 것이다.

새로운 사역지를 향해 브레이너드는 말을 타고 "황량하고 끔찍한 지역"을 가로질렀다.[14] 우울한 기분 때문에 더욱 그렇게 느꼈을 수도 있었지만, 펜실베이니아의 산악 지대에 주눅이 든 건 그만이 아니었다. 18세기 당시 브레이너드가 이용했던 산길은 험난하기로 악명 높은 길이었다. 뉴잉글랜드 지방의 잘 닦인 길에 익숙했던 브레이너드는 쓰러진 나무를 넘어가거나 걸어서 건널 수 없는 강과 늪지대를 통과해야 했다. 말에게 사고가 날 뻔한 아찔한 순간도 한두 번이 아니었다. 익숙한 먹구름이 다시 마음에 드리웠다.

브레이너드는 일기에 이렇게 썼다. "선교를 생각할 때면 종종 마음이 축 가라앉는다. 어디로 가는지도 모른 채 나는 홀로 황무지를 헤맨다."[15] 다시 혼자가 되면서 브레이너드는 인류와 단절됐다고 느끼기 시작했다. "세상으로부터 아예 떨어져 나온 것 같다. 모든 일이 '바람을 잡으려는 듯 헛되다.' 인류 전체로부터 추방당한 것처럼, 세상의 모든 기쁨에서 완전히 멀어진 사람처럼 외롭고 서글프다."[16] 브레이너드는 친구와 그리스도인 동료들과만 떨어진 게 아니라 하나님과도 단절됐다고 느꼈다. "하나님의 시야에서 사라진 피조물"처럼 "그분의 임재"를 애타게 부르짖었다.[17]

난 브레이너드가 어떤 감정을 느꼈을지 이해할 수 있다.

나 역시 하나님이 부재하고 하늘이 침묵하며 신앙생활이 무의미하게 느껴진 적이 있었다. 기도는 아무렇게나 뒤틀리며 바람에 날아가는 얄팍한 종이처럼 허무했다. 왜 하나님은 자신을 드러내지 않으실까, 왜 나는 하나님의 임재를 느끼지 못할까 의아해하며 망연자실했다. 브레이너드처럼 나도 "기도할 여력이 바닥나고 하나님으로부터 완전히 차단된 기분이었다."[18] 도대체 내가 뭘 잘못하고 있는지 몰라 답답하기만 했다.

내 영혼의 적막을 깬 것은 상담 선생님의 지혜로운 답변이었다. 보고 만질 수 있는 친구, 사랑하는 사람과의 관계도 우울증에 영향을 받는데, 듣지도 보이지도 않는 하나님과의 관계가 왜 영향을 받지 않을 거라고 생각하는가? 하나님이 떠났거나 변한 게 아니었다. 단지 우울증이라는 색안경이 타인과의 관계에 영향을 끼쳤듯 하나님을 바라보는 내 시각과 그분을 감지하는 능력에 영향을 미쳤을 뿐이다. 영적인 삶을 포함한 그 어떤 영역도 우울증의 피폐한 손길이 미치지 않는 곳은 없다. 우울증은 우리의 전 존재를 물들인다.

데이비드 브레이너드의 사례는 "좀 더 기도해 봐"하는 흔한 조언이 정신 질환에 만병통치약이 될 수 없으며, 신앙생활에 힘쓴다고 해서 정신 건강을 보장받지는 못한다는 사실을 여실히 보여 준다. 수도원 밖의 사람들 중에 브레이너드보다 더 많은 시간과 열정을 영적 생활에 쏟아부은 사람을 찾을 수 있을까. 브레이너드가 일생을 공들였던 기도와 금식, 성경

읽기도 우울증을 막거나 치유하지 못했다.

물론 시련을 극복하는 데 신앙생활이 어느 정도 도움이 되었을 것이다. 절망 속에서도 계속 살아갈 동기와 희망을 주었고 어떠한 상황에도 하나님이 다스리신다는 진리를 일깨워 주었을 것이다. 하지만 신앙과 신학이 우울증과 더불어 브레이너드의 정신 건강에 악영향을 미친 것 또한 사실이다.

브레이너드는 어렸을 적부터 "지나치게 감성적이고 내성적이었으며, 과도할 정도로 양심에 민감해서 주기적으로 우울증을 앓았다."[19] 안타깝게도 이런 브레이너드에게 그의 멘토는 "젊은 친구들과 어울리지 말고 백발이 성성한 어르신들과만 지내라"고 조언했다. 또한, 부지런히 성경을 읽고 "매일 독방에서 기도하며 남모르게 선행에 힘쓸 것"과 설교를 듣고 암기할 것을 주문했다.[20] 어떤 것도 본질적으로 나쁘지 않은 조언이었지만 브레이너드를 더 심각하고 폐쇄적인 사람으로 만들었다는 점에서 그의 우울한 기질을 바꾸는 데 전혀 도움이 되지 않았다. 브레이너드 자신도 고독이 우울증을 더 악화시킨다는 사실을 인정했다. "극복하기 어려운 내적 시련이지만, 그렇다고 외톨이처럼 지내면 시련이 영혼을 뿌리째 뒤흔들도록 도와줄 뿐이다."[21] 마르틴 루터와 같은 인생의 선배가 있어, 혼자서 생각을 곱씹지 말라고 촉구했었더라면 브레이너드에게 보다 도움이 되지 않았을까.

간간이 브레이너드가 우울한 상태에서 말하는 건지, 아니면 신앙적으로 겸손하게 표현하는 건지 분간하기 어려운 경우도 있다. 종종 자신이 "사악"하고 부족하다는 생각에 압도되어 "하나님이 창조하신 대지 위를 걸을 자격도, 다른 피조물로부터 호의를 입을 이유도 없다"[22]라고 느낀 브레이너드는 스스로를 "하찮은 벌레"라고 부르기까지 했다.[23] 다음은 브레이너드가 일기에 적은 내용이다.

> 극도로 심한 자기비하가 시작됐다……. 나라는 인간이 역사상 가장 끔찍한 존재로 여겨졌다. 누군가가 나를 존중한다는 생각만으로도 가슴이 저릴 정도로 고통스러웠다. 나를 잘못 보고 있는 가엾은 사람들! 내 속을 들여다본다면 얼마나 실망하고 비참해할까!…… 내가 너무 비열하고 무식하게 느껴져서 회중 앞에 나설 엄두가 나지 않았다. 이런 생각에 사로잡힌 나는 예배당에 모인 사람들이 그렇게 불쌍할 수가 없었다. 아무짝에도 쓸모없는 선교사의 설교를 듣고 앉아 있어야 하다니 말이다.[24]

이것을 하나님 앞에서 당연히 겸손해야 할 신앙인의 자세라고 봐야 할까? 일종의 깊은 신앙에서 나오는 자기혐오 같은 건가? 그의 죄책감은 진정한 뉘우침에서 오는 걸까? 아니면 우울증에 기인한 감정일까? 진실을 알 수 없기에 그저 브레이너드가 안쓰러울 뿐이다.

우리가 속한 기독교 문화가 우리에게 끊임없이 수치감을 불러일으킨다면, 그래서 우리가 은혜를 모른 채 자기비하와 죄책감의 굴레에 빠지게 된다면, 나는 우리의 영성을 재평가해야 할 때라고 생각한다. 우리에겐 죄를 슬퍼하고 아파하라는 메시지도 필요하지만, 우리가 하나님의 사랑받는 자녀라는 메시지도 필요하다.

우리는 우울할 때 중립적이거나 긍정적인 것을 절대적이거나 부정적인 것으로 삐딱하게 인식할 수 있다. 나는 세상에서 가장 형편없는 배우자야, 어차피 실패하고 말 거야, 누구도 나를 사랑하지 않아. 이런 체념의 말이 유행가 가사처럼 머릿속을 맴돈다. 브레이너드가 우울증에 빠지면서 점점 자신감을 잃고 자신이 하나님께 쓸모없다고 생각하게 된 건 당연한 수순이었다. 브레이너드는 심지어 하나님이 자신을 왜 살려두시는지 이상하게 여기기까지 했다. 그를 둘러싼 종교적 환경은 브레이너드가 이런 감정들을 정화하는 데 별 도움이 되지 못했다. 아니, 오히려 불안과 죄책감만 가중시켰다.

사역지를 전전하며 아무리 선교에 힘써도 결실을 보지 못하자 브레이너드는 자신이 성과를 내지 못한다는 점에 병적으로 집착하기 시작했다. 반응이 시원찮은 건 설교자의 잘못이라고 보았던 당대 부흥사들의 사고방식은 브레이너드에게 전혀 도움이 되지 않았으며 도리어 그를 죄책감과 무능함의 소용돌이에 빠뜨렸다. 하나님 앞에 "빈손"으로 나아가는 것은 생각만으로도 끔찍한 일이었다. 브레이너드는 시름에 잠겼다.

브레이너드가 집착했던 게 또 하나 있었다. 단 한 순간도 허비해서는 안 된다는 생각이었다. 하나님을 섬기는 유익한 종이 되고 영원한 열매를 맺으려는 갈망에서 비롯된 생각이었다. 스물넷의 나이에 브레이너드는 다음과 같이 썼다. "온 생애를 바쳐 하나님을 섬기고 그분의 영광을 위해 일하리라."[25] 심지어 기도와 성경 공부에 더 많은 시간을 할애할 수 있도록 잠을 안 잤으면 좋겠다는 생각까지 했다. 기력이 없어서 앉은 채로 설교해야 하거나 너무 아파서 독서와 명상을 못하고 "하찮은" 일만 해야 할 때면 죄책감을 느꼈다.[26] 오로지 기독교 사역과 관련된 일에만 시간을 쏟으려 했던 브레이너드에게 다른 인생의 목적은 있을 수 없었다. T. S. 엘리엇의 어깨 위를 맴돌며 "시간을 구원하라. 시간을 구원하라"라고 지저귀던 새처럼, 브레이너드는 자신을 채근했다. 그에게 무익하고 열매 맺지 못하는 종이 되는 것보다 더 큰 두려움은 없었다.

폭스 오브 델라웨어(델라웨어강이 갈라지는 지점)에서 사역을 시작한 브레이너드는 몇 달이 안 되어 다음과 같은 글을 남겼다.

내 영혼이 이토록 죽음을 사모하는데, 무미건조하고 불모한 삶에서 벗어나 영원히 하나님을 섬길 수 있기를 바라는데, 나는 이렇게 아무짝에도 쓸모없는 삶을 살고 있구나. 아, 짐만 되는 인생이여! 죽음아, 다정한 내 친구, 죽음아, 어서 와서 이 권태로운 생에서 내 영혼을 건져 내어 영원히 춤추게 하라![27]

누군가에겐 하나님을 섬기고자 했던 브레이너드의 헌신이 존경스럽게 보일 수도, 천국을 향한 그의 소망이 진정성 있게 느껴질 수도 있다. 당시의 기독교 영성이 브레이너드에게 바람직했는지 토론해 볼 수도 있다. 하지만 그렇다고 브레이너드의 목소리에 담긴 비극까지 간과할 순 없다. 죽음을 "다정한 친구"라 부르고 삶을 짐으로 생각했던 브레이너드에게는 더는 이 땅에 살 이유가 없었다.

많은 사람이 브레이너드가 무엇을 갈구했는지 이해할 것이다. 그의 아픔과 권태감은 생소한 게 아니다. 존재의 중압감과 어두움을 훌훌 털어 버릴 그날을 기다리며 내뱉는 탄식은 우리 귀에 익숙하다. 브레이너드처럼 우리도 자신이 쓸모 있는 존재인지, 어떤 유산을 남길지 궁금해 한다. 물론 죽음이 우리를 천국으로 인도해 줄 친구처럼 느껴질 때도 있다.

하지만 이런 생각들이 가진 비극적인 면을 그냥 간과해선 안 된다. 브레이너드가 그랬던 것처럼, 우리도 멈추지 않고 계속 가야 한다. 심지어 애쓴 보람을 느끼지 못할 때도 말이다. 항상 삶을 선택해야 한다. 삶은 중요하기 때문이다. 친구여, 당신의 삶은 소중하다. 일기장 위에 엎드려 비탄에 잠겼던 데이비드 브레이너드처럼, 당신도 아무런 결실을 보지 못할 수 있다. 우울증 때문에 당신이 주변 사람과 세상에 미치는 선한 영향력을 인지하지 못하는 것일 수도 있다. 브레이너드를 생각하라. 눈에 보이는 게 삶의 전부가 아니다.

몇 개월 뒤 브레이너드는 "지나치게 죽음을 동경"했다고 고백하며 다음과 같이 썼다. "내가 누구에게도 전혀 도움이 되지 않는다는 절망 때문에 그토록 초조하게 죽기를 바랐다. 가치 없는 삶을 사느니 차라리 죽고 싶었다."[28]

가치 없는 삶. 브레이너드에겐 최악의 악몽이었다.

희망의 불꽃이 꺼지려는 순간

폭스 오브 델라웨어에 머무른 지 1년이 지날 무렵, 브레이너드는 두 번째 원주민 부족 마을에 자신이 거처할 집을 짓고 있었다.* 그가 남긴 기록에 따르면 이 기간 동안 부흥은 없었지만 브레이너드는 계속해서 "하나님이 하늘나라를 내려보내 원주민이 구원받게" 해 달라고 기도했다.[29] 이성적으로 생각해 볼 때 불가능한 일인 것을 알면서도 브레이너드는 원주민의 회심을 간절히 바랐다.

브레이너드의 일기를 보면 그가 이곳에서 지내는 동안 우울증이 바닥을 쳤음을 알 수 있다. 그해 겨울 브레이너드는 이렇게 썼다.

이처럼 가슴 아픈 적이 또 있었을까. 마음이 완전히 눌리고 갈피를 잡을 수 없다. 어쩔 땐 인디언들에게 설교를 시작했

★　1년 사이에 벌써 선교지를 옮겼다는 의미―옮긴이.

다가 한 문장도 마치기 전에 무슨 말을 하려고 했는지 전혀 생각이 안 날 때도 있다. 겨우 생각해 내더라도 오랫동안 잊어버렸던 내용처럼 어색하고 불완전한 기억일 뿐이다. 영적으로 메마르고 기분이 침울해서 일시적으로 주의가 산만해진 거겠지.[30]

브레이너드는 똑바로 사고할 수 없었다. 결핵 때문에 점점 쇠약해지는 건강도 문제였다. 하나님께 버림받은 것처럼 느껴졌다. 이런 상황을 표현할 수 있는 유일한 단어는 지옥이었다. 지옥에서 벗어난 후에도 브레이너드는 지옥이 다시 돌아올까 두려워하며 지냈다.

폭스 오브 델라웨어에서 우울증에 시달리던 브레이너드에게 소중하고 아름다운 변화가 찾아왔다. 코네티컷주에서는 여전히 목사 안수를 받을 수 없었지만, 교계와 정계 상황이 바뀐 뉴욕주에서 그토록 갈망했던 목사 안수의 길이 열린 것이다. 스물여섯 번째 생일을 맞은 지 몇 개월 뒤에 일어난 일이었다. 자신이 짊어지게 될 목회의 사명이 어찌나 중대하게 다가왔던지 브레이너드는 안수식 전날 한숨도 못 잤다.[31]

브레이너드는 또한 백인들의 손이 거의 닿지 않은 서스쿼하나 지역을 방문하기 시작했다. 덤불과 거목으로 우거진 외딴길을 헤쳐 가는 이 위험천만한 여행을 브레이너드는 죽기 전까지 감행했다.

폭스 오브 델라웨어에서 일어났던 가장 특별한 사건은

브레이너드의 통역을 도왔던 타타미의 회심이었다. 처음부터 타타미는 경험이 풍부하고 유능한 원주민으로 눈에 띄었지만, 언젠가 브레이너드가 그를 "골칫거리"라고 부를 정도로 가끔 브레이너드의 속을 썩였다.[32] 타타미는 자신의 부족 사람들이 서구 기독교 사회에 동화되길 원하면서도 신앙 체험이나 "진리"에 별로 관심이 없었고 부족 사람들이 개종할 거로 생각하지도 않았다.[33] 타타미의 이런 비관적 태도는 브레이너드에게 전혀 도움이 안 됐다. 브레이너드 자신도 종종 비슷한 생각에 잠겨 있었기 때문이다.

하지만 회심한 타타미는 완전히 딴 사람으로 변해 있었다. 그는 더는 골칫거리가 아닌 동역자였다. 전에 통역할 땐 브레이너드의 말을 단순히 반복하는 정도였지만 이제는 자신의 감정을 실었고 때때로 브레이너드의 설교보다 더 길게 통역하기도 했다.[34] 브레이너드는 타타미가 자신의 말을 길게 되풀이하는 거라고 주장했지만, 내 생각엔 타타미가 자신의 설교를 덧붙인 게 아닐까 싶다. 최초의 인디언 전도사가 자기 부족 사람들에게 했던 설교의 내용을 알 수 없는 게 애석할 따름이다.

타타미와 그의 아내는 브레이너드에게 세례를 받은 첫 번째 원주민이 되었다. 기록에 의하면 타타미는 브레이너드가 다음 사역지로 옮겼을 때도 동행해서 통역을 도왔고 이후 브레이너드의 사역이 성공하는 데 크게 이바지했다.

스물일곱 번째 생일을 맞은 지 몇 달 후, 브레이너드는 폭스 오브 델라웨어를 떠나 새로운 사역지인 뉴저지의 크로스윅숭으로 이동했다. 크로스윅숭의 레니 레나페족은 여기저기 흩어져 있는 부족 공동체의 일부였는데, 백인들은 이 부족 공동체를 합쳐서 "델라웨어족"이라고 불렀다. 이들은 사방이 백인 정착지로 막혀 있어서 선조들처럼 수렵과 채집도 할 수 없었고 농사지을 땅도 부족해서 식량을 구하는 데 애를 먹고 있었다. 레니 레나페족의 전통적 생활 방식은 백인들에 의해 철저히 파괴됐다.

브레이너드가 크로스윅숭에 도착하던 날 그의 설교를 들은 여인은 얼마 되지 않았지만 이내 급격히 숫자가 불어나기 시작했다.[35] 늘어나는 청중에게 브레이너드는 겁을 주는 설교가 아닌 "죽기까지 사랑하신 구세주"의 이야기를 들려줬다.[36] 브레이너드는 이후에 벌어진 일을 부흥의 언어로 기록하고 있다.[37] 남녀노소 가릴 것 없이 모두 부흥의 물결에 휩싸였다. 족장부터 시작해서 어린아이들까지 회개했고 "살인자이자 주술가이며 고약한 술주정뱅이"였던 사람마저 죄를 뉘우쳤다.[38] 부족 전체를 폭풍처럼 휩쓸고 간 부흥은 설교에 초대된 다른 부족 사람들까지 바꿔 놓았고, 진정으로 회심한 사람들은 완전히 다른 삶을 살았다.

브레이너드는 자신이 꿈꿨던 일이 현실이 되는 것을 경이에 찬 눈으로 바라봤다. 브레이너드는 "가장 절망적일 때, 도저히 성공의 가능성이 없어 보일 때" 부흥이 찾아왔다고 고백한다.[39] 일기를 보는 누구나 그가 얼마나 들떠 있었는지 짐작할 수 있을 것이다. 하나님이 일하신다. 나는 더이상 영적으로 불임이 아니다. 드디어 열매가 보인다.

부흥이 일어난 지 한 달도 안 돼서 스물다섯 명의 원주민이 브레이너드에게 세례를 받았다. 브레이너드는 나름의 신학을 바탕으로 성찬식을 집례했는데, 그가 크로스윅숭을 떠날 즈음엔 여든다섯 명의 원주민 세례 교인이 성찬에 참여했다. 모두 브레이너드가 진정으로 회심했다고 생각한 사람들이었다. 아무런 기대 없이 찾아온 곳에 작은 교회가 세워졌다. 원주민 교회는 이미 브레이너드가 떠나기 전부터 자발적으로 기도하고 예배드릴 만큼 성장했다. 서스케하나로 선교 여행을 가는 브레이너드가 자신의 사역에 동참해 달라고 부탁할 정도였다.

원주민 교회에 찾아오는 사람이 늘어나자 브레이너드는 크로스윅숭에 계속 모이기가 어렵다고 판단했다. 브레이너드가 처음 왔을 때 얼마 안 되던 가족 수는 이후로 계속 불어났고 사방이 백인 정착민으로 둘러싸인 마을은 점점 비좁아졌다. 결국 브레이너드는 원주민을 뉴저지주의 크랜베리로 옮길 계획을 세우기 시작했다.

우리는 여기서 다시 한 번 원주민에 대한 브레이너드의 이해가 충분치 않았음을 알게 된다. 원주민을 위한다고 이주를 추진하면서 실상은 그들의 희생을 요구하고 있다는 사실을 브레이너드는 미처 알지 못했고 왜 그토록 원주민들이 백인 문화에 동화되기를 거부하는지도 이해하지 못했다. 우여

곡절 끝에 원주민 공동체는 이주를 결정했고 그 후엔 모든 일
이 일사천리로 진행됐다.

브레이너드는 크랜베리의 새로운 정착지에서 네 번째이
자 마지막으로 자신의 집을 지었다. 안타깝게도 브레이너드
가 새집에 머문 시간은 그리 길지 않았다. 예일대에 재학 중일
때부터 그를 괴롭혔던 결핵이 손쓸 수 없을 정도로 악화된 것
이다. 종종 침대에서 일어나지 못하거나 말에 타지 못했고 설
교도 할 수 없는 날이 생겼다. 기력이 쇠하고 몸이 상하자 브
레이너드는 떠날 때가 됐다고 생각했다.

"단 하루도 폐물처럼 살지 않기를"

원주민 형제자매와 눈물의 작별을 마친 브레이너드는 말
에 올라타 뉴잉글랜드로 향했다. 브레이너드는 직감적으로
돌아오지 못할 것을 알았다. 숲을 지나 언덕을 넘으며 풍경을
마음에 담고 기억에 새겼을까. 개울을 건너고 정착지를 지나
며 수없이 왕래했던 이 길 위에서 지난 시간을 돌아봤을까?

매사추세츠주 노샘프턴에 도착한 브레이너드를 반갑게
맞아 준 사람은 조나단 에드워즈였다. 점점 병약해지는 브레
이너드를 집으로 데려간 에드워즈는 딸 제루샤에게 그의 간
호를 맡겼다. 결국 브레이너드는 몇 개월 후 그곳에서 숨을 거
뒀다. 그 후 몇 달이 안 돼 제루샤마저 결핵으로 목숨을 잃었
고 사람들은 에드워즈가(家)의 묘지에 먼저 묻힌 브레이너드

옆자리에 그녀를 안장했다.[40]

건강이 급격히 나빠지는 상황에서도 브레이너드는 자신이 하나님께 무용할까 걱정하며 마지막까지 있는 힘을 다해 살았다. 글을 쓰거나 이전에 썼던 원고를 다듬었고 펜을 들지 못할 정도로 쇠약해졌을 때조차 침대에 누워 자신의 구술을 받아 적게 하는 식으로 작업을 이어 갔다. 자신을 방문한 지역 목회자들과 목회 지망자, 그리고 친형제들, 심지어 에드워즈의 어린 자녀들까지 모든 이를 격려하고 지도했다. 브레이너드는 마지막 숨을 거둘 때까지 "단 하루도 폐물처럼 살지 않기를" 바라며 매 순간 하나님께 영광을 돌리기 위해 살았다.

간혹 심한 통증 때문에 정신이 혼미해질 때도 있었지만, 브레이너드의 마지막 나날은 전혀 우울하지 않았다. 에드워즈에 따르면 브레이너드는 오히려 "죽음이 다가온다는 사실에 기뻐하고 즐거워했다."[41]

날이 갈수록 숨쉬기가 어려워졌다. 가슴은 조여 오고 호흡은 가빠졌다. 자세를 바꾸는 도중 칼로 폐를 찔린 듯한 고통을 느끼기도 했다. 숨을 쉬려다 허파에 경련이 일면, 걷잡을 수 없는 기침 때문에 호흡이 가빠지거나 구토를 했고 때로는 피고름을 내뱉었다. 물에 빠진 사람처럼 브레이너드는 숨을 잃어 갔다.

브레이너드는 친구들에게 자신의 조급함 때문에 하나님을 모독하는 일이 없도록 기도해 달라고 간청했다. 도저히 더는 견딜 수 없을 것 같았다. 죽음이 이토록 고통스러울지 예상하지 못했던 브레이너드는 친구들에게 이렇게 말했다. "사람들이 생각하는 죽음과 실제 죽음은 너무나 달라."[42]

견디기 힘들 정도로 고통스러운 상황 속에서도 브레이너드는 애틋한 마음으로 원주민 신도들을 생각했다. 죽기 전날 밤 브레이너드는 늦게까지 동생과 원주민 신도들에 관해 얘기했다. 결국 존은 브레이너드가 죽고 난 후 크랜베리에 가서 형의 사역을 이어 갔다.

흔들리더라도, 발걸음을 멈추지 말라

브레이너드의 일기를 보면 누구나 그가 얼마나 자주 무능하고 무익하다고 느꼈는지 알 수 있다. 하나님이 자신을 쓰실 수 있다는 희망을 완전히 잃었던 적만 해도 여러 번이었다. 브레이너드는 누가 자신의 설교를 들으려 하겠냐고 탄식하며 자신을 "불모지처럼 쓸모없는 놈"이라고 불렀다. 브레이너드의 일기에는 이런 정서가 진하게 배어 있다.

어떻게 살아야 할지 막막할 정도로 너무 낙심됐다. 그저 죽고 싶었다. 내 영혼은 깊은 물속에 빠진 듯 허우적댔고 거친 물결은 그런 나를 삼킬 듯 달려들었다. 무서울 정도로 우울해서 제대로 기도하지도 못했다. 단 한순간도 마음이 잠잠하고 평온할 때가 없었다. 하나님을 위해서 제대로 살지 못한다는 자책감에 쥐구멍에라도 들어가고 싶은 심정이었다……. 원주민에게 설교하면서도 내 영혼은 괴로웠다. 내가 아무짝에도 쓸모없다는 생각에 사로잡혀서 정말 어찌할 바를 몰랐다.[43]

하지만 브레이너드는 멈추지 않았다. 설교를 멈추지 않았고 원주민이 사는 곳을 방문하여 복음 전하기를 멈추지 않았다. 내면에서 들려오는 절망의 속삭임과 감정의 파도에도 불구하고 브레이너드는 뚜벅뚜벅 최선을 다해 앞으로 걸어갔다. 여기에 브레이너드의 위대함이 있다. 나 같았더라면 그냥 침대에 머물렀을 것이다.

브레이너드에겐 모든 게 헛일처럼 여겨질 때도 있었지만, 반대로 연약함 가운데 하나님을 만나는 경험도 있었다. 앞서 인용된 일기는 다음과 같이 이어진다.

그러나 설교를 마치고 나서 하나님께서 다시 한 번 힘 주셨음을 느끼며 어느 정도 용기를 얻었다……. 저녁이 되자 다시 기운을 차리고 기도할 수 있었다. 하나님을 사모하는 마음으로 찬양하며 평정심을 유지했다……. 이제는 살아서 내 허약한 몸이 허락하는 것 이상으로 하나님을 위해 더 많이 일하고 싶어졌다. 내게 힘 주시는 그리스도의 도움으로, 그분의 은혜를 힘입어 나는 모든 것을 감당할 수 있다. 절망에 빠져 자포자기하지만 않는다면 나는 언제든지 내 몸을 불살라 주님을 섬기리라.[44]

브레이너드 사후 100주년을 몇 년 앞둔 1930년, 한 종교 사학자는 "브레이너드가 원주민 선교와 선교 전반에 미친 영향은 살았을 때보다 죽은 후에 더 강력했다"고 주장했다.[45] 그의 말은 틀리지 않았다. 말년에 브레이너드가 원주민 공동체를 대상으로 벌였던 사역은 미미했지만,[46] 그의 선교는 이후 상상을 초월할 정도로 많은 이에게 영향을 미쳤다. 단지 실의에 빠져 있던 브레이너드의 눈에 보이지 않았을 뿐이다. 심지어 부흥의 불꽃이 타오르는 것을 목격하는 순간에도 브레이너드는 자신의 사역이 몰고 올 파장을 예감하지 못했다.

조나단 에드워즈가 브레이너드의 일기를 출간함으로써 브레이너드는 불멸이 되었다. 비록 에드워즈가 자의적으로 편집한 부분도 있지만, 자칫 역사에서 사라질 뻔한 젊은 브레이너드의 내면 세계가 이렇게 보존된 건 감사한 일이다. 후대의 많은 이들이 그랬듯 에드워즈는 브레이너드를 이상적인 그리스도인으로 치켜세웠다.[47] 20여 년 후 감리교 창시자로 유명한 존 웨슬리도 대서양 건너편 영국에서 브레이너드의 일기를 편집해 재출간했다. 그 역시 브레이너드를 완벽한 설교자로 내세웠다.[48] 이후 브레이너드는 진정한 선교사의 귀감이 됐고, 윌리엄 캐리(현대 선교의 아버지라고 불리는)와 짐 엘리엇과 같은 선교사도 그에게서 깊은 영감을 얻었다. 아도니람 저드슨 고든은 브레이너드의 무덤가에 서서 "난 지금 19세기 선교의 발원지에 서 있다고 선언하는 데 아무런 주저함이 없다"라고 말하기도 했다.[49] 브레이너드의 삶과 인격은 여러

면에서 새로운 세대의 신학생과 목회자, 평신도에게 격려와
영감의 원천으로 추앙받았다.

나는 브레이너드가 이처럼 수많은 사람에게 영웅이 된
이유는 그가 성공해서가 아니라 인내했기 때문이라고 믿는
다. 에드워즈도 브레이너드의 끈기에 대해 다음과 같이 썼다.

> 그〔브레이너드〕의 신앙은…… 하늘의 빛처럼 한결같았다.
> 구름에 가려져 있을 때조차 계속 비추는 빛처럼. 그의 믿음
> 은 한꺼번에 쏟아져 급속히 광범위한 지역을 휩쓸다가 금
> 세 말라 버리는 홍수보다는 샘물에 더 가까웠다. 비가 올
> 때는 조금 불고 가뭄에는 조금 줄기도 하지만 끊기지 않는
> 샘물과 같았다.[50]

연약해도 절대 포기하지 않았던 브레이너드의 삶에는 우
리를 격려하는 무엇이 있다. 자신의 부족함에 좌절하기만 했
던 브레이너드는 그 사실을 알지 못했다. 그가 할 수 있었던
일은 우울한 생각과 죽음의 유혹에 맞서 싸우는 것뿐이었다.
하나님이 얼굴을 숨기신 것처럼 느낄 때도 계속 기도하고, 자
신의 말을 귀담아들을 사람이 있을까 낙심될 때도 계속 설교
하고, 어디로 가야 할지 모를 때조차 계속 말을 타고 황야를
헤맸을 뿐이다.

지독한 우울증과 신체적 연약함 속에서도 브레이너드는
우리에게 격려의 말을 건넨다. "멈추지 마세요. 비관적일 때

도, 아무런 결실이 보이지 않을 때도, 심지어 하나님이 당신을 사용하실 수 있을까 의심될 때조차 계속 가세요. 끊임없이 하나님을 찾고 꾸준히 맡은 일을 하세요."

브레이너드가 우리에게 남긴 제일의 유산은 그의 끈기다. 가장 약할 때조차 한 걸음 한 걸음 발을 떼기만 하면, 하나님께서 우리를 쓰실 수 있다는 사실을 말해 주기 때문이다.

4

윌리엄 쿠퍼

친구와 예술의 손을 잡아라

윌리엄 쿠퍼(1731-1800)

영국 시인이자 찬송가 작사가인 윌리엄 쿠퍼는 1731년 11월 26일 태어났다. 윌리엄 쿠퍼의 아버지는 교구 목사였고, 그의 여섯 살 생일 직전에 사망한 어머니는 시인 존 던의 후손이다. 윌리엄 쿠퍼는 만년에 「엄마의 초상화를 받아들고」라는 시에서 지워지지 않는 상실감을 노래했다. 어린 나이에 기숙학교에 보내진 쿠퍼는 심한 따돌림을 경험했다.

쿠퍼는 런던에서 법학을 공부하던 중 처음으로 우울증을 앓았다. 1752년 시작된 우울증에서 회복한 뒤 학위를 마쳤다. 윌리엄 쿠퍼는 사촌인 테오도라와 사랑에 빠졌고 둘은 곧 약혼했지만, 테오도라의 아버지의 반대로 파혼했다. 이후 두 사람은 평생을 독신으로 지냈다.

1763년 국회 상원의 서기관직 공개 채용을 준비하던 윌리엄 쿠퍼는 압박감을 견디지 못해 중증 신경쇠약에 시달리며 여러 번 자살을 시도했다. 이후 18개월 동안 세인트 올번즈라는 작은 정신병원에서 코튼 박사의 돌봄을 받고 회복된 후 개신교인이 되었다. 쿠퍼는 자신의 젊은 시절을 기록한 회고록에 이때의 경험을 기록했다.

1765년 헌팅던으로 이주한 쿠퍼는 언윈 가족을 만나 그 집에서 하숙을 시작했다. 언윈가의 부인 메리 언윈과 나눈 우정은 그녀가 죽을 때까지 수십 년간 이어졌다. 1767년 쿠퍼와 언윈 가족은 존 뉴턴 신부의 교구인 올니로 거처를 옮겼다. 뉴턴 신부는 쿠퍼를 설득해서 함께 찬송가를 만들었고 이렇게 만들어진 찬송가는 1779년 『올니 찬송가집』으로 출간됐다.

1773년에서 1774년으로 넘어가는 겨울, 자신이 영원히 저주받았다는 꿈을 꾸는 등 세 번째로 신경쇠약을 앓은 쿠퍼는 끝내 회복되지 못하고 죽음을 맞이한다.

윌리엄 쿠퍼는 법학 대학 시절에도 시작(詩作)을 했지만 그가 본격적으로 시를 쓰기 시작한 시점은 1779년이다. 1782년 첫 번째 시집을 출간한 쿠퍼는 1785년 "변화는 삶의 활력소"라는 구절로 유명한 두 번째 시집 『사명』을 출간했다. 또한 생전에 「존 길핀의 야단법석 대소동」과 「조난자」와 같은 서사시를 발표하기도 했다. 쿠퍼의 시에는 노예제를 반대하는 시가 여럿 있는데, 그중 가장 유명한 「흑인 노예의 넋두리」는 마틴 루서 킹 주니어에 의해 인용되기도 했다. 쿠퍼는 당대에 가장 유명한 시인 중 한 명이 되었고 영국의 전원 지역을 생생하게 묘사하여 낭만주의의 선구자로 불리기도 했다. 쿠퍼는 시뿐 아니라 많은 양의 편지를 남겼는데 이를 통해 그의 내면과 우울증, 창작 과정을 자세히 살펴볼 수 있다.

윌리엄 쿠퍼는 1784년부터 호메로스의 『일리아스』와 『오디세이아』를 무운시로 번역하기 시작했고 이후 5년 동안 이 일에 심혈을 기울인다. 쿠퍼는 1786년 메리 언윈과 웨스턴으로 이주한 후 간헐적으로 정신질환을 앓았다. 1791년 뇌졸중으로 여러 차례 쓰러진 메리의 심신이 점점 쇠약해지자 1795년 둘은 쿠퍼의 친척과 함께 지내기 위해 노퍽으로 거처를 옮겼다. 이듬해 메리는 세상을 등졌다. 이 무렵 다시 도진 우울증으로 쿠퍼는 죽을 때까지 환각과 망상에 시달렸다. 윌리엄 쿠퍼는 1800년 4월 25일 사촌의 집에서 숨을 거뒀다.

읽을거리

Cowper, William. "Lines Written During a Fit of Insanity." www.poetry foundation.org/poems/50600/hatred—and—vengeance—my—eternal—portion.

Cowper, William. *Selected Poetry and Prose*. Edited by Lyle David Jeffrey. Vancouver, BC: Regent College Publishing, 2007.

땅거미가 내리기 시작했다. 오후 내내 벽을 가로질러 천천히 미끄러져 가는 햇살을 지켜봤다. 햇살은 종이와 나무, 저편 벽에 걸린 그림을 차례로 비춘 뒤 어둠의 자취를 남기며 물러갔다. 기다리는 동안, 햇살은 재깍재깍 흘러가는 시간을 따라갔다. 다리 위에 손을 얹은 채 나는 계단에 웅크려 앉아 있었다.

애처로운 먹잇감을 맴도는 짐승처럼 내면의 소리와 생각들만 주변을 서성일 뿐, 나는 철저히 혼자였다.

내 사촌이자 친구이며 이 집의 고마운 주인인 존슨은 오늘 아침 일찍 교회로 떠났다. 교회까지 가는 길이 멀긴 했지만, 그래서 혼자 남아 몇 시간씩 집을 지키고 있는 건 아니다. 오래전부터 나는 성전에 발을 들여놓지 못하는 신세다.

절망의 씨앗이 된 그 말을 듣기 전, 나는 첫사랑에 빠져

더없이 행복한 나날을 보내고 있었다. 그런데 딱 거기까지였다.

땅거미가 짙어지면서 나를 둘러싼 공기가 식어 갔다. 존슨은 여태 안 오고 뭐 하는 걸까?

어쩌면 오늘 안 돌아올지도 몰라. 그러면 이 집이 내 무덤이 되겠지. 그자들이 문을 봉쇄하면 나는 이 저택에서 천천히 말라 죽을 거야.

오늘일지도 모르지. 나를 잡으러 오는 날이. 기어코 나를 찾아내서 형장으로 끌고 가 불 고문을 할 거야. 그놈들이 오는데도 나는 보호자 하나 없이 무방비 상태라니.

숨이 가파르고 거칠어졌다. 얄팍한 피부 아래 빠르게 울리는 심장의 진동. 마치 사형장의 북소리 같았다.

멀리서 개 짖는 소리가 들린다. 우울할 때마다 으르렁대며 나를 뒤쫓는 사냥개의 망령이 떠올랐다. 하지만 지금은 망령이 아닌 진짜 개 소리다. 조금도 긴장을 늦출 수 없었다. 개 짖는 소리는 존슨의 소유지 가장자리에 있는 농장에서 들려왔다. 누군가 다가오고 있다.

존슨일까? 아니면 나의 목숨을 노리는 자일까? 아무도 나를 끌고 가지 못하도록 난간을 꼭 붙잡았다.

난 신경을 곤두세워 바깥에서 들리는 소리에 귀를 기울였다. 후유, 존슨이 탄 말이다. 익숙한 그의 인사말. 그제야 내가 직전까지 숨을 참고 있었다는 것을 깨달았다. 목도리가 땀으로 축축하게 젖어 있었다.

고문대 위에서: 처음으로 우울증을 앓다

일요일마다 계단에 앉아 초조하게 시간을 보내던 윌리엄 쿠퍼는 환갑을 목전에 둔 나이였다. 그의 이름을 길이 역사에 남길 시와 찬송시들이 이미 세상에 빛을 본 후였다. 우울증과 그로 인한 망상 때문에 정상적인 생활이 불가능해진 쿠퍼는 젊은 사촌 존 존슨의 돌봄을 받아야 했다. 아쉽게도 이야기는 여기서 끝이 난다.

쿠퍼 자신의 기록과 그의 가족을 아는 사람들의 얘기를 종합해 보면, 쿠퍼의 우울한 기질은 유전이었다. 일곱 명의 형제자매 중 유일하게 유아기에서 살아남은 동생 존도 우울증을 앓았다. 어렸을 때부터 예민했던 쿠퍼는 스스로 "나이에 맞지 않게 의기소침했다"고 회고한다.[1] 아마 여섯 번째 생일을 맞기 몇 주 전 엄마를 잃었던 경험 때문이었을 테다.[2] 수십 년이 지나서도 쿠퍼는 상실의 고통에 쓰라려했다. 집에서 멀리 떨어진 곳으로 유학을 가 무자비한 상급생에게 괴롭힘을 당했던 기억도 한몫했을 것이다. 하지만 쿠퍼의 예민함은 어린 시절 드러난 우울증 초기 징후였을 수도 있다.

쿠퍼는 자신의 회고록에 젊은 시절 갑자기 찾아온 첫 우울증의 기억을 짧지만 생생하게 적고 있다. 20대 초반 대학에서 법학을 공부하던 때였다.

법과 대학에서 공부를 시작한 지 얼마 안 되어 나는 갑자기 절망감에 사로잡혔다. 겪어 본 사람이 아니면 도저히 설명할 수 없는 그런 증상이었다. 밤낮으로 고문당하는 것처럼 괴로웠다. 두려움에 잠이 들고 절망감에 깨어났다. 그토록 불타던 학구열도 금방 사라졌다. 고전 문학에도 더는 흥미를 느끼지 못했다.[3]

쿠퍼는 조지 허버트의 시에서 위안을 얻었다. 신앙심이 깊었던 건 아니지만 스스로 만든 기도문을 읽으며 위로를 받기도 했다. 하지만 그가 우울증에서 벗어난 결정적 계기는 친구들과 함께 간 바다 여행이었다. 해변에 앉자 어둠의 장막이 걷혔다. 쿠퍼는 "순간 모든 고통이 사라지는 느낌이었다. 마음이 가볍고 즐거워졌다. 혼자였다면 기뻐서 펑펑 울었겠건만"이라고 적고 있다.[4] 처음에는 하나님이 기도에 응답하셨다고 믿었지만 곧 환경이 바뀌어서 그런 것뿐이라고 생각을 바꾸었다. 런던에 돌아온 쿠퍼는 사용하던 기도문을 태워 버렸다.

이즈음 쿠퍼는 아름다운 사촌 테오도라를 흠모하기 시작했다. 사랑에 빠진 젊은 연인은 몰래 만나며 편지와 연애시를 주고받았다.[5] 마침내 둘은 결혼을 약속했지만 곧 테오도라 아버지의 반대에 부딪혔다. 정확한 이유는 알 수 없지만, 두 사람이 근친이라는 점과 쿠퍼의 정신 건강에 대한 염려, 가난이 이유였을 수 있다. 어떤 연유에서였든 테오도라의 아버지는 둘을 강제로 파혼시켰고 그 결과 두 사람은 비탄에 빠졌다.

누구와도 결혼하지 않은 테오도라는 평생 쿠퍼를 잊지

못했던 듯하다. 두 사람이 헤어진 지 30년이 훨씬 지난 어느 날 쿠퍼는 "신원 불명"의 사람에게 편지와 선물을 받기 시작했다. 대부분의 학자들은 쿠퍼의 오래전 연인 테오도라가 이름을 숨긴 채 변치 않은 사랑의 증표를 보낸 것으로 추측한다.[6]

테오도라와 비극적으로 헤어진 뒤 1년도 못 되어서, 절친했던 친구 윌리엄 러셀이 비참하게 죽었다. 이토록 가슴 아픈 일을 연달아 겪은 후 쿠퍼는 다음과 같은 시를 지었다.

> 고독에 갇혀 현재를 낭비하고 과거를 후회하는
> 저주받은 나
> 소중한 기쁨도
> 사랑했던 친구와 그녀도 모두 빼앗겼네.
> 근심에 잠긴 이 얼굴이 침울이 아니라면
> 단지 유머에 둔해진 건가, 아니면 분노에 무뎌진 건가![7]

소중히 여기던 두 사람을 잃고 쿠퍼의 세계는 음울한 안개에 휩싸였다. 쿠퍼는 자신의 우울함이 병적인 기질(혹은 울화병)이 아닌 고통스러운 경험에 기인한 것이라 주장했다. 둘의 차이를 구분할 수 있을 정도로 쿠퍼는 자신에 대해 잘 알고 있었다.

첫 번째 우울증은 정신 건강에 별다른 해를 입히지 않고 쉽게 지나갔다. 그러나 다시 찾아온 "시커먼 지옥 열차"는

"쿠퍼의 뇌를 잔인하게 짓뭉개"며[8] 제정신을 위협했다. 이번엔 쿠퍼를 그리 쉽게 놔주지 않았다.

굶주린 지옥의 문: 자살, 광기, 그리고 은총

법학 대학을 졸업하고 이너 템플 법학원(런던에 있는 변호사 판사 협회)의 신입 회원이 될 무렵 유산을 거의 써 버린 쿠퍼는 직장을 구해야 했다.[9] 그런 그의 맘에 꼭 드는 자리가 있었는데 바로 국회 상원 서기관직이었다. 공석이 생기면 삼촌의 도움으로 취직될 수 있다는 것을 알았던 쿠퍼는 사뭇 진지하게 현 서기관이 죽게 해 달라고 마음속으로 빌었다. 얼마 후 거짓말처럼 서기관이 죽자 곧 쿠퍼에게 서기관 일을 해 보지 않겠냐는 제안이 들어왔다.

하지만 정치적 긴장이라는 예상치 못한 변수 때문에 손쉽게 서기관 자리를 차지하리라는 쿠퍼의 기대는 어긋나 버렸다. 삼촌의 자질을 문제 삼은 야당은 쿠퍼가 심층 면접을 통과해야 한다고 주장했다.

다른 사람들에게 주목 받는 상황을 극도로 힘들어할 정도로 수줍음이 많은 쿠퍼에게 그 같은 결정은 "마른하늘에 날벼락보다 더한 소식"이었다.[10] 상원 의원들 앞에 설 생각만 해도 다리가 후들후들 떨렸다. 쿠퍼는 자신의 심정을 이렇게 적고 있다. "어떤 경우에도 공식 석상에 나서는 것을 사약처럼 생각하는 사람이라면 내 처지를 이해할 텐데."[11] 바보같이 실수하면 어쩌지? 분명 그럴 거야. 도저히 시험을 볼 용기가 나지 않았다. 하지만 여기서 포기하면 삼촌에게 불명예를 안겨 줄 뿐 아니라 자신의 평판도 나빠질 게 분명했다. 쿠퍼의 고민이 깊어 갔다.

쿠퍼는 일단 시험 준비에 심혈을 기울였다. 그러나 곧 불안에 휩싸여 책을 제대로 읽지 못하는 지경에 이르렀다. 사무실에 공부하러 갈 때마다 사형장에 걸어 들어가는 기분이 들 정도였다.[12]

압박감이 심해지면서 쿠퍼는 덫에 걸린 느낌이었다. 서서히 몸집을 키운 우울증이 복수의 칼을 휘두르기 시작했다. 쿠퍼는 친구들과의 왕래를 끊은 채 방에 갇혀 지냈다. 필사적으로 탈출구를 찾던 그는 유일한 해결책은 자살이라고 결론 내렸다.

쿠퍼는 언젠가 아버지가 자살을 옹호하는 글을 읽어 보라고 했던 일이 떠올랐다. 열한 살의 쿠퍼는 자살이 옳지 않다고 목소리를 높였다. 최근 가까운 친구가 자살한 사건을 어떻게 받아들여야 할지 몰라 괴로워하던 아버지는 의자에 앉아 묵묵히 쿠퍼의 말을 들었다. 그날의 논쟁이 쿠퍼의 내면에서 다시 시작됐다. 소년으로서 삶을 지지한 게 바른 선택이었을지라도 그리고 진리의 성경이 자살은 옳지 않다고 가르친다 할지라도, 쿠퍼는 "고문 같은 자신의 상황보다 지옥의 고통이 더 견딜 만하다"고 생각했다.[13]

시험 전날 밤 쿠퍼는 여러 번 자살을 시도했지만 다행히도 그때마다 계획을 무산시키는 일이 생겼다. 그중 어떤 것은 기적이라고밖에 설명이 안 되는 일이었다.

　마침내 독약을 창밖으로 내던진 쿠퍼는 삼촌에게 도움을 요청했다. 스스로 목을 매어 거의 죽을 뻔한 쿠퍼의 목에는 시뻘건 자국이 선명하게 남아 있었다. 삼촌은 이런 상태로는 도저히 서기관직을 맡을 수 없겠다고 말했다. 상원에서의 시험은 피했지만 이제는 내면의 악마라는 더 험악한 상대가 쿠퍼를 기다리고 있었다.

　쿠퍼의 「실성했을 때 쓴 시」는 이즈음 극심한 고통에 시달렸던 그의 상태를 잘 보여 준다.

　증오와 복수는 나의 영원한 운명
　처형의 날이 미뤄지는 것을 더는 참을 수 없어
　곧 내 영혼이 사로잡힐 때까지
　초조하게 기다린다.

　유다보다 더 저주받고 혐오스런 나
　거룩한 주님을 동전 몇 닢에 팔아 버린
　두 번이나 주님을 배반한 최악의 죄인
　최악의 신성 모독자.

　인간은 나를 거부하고 신은 나를 저버렸네.
　차라리 지옥이 비참한 나의 피신처가 될까.

언제나 굶주려 입을 벌리는 지옥도
내게는 빗장 걸린 문처럼 잠겨 있네.

가혹한 운명이여! 수천의 위험에 둘러싸여
수천의 공포에 떨며 기진맥진하는
나는 패잔병이 되어
아비람보다 더한 형벌을 받을 운명.

하나님은 분노와 정의의 매로 복수하신다.
지체 없이 법정에 끌려가
심판받은 나는 육신의 관에 갇혀
땅 위에 묻혔다.

"땅 위에 묻혔다." 우울증을 앓는 심정을 이처럼 잘 드러
내는 비유가 또 있을까.

쿠퍼는 죽음을 두려워하면서도 죽지 않을까 걱정하며 잠
자리에 들었다. 그는 길거리의 사람들이 모두 자신을 조롱할
거라고 확신했다. 저녁을 먹을 때도 구석에 숨어 혼자 먹었다.
친구들도 더는 찾아오지 않았다. 이렇게 시든 우정은 대부분
끝내 회복되지 못했다. 가까스로 잠이 들어도 악몽에 시달려
야 했다.

얼마 지나 환청이 들리기 시작했다. 넌 용서받지 못할 죄
를 지었어. 가망 없는 놈. 하나님께 저주받은 자식. 인생은 하

늘의 심판과 지옥 불에 앞서 잠시 대기하는 시간일 뿐. "괴이하고 무서운 어둠"에 갇힌 쿠퍼는 "거칠고 엉뚱한" 생각을 하기 시작했다. 실제로 머리가 아플 지경이었다.[15]

조금씩 현실감을 잃어 가며 미쳐 가는 쿠퍼를 옆에서 지켜보던 존은 결국 그를 작은 정신 병원으로 데려갔다. 세인트 올번즈라 하는 그곳은 자상한 그리스도인 코튼 박사가 운영하는 병원이었다. 쿠퍼에겐 끔찍하기로 소문난 베들럼 정신 병원으로 가지 않은 게 천만다행이었다. 세인트 올번즈에서 몇 안 되는 입원 환자였던 쿠퍼는 코튼 박사의 전문적인 치료와 정성 어린 도움을 받았다. 하지만 여전히 우울증과 망상은 사라지지 않았다. 쿠퍼는 주문처럼 되뇌었다. "먹고 마시자. 어차피 내일이면 지옥에 가 있을 테니."[16]

쿠퍼가 코튼 박사의 치료를 받은 지 7개월 정도 지난 뒤 존이 병문안을 왔다. 형은 조금도 나아져 보이지 않았다. 쿠퍼는 동생에게 선언하듯 말했다. "난 절망의 결정판이야."[17] 자신이 하나님의 은혜를 입지 못할 거라는 망상을 버리지 못하는 형을 보고 동생은 강하게 반박하기 시작했다. 기적적으로 동생의 말은 쿠퍼가 갇혀 있던 우울증의 성벽에 균열을 만들었다. "한 가닥 희망의 빛줄기 같은 것이 어두운 내 마음을 비추었다……. 무언가가 내 귀에 대고 끊임없이 '아직도 용서받을 수 있어'라고 속삭이는 듯했다."[18] 쿠퍼는 처음으로 회복될 조짐을 보이더니 일상에서도 소소한 행복을 누리기 시작했다.

며칠 후 쿠퍼는 우연히 펼쳐져 있는 성경을 발견하여 읽게 됐다. 로마서였다.[19] 3장을 읽던 중 바울의 말이 쿠퍼의 마음을 움직였다. "바로 그 순간 나는 복음을 받아들였다……. 하나님의 전능하신 팔이 나를 붙잡아 주지 않으셨더라면, 나는 기쁨과 감사로 생을 마쳤을 것이다……. 하나님의 사랑과 기적에 완전히 압도된 나는 그저 경외하는 마음으로 조용히 하늘을 쳐다볼 수 있을 뿐이었다."[20] 쿠퍼는 여전히 잠을 제대로 못 잤다. 하지만 이번에는 악몽이 아니라 샘솟는 기쁨 때문이었다.

코튼 박사는 그런 쿠퍼를 면밀히 관찰했다. 갑작스런 감정의 변화가 정신 질환 증세의 일환은 아닐지, "치명적인 정신 착란"을 일으키지는 않을지 걱정스러웠기 때문이다.[21] 결국 쿠퍼를 지켜본 코튼 박사는 그가 진정으로 회심했으며 정신 질환에서도 회복됐다고 확신했다. 쿠퍼는 이후로 1년을 더 코튼 박사와 함께 머물렀고 두 사람은 종종 그들이 공유하는 기독교 신앙에 관해 얘기를 나눴다.

세인트 올번즈를 떠나자마자 쿠퍼는 자신이 아끼는 사촌, 그리고 자주 연락하는 헤스케스 부인에게 편지를 보냈다. 정신 질환으로 인해 감사하게도 하나님을 만나게 되었다는 내용이었다. "내게 행복으로 가는 길을 가르쳐 준 것은 고통입니다. 고통이 없었다면 절대 알지 못했을 겁니다. 이제 저는 압니다. 아니, 매일 경험합니다. 다른 모든 축복을 잃었다 할지라도, 하나님의 사랑이 나를 위한 것임을 믿는 믿음만으로 모자람이 없이 넉넉하다는 것을."[22]

쿠퍼가 처음으로 심하게 앓았던 우울증에서 빠져나오는 데에는 복음을 듣고 신앙을 가지게 된 점이 결정적인 역할을 했다. 하나님의 자비와 사랑의 메시지가 쿠퍼의 마음을 치료하는 약이 되었던 것이다. 이런 치유법이 모두에게 적용되는 것은 아닐지라도 여전히 쿠퍼의 회복은 함께 축하할 일이다. 그러나 이후 쿠퍼의 생애를 살펴보면, 회심과 신앙생활이 모든 것을 해결하지 않았으며, 우울증이 재발했을 때 아무런 효력을 발휘하지 못했음을 알 수 있다.

하나님의 섭리: 올니의 우울증 환자에게서 탄생한 아름다운 찬송

코튼 박사와 작별하고 세인트 올번즈를 떠난 쿠퍼는 다시는 번잡한 런던으로 돌아오지 않으리라 굳게 다짐했다. 동생은 쿠퍼가 헌팅던에 자리 잡도록 도와줬다. 처음에는 "황무지를 떠도는 나그네"처럼[23] 외로웠지만 곧 언윈 가족을 만나 그 집에서 하숙 생활을 시작했다.

언윈가의 아들 윌리엄 언윈은 쿠퍼와 형제처럼 지냈고 이후 평생 친구가 되었다. 쿠퍼보다 몇 살 차 나지 않는 언윈 부인은 쿠퍼에게 두 번째 엄마 같은 존재가 되었다. 30년이 넘는 세월 동안 쿠퍼와 변함없는 우정을 나눈 언윈 부인은 쿠퍼가 우울증에 시달릴 때마다 헌신적으로 돌봤다. 언윈 가족에 완전히 녹아든 쿠퍼는 2년 뒤 언윈 가족이 갑자기 아버지를 잃었을 때 그들과 슬픔을 함께했다.

남편을 떠나보낸 지 얼마 안 된 언윈 부인과 쿠퍼는 성공회 신부 존 뉴턴을 찾아갔다. 결국 언윈 가족과 쿠퍼는 뉴턴 신부에게 영적인 돌봄을 받기 위해 올니로 이사했다. 오처드 사이드라고 이름 붙여진 집에 새롭게 둥지를 튼 그들은 이후 20년의 세월을 이곳에서 함께 지냈다. 집에서 나와 과수원 길을 따라가다 보면 바로 뉴턴 신부가 사는 집의 작은 대문이 보였다. 뉴턴 부부와 쿠퍼의 우정이 깊어질수록 이 길을 통한 왕래가 잦아졌다. 서로 얼굴을 보지 않은 날이 거의 없을 정도였다. 이때가 쿠퍼의 인생에서 가장 행복한 시기였다.

헌팅던과 올니에서 쿠퍼는 은둔자처럼 조용히 지냈다. 삶은 소박했고 호젓한 마을과 시골 풍경은 수줍고 예민한 쿠퍼의 맘에 쏙 들었다. 쿠퍼는 숲길과 들판을 거닐거나 물끄러미 우즈강을 바라보며 시간을 보냈다. 이 시기에 쿠퍼가 썼던 시에는 산책하며 조용히 시간을 보냈을 그의 모습이 고스란히 담겨 있다. 이곳에서 종종 행복을 누린 건 부인할 수 없는 사실이지만, 쿠퍼는 다음과 같은 말을 남기기도 했다. "여기는 내가 세상에서 제일 사랑하는 곳입니다. 내게 행복을 안겨주어서가 아니라 다른 사람에게 방해가 되지 않고 맘껏 우울해할 수 있는 곳이기 때문이죠."[24]

이전처럼 심하지는 않았지만 우울증은 여전히 조수처럼 밀려왔다 밀려가기를 반복했다. 쿠퍼의 기분을 전환할 수 있는 일을 찾던 존 뉴턴 신부는 같이 찬송가를 만들어 보면 어떻겠냐고 제안했다. 역사상 가장 유명한 찬송가 "나 같은 죄인 살리신"도 뉴턴 신부가 올니에서 만든 찬양집에 실린 곡 중 하나였다. 이후 쿠퍼는 60여 수가 넘는 찬송시를 지었는데 그중 몇은 다음과 같이 요즘 찬송가에서도 볼 수 있는 곡이다. "샘물과 같은 보혈은 주님의 피로다. 보혈에 죄를 씻으면 정하게 되겠네."

쿠퍼는 가사를 적으면서 정신 병원에서 지냈던 시간을 되돌아봤을까? 여러 번 자살을 기도했던 과거를 파헤쳤을까? 그에게 찾아온 "구원의 사랑"을 새삼스럽게 기뻐했을까?

어느 겨울날 여느 때처럼 시골길을 산책하고 돌아온 쿠퍼는 또 다른 찬송시를 쓰기 시작했다. 쿠퍼는 우울증이 본격적으로 다시 시작될 것 같다는 예감을 떨쳐 버릴 수 없었다. 우울증 때문에 세인트 올번즈 병원에 입원한 게 벌써 10년 전 일이다. 쿠퍼의 시를 읽으며 나는 신앙에 매달리며 진리로 무장하려는 그의 절박함을 느낄 수 있다.

주 하나님 크신 능력
참 신기하도다.
바다와 폭풍 가운데
주 운행하시네.

참 슬기로운 그 솜씨

다 측량 못하네.
주님 계획한 그 뜻은
다 이뤄지도다.

검은 구름 온 세상을
뒤덮을지라도
그 자비하신 은혜로
우리를 지키네.

주님을 어찌 판단하리.
은혜를 신뢰해.
먹구름 뒤에 가려진
선하신 얼굴 보라.

곧 보게 될 주의 열매
매순간 달린다.
싹은 비록 쓸지라도
꽃은 달콤하리.

어둠에서 소경같이
나 헤맬지라도
주 나를 불쌍히 보사
앞길을 비추리.★

쿠퍼의 시 「어둠 속에서 빛이 비치리」에 음을 붙여 만든 이 찬송에는 우리 귀에 익숙한 "하나님은 신비로운 방식으로 일하신다"**는 표현이 나온다. 나는 사람들이 이 표현을 미사여구로 사용하는 것을 자주 목격한다. 하지만 이 구절이 어떤 맥락에서 나왔는지 생각해 본다면 그런 식으로 진부하게 쓰지는 않을 것이다. 쿠퍼의 생애와 이 시를 쓸 당시 우울증의 재발을 예감하며 느꼈을 그의 심정을 헤아린다면, 이 구절에 담긴 믿음의 무게가 결코 가볍지 않음을 알게 될 것이기 때문이다. 하나님은 신비로운 방식으로 일하신다. 맞는 말이다. 그러나 종종 이런 고백은 고통이 빚어낸 결과물이며 하나님께서 "앞길을 비추시리"라는 믿음으로 암담한 상황을 견뎌 낸 후에 얻는 깨달음이다.

이게 쿠퍼가 쓴 마지막 찬송시다. 이후로 거의 7년 동안 쿠퍼는 아무런 창작 활동을 하지 못했다. 얼마 안 돼 "깊이를 알 수 없는 늪"에 빠진 쿠퍼는 완전히 헤어 나오지 못하고 평생 하나님의 "선하신 얼굴"을 잊은 채 살았다. 분명 하나님은 왜 쿠퍼가 우울증에 시달려야 했는지 아셨으리라. 그러나 쿠퍼는 죽기 전까지 그 이유를 알지 못했다.

우울증에 다시 장악된 쿠퍼는 현실 감각을 빠르게 잃어 갔다.

★　　개신교 찬송가 "주 하나님 크신 능력"을 역자가 번역함.
★★　한국 찬송가에는 "참 신기하도다"로 번역됐다―옮긴이.

갑자기 이해력이 어린아이 수준으로 우둔해졌습니다. 이성을 잃은 건 아니지만 이성을 사용할 힘이 없었죠. 어려운 질문에 이성적으로 답할 때도 있었는데, 질문이 없었다면 아예 입을 닫고 살았을 겁니다. 이렇게 지내다 보니 자연히 오해가 많아졌습니다. 아마도 우울증의 흔한 증상이었겠죠. 사람들이 나를 구제 불능의 환자로 만든다고 느꼈습니다. 모두가 나를 증오하고 특별히 언윈 부인이 나를 가장 싫어할 거라고 믿게 됐습니다. 내가 먹는 음식에 독을 탔다고 생각하기도 했죠. 이런 종류의 망상이 수천 가지나 됐습니다……. 언윈 부인이 나를 혐오한다고 확신하면서도 부인 외에 다른 사람을 만나는 건 견딜 수 없을 정도로 힘들었습니다.[25]

몇 개월 동안 집 밖으로 나서길 거부하던 쿠퍼는 어느 날 익숙한 과수원 길을 따라 뉴턴의 집을 찾아갔다. 그리고 그 집에서 18개월을 머물렀다. 언윈 부인이 집으로 돌아가자고 쿠퍼를 설득했지만 헛수고였다. 결국 언윈 부인도 뉴턴의 집으로 거처를 옮겨 쿠퍼를 돌보기 시작했다. 존 뉴턴은 쿠퍼가 나아질 거라는 믿음을 잃지 않고 사랑과 정성으로 쿠퍼를 돌봤다. 뉴턴은 쿠퍼가 회복되어 정상으로 돌아오기만을 간절히 바랐다. 쿠퍼를 위해서도 그리고 자신을 위해서도 절실한 바람이었다.

쿠퍼가 올니에 오게 된 것은 분명 주님의 뜻이었다. 나를 포함해서 얼마나 많은 이가 쿠퍼를 통해 큰 복을 경험했던가. 주님은 내가 어두운 골짜기를 지나고 있는 쿠퍼를 돌봐야 할 날들을 이미 계수해 두셨고, 우리에게 쿠퍼를 친구와 신도로 사랑할 힘을 주신 분도 주님이시다. 내가 지치지 않는 이유다. 하지만 그의 회복은 말할 것도 없이 내가 상상할 수 있는 가장 큰 축복일 것이다.[27]

쿠퍼의 상태가 서서히 나아지고 있음을 확인한 뉴턴 부부는 워릭셔에 다녀오기로 했다. 멀리서 치료를 돕던 코튼 박사도 쿠퍼를 혼자 둬도 괜찮을 거라며 부부를 안심시켰다. 하지만 이들 중 누구도 최근 시작된 쿠퍼의 망상에 관해 알지 못했다. 쿠퍼는 하나님이 자신에게 아브라함처럼 희생을 바칠 것을 명하셨다고 믿기 시작했다. 아브라함에게는 아들이 제물이었지만 쿠퍼에겐 자기 자신이었다. 뉴턴 부부가 집을 비운 사이, 애석하게도 쿠퍼는 하나님께 순종하여 그분을 섬긴다는 마음으로 자살을 기도했다. 다행히 쿠퍼는 목숨이 끊어지기 전 발견됐다. 뉴턴 부부는 소식을 듣자마자 급히 집으로 돌아왔다. 그 뒤로 부부는 절대 쿠퍼를 집에 혼자 두지 않았다. 그러던 어느 날 거의 제정신으로 돌아온 쿠퍼는 불현듯 찾아왔던 것처럼 예고 없이 뉴턴의 집을 떠났다.

하지만 자신을 희생양으로 바쳐야 한다는 망상은 남은 생애 동안 쿠퍼를 계속 괴롭혔다. 자살 기도 직후 쿠퍼는 꿈에서 하나님의 음성을 들었다고 말했다. 정확한 내용은 알 수 없지만, 훗날 쿠퍼는 이렇게 요약했다. "끝났도다, 그대여. 그대는 망하였도다." 쿠퍼는 이를 하나님의 은혜에서 영영 멀어진, 저주받은 운명의 판결문으로 받아들였다. 그는 모든 게 목숨을 끊으라는 하나님의 명령에 순종하지 못해서 생긴 일이라고 믿었다.

죽을 때까지 이 그릇된 신념을 떨쳐 내지 못한 쿠퍼는 언제나 절망감에 시달렸다. 10년 후 새해를 맞아 존 뉴턴에게 보낸 편지에도 여전히 절망감이 묻어 있다.

(지난해를) 뒤돌아봅니다……. 슬픔과 권태감으로 사막을 건넜지만 아무런 소득 없는 나그네의 심정입니다. 그저 사막을 다 지났다는 것밖에는 위안거리가 없습니다. 사막처럼 쓸쓸한 위로죠. 하지만 이런 위로도 잠깐일 뿐입니다. 지나온 사막만큼 넓고 황량한 사막이 또 기다리고 있으니까요……. 그래도 묵은해가 갔다는 것을 기뻐해야겠죠. 새해도 지난해와 비슷할 거라고 예언할 이유가 없다면 말입니다……. 새해 어떤 일도 희소식은 아닐 겁니다. 제게 죽음이 찾아오더라도 별로 반갑지 않을 겁니다……. 이승에서 절망만 가득했던 제 운명이 저승에 간다고 나아질 거라 기대하지 않습니다. 저는 사막을 건너기 전보다 더 불행합니다. 어떤 역경과 위험, 질병을 이겨 내더라도 집까지 가는 길은 한 뼘도 줄지 않습니다. 내가 빠져 있는 나락을 집

이라고 부르지 않는 한 말이죠.[28]

쿠퍼는 인생을 끝나지 않는 고역이라 생각했다. 이 세상에서 나를 저버린 희망은 저세상에서도 나를 등지리라. 상상하기 어려운 절망이다. 철옹성 같은 쿠퍼의 그릇된 신념이 나의 마음을 울게 할 뿐이다.

쿠퍼가 희망할 수 없을 때조차 뉴턴을 비롯한 쿠퍼의 친구들은 희망을 포기하지 않았다. 그들은 쿠퍼의 생각을 바꾸려 노력했다. 쿠퍼에게 복음을 상기시키고 성경 말씀을 인용했다. 쿠퍼의 그릇된 신념이 망상이라고 알려 줬지만 아무 소용이 없었다. 쿠퍼가 존에게 보낸 신년 인사는 다음과 같이 이어진다. "신부님은 우울한 겨울이 가고 화창한 봄이 오는 것처럼 제게도 영혼의 봄이 찾아올 거라고 말씀하시면서 저를 위로하시려 하겠죠. 하지만 다 헛수고입니다. 자연은 되살아나지만 한 번 죽은 영혼은 되살아나지 않으니까요."[29]

쿠퍼도 복음이 진리라고 믿었다. 다른 이에게도 그렇게 말하며 아름다운 위로의 말을 전하기도 했다. 우리는 이런 사실을 쿠퍼의 편지에서 거듭 발견한다. 친구들이 자신을 이유 없이 절망하면서도 복음을 받아들이려 하지 않는 사람이라고 생각한다는 사실을 쿠퍼가 모르는 것도 아니었다.

쿠퍼는 더는 기도하지 않았다. 기도하는 것이 하나님의 뜻을 거스르는 행위라고 생각했기 때문이다. 식사 기도 때도 포크와 나이프를 손에 쥔 채 기도에 참여하지 않겠다는 의사를 분명히 밝혔다. 하나님의 분노만 더할까 봐 교회 근처에도 가지 못했다. 쿠퍼는 하나님의 뜻에 순종한다는 생각으로 그렇게 행동했다. 지존하신 하나님을 어찌 거스르랴. 쿠퍼는 영영 은혜에서 멀어진 운명을 받아들여야 한다고 믿었다. "하나님의 방식은 알 수 없습니다. 그분은 자신이 하는 일을 설명하시지도 않습니다……. 저의 몰락은 수수께끼 같은 일이지만 때가 되면 그 비밀이 드러나겠죠."[30]

이전에는 하나님의 주권에 대한 믿음이 희망의 원천이었을지 모르지만 지금은 이따금 쿠퍼를 회의에 빠뜨릴 뿐이다. "아예 태어나지 않았었더라면 좋았을 텐데, 도대체 나는 누구란 말인가?" 쿠퍼는 "지금의 자기 모습이 아니기를 바라는, 부질없는 열망"에 들끓었다.[31]

쿠퍼는 이처럼 남은 20년의 생애를 절망 가운데 지냈다. 끊임없이 좌절감에 몸부림쳤던 쿠퍼는 어느 순간 하나님이 자기를 사랑하지 않으신다고 결론지었다. 이 점이 쿠퍼의 이야기를 본서에서 가장 슬픈 이야기로 만든다.

우리 중 어떤 이는 하나님의 은혜로 오랜 기간 앓아 왔던 우울증에서 벗어나기도 한다. 하지만 윌리엄 쿠퍼에게 우울증은 끝이 보이지 않는 터널이었다. 누군가는 치유와 "승리"를 말하고 누군가는 "검은 개"*를 떨쳐 냈다고 자랑한다. 하

★   윈스턴 처칠이 자신의 우울증을 '검은 개'에 비유한 데서 시작된 표현―옮긴이.

지만 우리는 "아직 끝나지 않은" 이야기에도 귀 기울여야 한다. 듣기 힘들 정도로 비참하지만, 쿠퍼의 이야기는 여전히 우리에게 소중하다. 이 이야기 속에서 보이지 않는 하나님의 손은 변함없이 쿠퍼의 생명을 지탱하고 있다. 이 이야기는 만성적인 우울증에 시달리면서도 삶의 기쁨과 목적을 찾아가는 이야기이며 살아남음에 관한 이야기이다. 보이지 않는 것을 믿는, 믿음의 이야기다.

말년을 악몽에 시달렸던 쿠퍼는 언젠가 어렴풋이 이 믿음을 보여 주는 꿈 이야기를 한 적이 있다. "나흘 전 꿈에서 어디론가 걷고 있었습니다. 갑자기 내 생각들이 하나님께로 쏠리는 것을 느낄 수 있었습니다. 저는 하늘을 바라보며 소리쳤습니다. '날마다 당신을 만나는 수많은 사람보다 지금 제가 당신을 더 사랑합니다.'"[32] 아, 얼마나 눈물겨운 믿음인가.

쿠퍼는 하나님의 일하심을 볼 수 없었다. 하나님이 여전히 자신을 사랑하신다는 것도 믿지 못했다. 그렇다고 믿음까지 버린 것은 아니었다. 하나님을 향한 쿠퍼의 사랑은 어둠 속에서도 변하지 않았다.

우리에겐 성급하게 행복한 결말로 마무리하길 거부하는, 이런 이야기가 필요하다. 우리를 멈춰 세워 "아직 끝나지 않은" 긴장의 고통을 느끼게 하는 이야기 말이다. 이 고통을 감내하고 목격해야 한다. 그리고 아직 오지 않은 구원을 밤을 새우는 심정으로 기다려야 한다.

최선의 치유책: 시를 탈출구로 삼다

두 번째 정신 이상을 겪은 후 쿠퍼는 남은 생애 동안 어느 정도 우울증을 달고 살았다. 가볍거나 보통 수준의 우울증이 계속되다가 간헐적으로 심한 우울증이 찾아오면 쿠퍼는 정상적인 생활을 못할 정도로 정신 장애에 시달렸고 여러 차례 자살을 시도하기도 했다.

특별히 1월은 쿠퍼에게 공포의 달이었다. 올니에 사는 동안 쿠퍼의 우울증은 어김없이 1월에 심해졌다. 1월이 되면 어둠은 쿠퍼의 시야를 완전히 가려 쿠퍼가 하나님의 은혜를 전혀 느낄 수 없게 만들었다. 그때마다 쿠퍼는 파멸의 조짐일까 두려워하며 하루하루 근근이 살아가면서도 순간순간 버티는 법을 찾아냈다.[33]

쿠퍼는 몸과 마음의 고통을 완화해 주는 약을 발견하기도 했다.[34] 의료용 아편은 수면에 도움이 됐고, 사혈은 누군가 유머 감각을 되찾는 데 효과가 있다고 했다. 두통과 기분 조절을 위해 여러 종류의 나무껍질과 분말을 사용하기도 했다. 오늘날의 치료약에 비하면 아주 원시적이었지만 그래도 쿠퍼는 몸과 마음의 건강을 지키기 위해 가능한 방법을 모두 동원했다.

바쁘게 지내는 것이 자신에게 도움이 된다는 사실을 깨달은 쿠퍼는 윌리엄 언윈에게 언젠가 "인생에서 오락이 빠지면 안 되지"라고 말했다.[35] 쿠퍼에겐 침울한 생각에서 자신을 끌어내 줄 어떤 일이 필요했고 머릿속에 반복 재생되는 우울한 멜로디를 대체할 무엇이 절실했다.

하지만 이런 모든 노력에도 불구하고 심한 우울증 때문에 완전히 소진돼 집 밖을 나서지 못하는 때도 있었다. 그럴 때면 쿠퍼는 냉동 인간처럼 손도 움직이지 않은 채 가만히 앉아 있곤 했다. 그러다가 조금이라도 나아지면 다시 뭔가를 하기 시작했다. 이런 활동은 회복의 징조이자 회복을 돕는 보조제였다.

쿠퍼는 한번 취미 활동을 시작하면 열정을 쏟았다.[36] 정원을 가꾸고 그림을 배웠다. 애완동물을 돌보기도 했는데 한번은 길들인 세 마리 산토끼 퍼스, 타이니, 베스를 집에 두고 키운 적도 있었다. 목공을 배워 새 집이나 애완동물의 집을 직접 만들어 주기도 했다. 응접실에서 토끼들과 장난치고 보우라는 이름의 개와 함께 조용히 산책했을 쿠퍼를 떠올리면 마음이 훈훈해진다.

운동의 가치를 알았던 쿠퍼는 매일 신선한 공기를 마시며 정기적으로 몸을 움직이려 노력했다. 언윈 부인과 이사를 하는 곳마다 쿠퍼는 집요할 정도로 걷기에 몰입했다. 바깥 풍경을 즐기며 운동하는 것이 정신 건강에 도움이 된다는 것을 직접 체험한 쿠퍼는 비슷한 어려움을 겪는 사람들에게 똑같이 해 볼 것을 권하며 이렇게 말하곤 했다. "푹신푹신한 의자는 기분 전환에 전혀 도움이 되지 않아."[37]

쿠퍼의 취향이 바뀔 때도 한 가지 취미만은 계속 유지됐다. 바로 글쓰기였다. "많은 이가 우울한 정서 때문에 글을 쓰지 못했다면, 나는 반대로 그 때문에 작가에 길에 들어섰어." 두 번째 시집 『사명』을 출간한 지 몇 달이 지나 쿠퍼가 사촌에게 보내는 편지에 했던 말이다. 다른 취미 활동들도 유익했지만 쿠퍼가 편안한 마음으로 집중할 수 있었던 일은 창의적이고 생산적인 글쓰기였다.[38]

그렇다고 글쓰기가 모든 것을 해결해 주진 않았다. 이따금 생각이 마비될 정도로 우울증이 심해지면 아무 일도 손에 잡히지 않았다. 책상 위 잉크 마른 펜에는 먼지만 쌓여 갔다. 텅 빈 머릿속에는 어떤 단어도 떠오르지 않았다. 하지만 증세가 조금 나아져 어느 정도 활동이 가능해지면 쿠퍼는 다시 펜을 집어 들었다. 창작 행위는 쿠퍼의 구원이자 "최선의 치유책"이었다.

우울증으로 부침을 겪는 동안 쿠퍼는 『사명』이라는 시집을 완성했다. 쿠퍼는 편지에서 자신의 속내를 다음과 같이 밝혔다. "이 시집을 쓰던 해(1년 정도 걸렸습니다) 저는 이따금 극도의 슬픔에 빠졌습니다. 상태가 더 안 좋았더라면 작품을 완성하지 못했을 텐데 그저 하나님께 감사할 뿐입니다."[39]

쿠퍼의 시를 감상하며 나는 그의 시가 얼마나 공간과 밀접하게 결부되어 있는지 인식하지 않을 수 없었다. 특별히 『사명』에서는 이 점이 더 두드러진다. 긴 호흡으로 시골길 산책을 노래한 부분을 읽다 보면 마치 내가 신성하고 고요한 겨울 숲에 들어가 있는 느낌이 든다. 계절마다 다른 온실과 정원을 묘사한 부분을 읽을 때면 촉촉한 흙내음과 달콤한 꽃향기를 맡는 듯하다.

쿠퍼의 시가 지닌 이 현장성이 그의 우울증을 완화하는 데 큰 도움이 되었다는 생각은 나만의 착각일까. 우울증은 쿠퍼의 현실감을 앗아 갔고 어두운 생각 속에 쿠퍼를 가둬 놓았다. 하지만 보고 만질 수 있는 자연의 아름다움은 갇혀 있던 쿠퍼에게 잠시나마 자유를 누리게 해 주었다. 바깥 공기를 쐬고 책상에 앉아 자연이 주는 기쁨을 글로 옮기며 쿠퍼는 우울한 생각에서 벗어나 현실 세계에 주의를 기울일 수 있었다.

시가 도움이 된 것은 현장성 때문만은 아니었다. 시는 쿠퍼에게 지적 훈련과 몰입의 기회를 제공했고 가치 있는 일을 해냈다는 충족감을 안겨 줬다. 이 모든 게 쿠퍼의 회복에 한몫했다.

쿠퍼는 호메로스의 작품을 번역하면서 위안을 얻기도 했다. 꾸준한 작업은 그 자체로 쿠퍼에게 피난처였다.

번역을 시작한 게 얼마나 잘한 일인지 몰라. 정말이지 다른 사람들은 겪어 보지 못했을, 지독히도 거센 내면의 폭풍에 사로잡힌 내 시선을 다른 곳으로 돌릴 수 있게 도와준 적이 한두 번이 아니야. 어떤 기독교인도 해 보지 못한 파란만장한 항해를 하는 내게 한 줌의 평화라도 주어지기를 바라는 친구들은 이제 안심해도 돼. 호메로스의 산과 숲이 호시탐탐 뒤엎으려는 돌풍으로부터 나를 지켜 주는 바람막이가

167

되어 주니까. 이제 나는 단순히 좋아서가 아니라 살아남기 위해서 호메로스의 작품을 번역하는 거야.[40]

종종 시뿐만 아니라 좋은 이야기도 쿠퍼의 치료약이 되었다. 어느 1월, 여느 때처럼 암울한 안개 속에 갇힌 쿠퍼는 더는 말을 하지도, 다른 사람들의 말에 반응하지도 않았다. 쿠퍼의 소중한 친구 언윈 부인과 오스틴 부인은 벼랑 끝에 매달린 쿠퍼를 필사적으로 끌어올리려 애썼다. 세 사람이 벽난로에 둘러앉은 어느 저녁, 오스틴 부인이 존 길핀의 모험담을 얘기하기 시작했다. 쿠퍼가 서서히 관심을 보이자 부인은 더 실감나게 이야기를 전달했고 마침내 쿠퍼의 눈에 빛이 돌기 시작하더니 급기야 웃기까지 하는 게 아닌가. 그날 쿠퍼는 밤을 새워 시를 썼다. 이렇게 탄생한「존 길핀의 야단법석 대소동」은 역설적이게도 쿠퍼의 시 중에 가장 익살스러운 작품이다. 이때 느낀 성취감과 기쁨 때문에 쿠퍼는 이후 찾아올 위기를 그나마 늦출 수 있었다.

우울증에 시달리면서도 쿠퍼는 가끔 재밌고 명랑한 모습을 드러냈다. 우리는 존 길핀의 극적인 사건을 담은 쿠퍼의 시에서 그리고 쿠퍼가 친구들을 위해 쓴 편지와 짧고 즉흥적인 시에서 그의 유머러스한 면을 발견할 수 있다. 쿠퍼는 친구들과의 식사 자리에서 즐거운 이야기로 분위기를 띄울 수 있는 사람이었다. "아무것도 아닌 이야기도 쿠퍼가 하면 대단한 이야기로 둔갑했다."[41]

물론 쿠퍼도 자신의 명랑함이 때로 꾸며 낸 것임을 인정했다.

내가 만일 히득거리며 농담만 한다면 그건 어쩔 수 없이 그럴 수밖에 없어서 그래. 어떤 것으로도 우울함을 걷어 낼 수 없을 때 종종 억지로라도 즐거워 보려고 애쓰는 거지. 좀 이상하게 들릴 수도 있겠지만, 내가 쓴 시구 중에 가장 익살맞은 시구는 제일 슬펐을 때 쓰인 거야. 그렇게 슬프지 않았다면 그런 시구는 세상에 나오지 않았을지 모르지.[42]

쿠퍼의 시를 읽은 어떤 이는 그가 우울증일 리 없다고 결론지을지도 모른다. 하지만 우울증이 심했을 때를 제외하면 시는 늘 쿠퍼가 가라앉지 않게 막아 주는 구명 튜브였다. 시는 쿠퍼에게 아침에 일어날 동기이자 살아가는 이유였으며 생각을 쏟을 수 있는 통로였다. 한 마디로 생명의 은인이었다.

나는 시인은 아니지만 뭐라도 하려는 쿠퍼의 마음을 이해한다. 멈춰 있을 때 내 생각은 곪아 갔다. 우울증의 마력에서 벗어나려면 움직여야 했다. 그냥 잠들거나 세상에서 사라지고 싶었던 때가 내게도 있었다. 하지만 나는 알았다. 여기서 멈춘다면, 너무 오래 정지해 있는다면 완전히 가라앉아 다시는 수면 위로 떠오르지 못할 수도 있음을. 그래서 나는 수업에 참석했다. 책을 읽고 공부를 했다. 찬양 예배를 준비했고 여자아이들의 멘토 역할을 했다. 사무실에 가고 글을 썼다. 뿌연 안개 속에서도 활동을 멈추지 않았다. 진이 빠졌지만, 그게 나를 살렸다.

조난자

헌팅던에 도착하자마자 언윈 가족과 함께 살기 시작한 쿠퍼는 그 후 언윈 부인과 소중한 우정을 가꾸었다. 언윈 부인이 갑자기 남편을 잃었을 때 쿠퍼는 부인의 곁을 지켰다. 언윈 가족과 쿠퍼는 올니로 함께 이사해 오처드 사이드라는 집에서 거의 20년을 동고동락했다. 그 후 언윈 가족이 웨스턴에 있는, 확 트인 전망에 정원을 갖춘 튼튼한 집으로 거처를 옮겼을 때도 쿠퍼는 함께했다. 언윈 부인의 아들이자 쿠퍼가 사랑했던 친구 윌리엄이 요절했을 때도 둘은 슬픔을 같이 나눴다. 쿠퍼가 우울증으로 고생할 때마다 그를 보살핀 언윈 부인은 때때로 쿠퍼가 유일하게 접견을 허락한 사람이었다. 부인은 적어도 한 번 쿠퍼의 자살 시도를 몸소 막았다.

쿠퍼와 언윈 부인이 30년 넘게 함께 살았다는 이야기를 들으면 누구나 금세 두 사람이 연인 관계였는지 궁금해할 것이다. 하지만 내가 모은 정보에 따르면 두 사람은 철저히 친구 관계로 머물렀던 것으로 보인다. 잠시 결혼 이야기가 오간 것은 사실이지만 어디까지나 독신남과 미망인이 한집에 사는 적당한 구실을 만들기 위한 것이었다. 쿠퍼가 우울증을 심하게 앓으면서 결혼 얘기는 쏙 들어갔고 수년 후 쿠퍼가 회복된 후에도 다시 거론되지 않았다. 둘 사이에 연애 감정이 있었든 없었든, 분명한 건 두 사람의 사랑이 자식을 향한 부모의 사랑처럼 매우 헌신적이었다는 점이다.

두 사람이 웨스턴에 정착한 지 5년쯤 되었을 때 언원 부인이 연달은 뇌졸중으로 쓰러졌다. 늘 돌봄을 받다가 누군가를 돌봐야 하는 상황에 처한 쿠퍼는 갈피를 잡지 못했다. 한결같던 친구는 이제 혼자 걷지도, 제대로 말하지도 못했다. 늘 바쁘기만 하던 언원 부인의 손은 꽁꽁 묶여 버렸다. 쿠퍼의 내면이 무너지는 것은 시간 문제였다. 결국 우울증이 재발했다. 예전에 경험했던 정신 이상 증상까지 시작됐다. 쿠퍼는 죽을 때까지 정상으로 돌아가지 못했다.

이 시기에 쿠퍼가 겪은 고통은 차라리 고문에 가까웠다. 돌아온 환청과 악몽은 쿠퍼에게 밤낮으로 절망의 주문을 읊어 댔다. 숨 막히는 공포의 삶이 다시 시작됐다. 쿠퍼는 최근 친구가 된, 올니의 학교 교장 티던을 찾아가 환청과 악몽을 해석해 달라고 부탁하곤 했다. 그리고 자신이 들은 환청의 내용과 친구의 해석을 기록한 책들을 간직했다. 두툼한 이 책들에는 쿠퍼가 휘갈겨 쓴 망상이 가득하다.[43] 이즈음 쿠퍼는 친구 헤일리에게 보내는 편지에 다음과 같이 썼다. "난 불쌍한 짐승이야. 내 마음과 타고난 성미의 바탕은 세 줄의 절망과 한 줄의 희망이 엮인 실로 짜여 있어."[44]

쿠퍼는 여전히 기도를 자신에게 금지된 종교 행위로 간주했지만, 티던의 조언에 따라 다시 기도를 시도했다. 기도하면서 쿠퍼는 절망에 짓눌려 신음했다. "기도에 힘쓰면, 나는 두 배로 비참해질 뿐이야. 그래서 짧게 세 마디로 간청하지. '하나님, 제게 자비를!' 웬만해선 반복하지도 않아."[45]

쿠퍼는 음식을 거부하기 시작했다. 자신에게 벌을 주기 위해 선택한 고행이었다. 약을 먹는 것도 거절했다. 혼자 있는 시간을 두려워하면서도 친구들과 같이 있고 싶어 하지 않았다. 문학적인 공로를 인정받아 국왕에게 상을 받았을 때조차 쿠퍼는 무덤덤했다.

언윈 부인의 건강 상태와 쿠퍼의 사정이 쿠퍼의 사촌들에게 알려지자, 젊은 사촌 존 존슨은 두 사람을 자신의 집으로 데려갔다. 쿠퍼가 숨을 거둘 때까지 존슨은 자신의 집에서 쿠퍼를 돌봤다.[46] 존슨은 쿠퍼와 여행을 다니며 쿠퍼에게 호메로스 번역을 다시 시작해 볼 것을 두 번이나 권했다. 그러나 정성 어린 존슨의 돌봄에도 쿠퍼의 우울증은 전혀 나아지지 않았고 환청도 사라지지 않았다. 쿠퍼는 자신의 침대가 악령에 사로잡혔다고 믿었다. 그는 아침마다 존슨을 뚫어지게 쳐다보며 사촌이 진짜 사촌인지, 사촌으로 가장한 마귀인지 분간하려 애썼다.[47]

존슨은 환청이 실제로 하나님의 말씀이라고 믿는 쿠퍼를 돌이켜 보려 노력했다. 쿠퍼를 돌보는 존슨의 마음이 어땠는지 드러나는 감동적인 일화가 있다. 어느 날 존슨은 쿠퍼의 침대 옆 벽 안에 몇 개의 관을 삽입했다. 그리고 쿠퍼가 알지 못하는 사람을 고용해 관 속으로 희망과 위로의 말을 전하게 했다. 어떻게든 쿠퍼를 괴롭히는 소리를 사라지게 하기 위해 그가 생각해 낼 수 있는 유일한 방책이었다.

존슨의 갸륵한 마음에도 불구하고 그의 시도는 별 효과가 없었던 듯하다. 쿠퍼의 상태는 계속 악화했고 쿠퍼는 여전히 죽음을 두려워했다. 쿠퍼는 자신의 빈약한 사고력을 이렇게 표현했다. "생각이 마른 모래처럼 움켜쥘수록 손가락 사이로 빠져나갑니다. 존슨이 뭔가 읽어 줄 때도 나는 딴생각을 멈출 수 없어서 내용을 거의 다 잊어버리지요."[48] 쿠퍼는 당시 그를 헌신적으로 보살피던 하인 로버츠에게 이렇게 말하곤 했다. "거짓된 기쁨을 좇아 방황하는 나는 정말 불쌍한 놈이야."[49]

활발했던 쿠퍼의 서신 교환은 생애 마지막 5년 동안 거의 멈추다시피 했다. 가장 소중한 친구에게 편지조차 못 쓸 정도로 쿠퍼는 우울증을 심하게 앓았다. 간신히 썼던 몇 통의 편지에는 침울한 심정을 드러내는 절망의 단어만 가득했다. 읽는 것만으로도 가슴이 저리는 그런 편지였다. 한 편지에서 쿠퍼는 이렇게 말했다. "내가 세상에 태어나지 않았기를 바라는 소망이 수년간 품어 왔던 소망 중에 그나마 합리적인 것일 겁니다. 한때 행복을 꿈꿨지만 이젠 행복 같은 건 바라지도 않는 내게 유일하게 남은 소망이기도 하고요."[50]

죽음을 1년도 채 남기지 않은 시점에서 쿠퍼는 마지막 시를 썼다. 파도에 휩쓸린 조난자에 관한 시였다. 멀어져 가는 배에서 친구들은 조난자가 물에 떠 있을 수 있도록 물건들을 던졌다. 쿠퍼는 서서히 파도에 묻혀 가는 조난자에 자신을 비유했다.

파도에 휩쓸린 이의 운명을
난 꿈에라도 생각지 않으리.
구슬픈 노랫가락만
늘어질 뿐.
그러나 불행은 아직도
또 다른 먹이를 찾아 서성이네.

폭풍을 잠재우는 신의 목소리는 들리지 않고
자비의 빛도 비치질 않네.
아무런 도움도 받지 못하는 곳에서
인간은 외롭게 파멸한다.
인간보다 불행한 나는 거친 바다 밑에서
조난자를 삼킨 바다보다 더 깊은 바닷속에서 사멸한다.[51]

그렇게 쿠퍼는 죽어 갔다. 절망의 무게를 감당하지 못하고 외롭게. 이듬해 쿠퍼는 생을 마감했다.

식초병 안에 스며든 은혜

쿠퍼의 생을 다룬 책을 덮는 내 마음은 무겁기만 하다. 대지를 유령처럼 걸어 다녔을 쿠퍼, "말로 표현할 수 없는 절망" 가운데 죽음을 기다리며 병상에 누워 있었을 그를 생각하면 그저 울고 싶을 뿐이다. 가슴에서 "왜?"라는 짧은 물음이 탄식처럼 새어 나온다.

하나님, 쿠퍼는 왜 그처럼 고통받아야 했나요? 왜 그에게 찾아가서 위로하지 않으셨나요? 왜 그의 마음을 치유하지 않으셨나요? 오늘도 고통에 신음하는 친구들을 보면 같은 질문이 떠오른다. 괴롭다. 왜 하나님께서 어떤 경우엔 기적적으로 치유하시고 어떤 경우엔 그러지 않으시는지 이해하기 위해 나는 발버둥친다.

그러고 나니 쿠퍼의 말이 생각난다. "하나님은 신비로운 방식으로 일하신다……. 불완전한 의식으로 하나님을 판단하지 말고 그분의 은혜를 신뢰하라." 의자에 앉아 쿠퍼의 이야기와 해결되지 않은 그의 고통을 묵상하며 나는 쿠퍼가 어떻게 이런 은혜를 깨달았을까 궁금해졌다. 마음속에 계속 떠오르는 답은 바로, 우정이다.

이따금 쿠퍼는 친구에게서 지극한 사랑을 보았다. 언젠가 쿠퍼는 윌리엄 언원에게 이렇게 말했다. "식초병 안에 사는 사람*은 병 밖의 친구들이 자신에게 보이는 모든 관심과 사랑이 그저 감사할 뿐이지."[52] 현실과 너무 동떨어져 사는

★   자신만의 세상에 갇혀 괴롭게 사는 사람을 뜻하는 영어식 표현―옮긴이.

쿠퍼가 친구들의 돌봄을 인식하지 못할 때도 많았지만, 우리는 그들이 쿠퍼에게 쏟아부은 사랑을 안다. 쿠퍼의 친구들을 보며 나는 암울했던 시절 나를 도왔던 친구들을 떠올렸다. 어두워진 시야 때문에 그들이 베푼 사랑을 놓친 적이 얼마나 많았을까?

수십 년 동안 쿠퍼는 그에게 자비를 베푸시는 하나님을 볼 수 없었다. 하나님이 함께하신다는 사실도 느끼지 못했다. 눈에 보이는 것은 진노와 절망뿐. 하지만 나는 그때에도 하나님께서 쿠퍼와 함께하셨다고 믿는다. 하나님은 변함없이 그분을 사랑하는 사람들을 통해 쿠퍼의 삶에 찾아오셨다. 우울증으로 인해 주변 사람들을 힘들게 하는 상황도 예외가 아니었다. 하나님은 쿠퍼가 더는 희망이 없다고 생각할 때조차 희망을 포기하지 않는 친구들 속에 계셨다. 쿠퍼가 친구들이 자신을 절망의 늪에 빠져 죽도록 내버려 두었다고 느낄 때에도 하나님은 쿠퍼의 곁을 지키는 친구들 속에 계셨다.

하나님은 여러 해 동안 쿠퍼를 돌봤던 메리 언윈 속에 계셨다. 자신이 병들어 걷기 어려웠을 때도 메리는 산책하자며 쿠퍼의 손을 끌었다. 우울증 때문에 좀처럼 의자에서 일어나지 않는 쿠퍼를 위한 배려였다.

쿠퍼에게 글쓰기를 독려하고 교회에서 섬길 기회를 준 존 뉴턴을 통해서도 하나님은 쿠퍼를 찾아가셨다. 존 뉴턴은 아무 예고 없이 찾아온 쿠퍼를 환대하고 자신의 집에 머물게 했으며 쿠퍼를 살리기 위해 계속 보살폈다.

하나님은 쿠퍼의 사촌 존슨을 통해서도 함께하셨다. 쿠퍼를 자신의 집으로 이주시킨 존슨은 벽 안에 관을 설치해 쿠퍼의 귀에 진실과 위로의 말을 속삭였다. 쿠퍼가 발견하도록 일부러 책을 놓아두었고 그가 살아갈 이유를 찾도록 글쓰기를 권했던 것도 존슨이었다.

하나님은 서서히 음식을 거부해 야위어 가던 쿠퍼에게 지체 없이 도움의 손길을 내민 친구 헤일리 속에도 계셨다. 그녀는 쿠퍼를 구슬려 먹게 하고 쿠퍼가 자신의 시가 세상에 얼마나 선한 영향을 끼쳤는지 깨닫게 하려고 저명한 종교 지도자들에게 편지를 써 달라고 부탁했다.

쿠퍼가 숨을 거뒀을 때 존 뉴턴은 다음과 같이 말했다. "한순간 모든 사슬에서 벗어나 그토록 사랑하며 섬겼던 하나님을 만나는 것은 얼마나 영광스럽고 놀라운 일인가."[53] 절망 가운데 눈을 감았다가 다시 눈을 떠서는, 한 번도 자신을 떠나지 않은 하나님을 만났을 쿠퍼를 상상해 보면 눈이 부시도록 경이로울 뿐이다.

어쩌면 이 글을 읽는 사랑하는 독자 중엔 "아직 끝나지 않은" 황량한 사막에 갇혀 있는 사람도 있을 것이다. 쿠퍼가 그랬듯, 당신도 하나님께 버림받지 않았나 의심할 수도 있다. 더는 계속 살 수 없다고 느낄지도 모른다.

하지만 기억하자. 비극적인 쿠퍼의 이야기 속에도 하나님의 발자취가 새겨져 있음을. 친구들이 내민 도움의 손길 속에, 시를 창작하던 시간 속에 하나님은 계셨다. 어둠 속에 빛이 되어 준 믿음 속에도 하나님은 계셨다. 친구들, 반려동물, 온실의 꽃들에 둘러싸여 웃고 기뻐할 때도 그분은 함께 계셨다. 그리고 오늘을 사는 우리에게 격려가 되는 쿠퍼의 시와 편지 속에도 하나님은 계신다.

지금 육신의 눈에 보이지 않아도 하나님은 당신의 삶 속에 일하고 계신다. 당신보다 먼저 "헤아릴 수 없는 아픔"을 안고 살았던 쿠퍼를 보라. 하나님께서 당신의 삶에 허락하신 사람들을 붙들라. 그리고 그들의 사랑에 감사하라. 할 수 있는 한 당신에게 현실감을 줄 수 있는 일, 일상의 삶을 누릴 수 있는 실제적인 활동에 힘쓰라. 어둠 속에서도 계속 전진하라.

5

찰스 스펄전

하나님의 약속을 붙잡아라

찰스 스펄전(1834-1892)

"설교의 황제" 찰스 해던 스펄전은 1834년 6월 19일 영국 에식스주에서 태어났다. 정규 교육을 제대로 받지 못했지만 평생 배움과 독서에 열중했다. 스펄전이 죽을 무렵 그의 개인 서재에는 12,000권이 넘는 책이 소장돼 있었다.

1850년 스펄전은 15세의 나이에 (집안의 전통과 달리) 침례를 받고 침례교인이 되었다. 다음 해인 16세 때 첫 설교를 수행하며 목회의 길에 들어섰다. 1854년 런던의 뉴파크스트리트 교회에서 사역을 시작한 스펄전은 죽을 때까지 같은 교회에서 시무했다. 교인이 기하급수적으로 증가하여 1861년 5천 석 규모의 메트로폴리탄 태버너클 교회를 신축했다. 스펄전은 열정적인 설교자로 명성을 날리기도 했지만 동시에 호된 비판의 대상이기도 했다. 생전에 그의 설교는 매주 인쇄되어 널리 배포됐다. 스펄전은 죽을 때까지 거의 3천6백 회에 달하는 설교를 수행했다.

1856년 스펄전은 수잔나와 결혼했고 그해 쌍둥이 아들을 얻었다. 수잔나와 찰스 모두 만성 질환으로 고생했다. 수잔나는 30대 초반에 거동이 불편해 남편의 예배에 참석하지 못할 정도로 누워 지낼 때가 많았다. 스펄전도 1869년에 이미 통풍을 앓았는데 통증이 너무 심해 좀 더 온화한 지역인 프랑스 망통으로 종종 요양을 떠나야 했다.

스펄전은 수많은 설교와 다양한 목사의 직무를 수행했을 뿐 아니라 목회자 대학과 보육원을 설립하고 「검과 흙손」이라는 잡지도 창간했다. 또한 『다윗의 보고(寶庫)』라는 제목의 시편 주석과 목회자 대학 학생들을 위한 강의집, 묵상집을 집필하고 무수한 서신을 작성하기도 했다.

1887년 스펄전은 현대, 진보 신학을 위해 믿음의 핵심을 버리고 기독교 교리를 "훼손"시켰다며 몇몇 침례교 지도자를 비난하면서 "하강 논쟁"에 휘말린다. 결국 스펄전의 교회는 침례교연맹에서 탈퇴했고 스펄전은 1888년 연맹으로부터 불신임을 받게 되었다.

1892년 망통에서 스펄전이 숨을 거두자 런던 전체가 그의 죽음을 애도했다. 남편을 잃은 수잔나는 스펄전의 서신과 소품문, 논설, 설교와 여타 글을 모아 자서전을 편찬했다.

읽을거리

Eswine, Zack. *Spurgeon's Sorrows: Realistic Hope for Those Who Suffer from Depression*. Fearn, Scotland: Christian Focus, 2014.

Spurgeon, Charles. "The Minister's Fainting Fits." *In Lectures to My Students*, 171–183. Albany, OR: Ages Digital Library, 1996.

위장이 뒤틀렸다. 엄청난 인파였다. 수천 명이 웅장한 공연장으로 들어서기 위해 정원 입구에서부터 줄지어 서 있었다. 공연장에는 이미 만 명이 넘는 사람이 들어가 있었다. 수많은 영혼. 그 무게감에 손이 떨려 왔다. 숨을 한 번 깊이 들이킨 후 차분하게 내쉬었다. 안내원을 따라 군중 속 미로를 통과하여 그날 밤 설교할 강대상에 다다랐다.

1층부터 저 높은 3층까지 모든 좌석이 가득 찼다. 복도와 계단, 뒷벽에 이르기까지 서 있을 수 있는 모든 곳에 사람들이 빽빽이 들어서 있었다. 공연장엔 기대감에 찬 침묵이 흘렀다. 예정보다 10분 빨랐지만 기다리면 군중의 초조함만 커질 것이다. 그들은 지금 시작하길 원했다.

스펄전은 성경 본문을 읽은 뒤 기도했다. 감사한 마음을 쏟아놓고 청중의 구원을 간절히 구하는 기도였다. 수염도 나지 않은, 멀쑥한 애송이 청년은 하나님의 임재에 사로잡혔다. 젊은 스펄전은 런던의 군중에 둘러싸인 채 지성소로 나아갔다.

사건이 벌어진 건 그때였다.

누군가 "불이야!" 하고 날카롭게 외쳤다. 이어서 다른 이가 "관람석이 무너진다!" 소리치자 또 다른 이가 "천장이 내려앉는다!" 하고 소리쳤다. 경건하고 고요하던 곳에 비명과 고함이 터져 나왔다. 참사임을 직감한 수백 명의 사람들이 자리에서 일어나 출입문을 향해 필사적으로 달려갔다. 댐에서 방류되는 물처럼 군중은 격렬하고 난폭했다. 계단 난간 하나가 사람들의 무게를 이기지 못하고 뚝 끊어졌다. 고장 난 난간은 부러진 날개처럼 그 자리에 덜렁거렸다.

출입구는 숙녀모와 신사복이 뒤얽힌 아수라장이었다. 관람석에 있던 사람들은 밖으로 나가기 위해 안간힘을 썼고 밖에 있던 사람들은 재빨리 그 빈자리를 차지하려고 안으로 밀치고 들어왔다. 군중은 폭도처럼 광포하게 날뛰었다.

무슨 일이 벌어지고 있는 거지? 정신없이 공연장을 둘러보는 스펄전의 귀에 심장이 고동치는 소리가 들렸다. 연기도, 건물이 무너지는 징후도 없었다.

"거짓 경보입니다." 사람들을 안심시키기 위해 스펄전이 두 팔을 벌리고 우렁차게 말했다. "좀도둑과 소매치기가 예배를 방해하기 위해 술책을 부린 겁니다. 여러분, 침착하십시오."

"설교하세요!" 한 남자가 무리 속에서 외쳤다. "그래요, 계속 설교하세요!" 나머지 군중도 연호했다.

스펄전은 확신이 서지 않아 멈칫했다. 이런 혼란 중에 무슨 얘기를 할까? 그가 기댈 수 있는 것은 복음서밖에 없었다.

"형제자매 여러분, 끔찍한 날이 다가옵니다. 그날엔 오늘 저녁 경험한 공포와 불안과는 비교도 되지 않을 환난을 겪을 것입니다…… 조금 전 많은 사람이 이곳에 머무르기를 두려워했습니다. 머물렀다가 죽으면 지옥에 갈 거라고 생각했기 때문입니다…… 하지만 여러분, 하나님의 자비로운 손이 여전히 여러분을 구원할 수 있음을 알고 있지 않습니까?…… 여러분은 병들었습니다. 그러나 예수님은 치유하실 수 있습니다. 당신이 그분을 신뢰하기만 하면 그분께서 당신을 치유하실 겁니다."

또 다른 소요가 일어났다. 더 많은 사람이 자리에서 휘청이며 일어나 뒤쪽으로 달려갔다. 통곡과 비명. 뭔가 크게 잘못되었다. 갑자기 미열을 느낀 스펄전의 귀에서 웅웅거리는 저주파 소리가 들리기 시작했고 몸마저 기우뚱거렸다.

'사망, 압사, 병원' 같은 단어들이 바람을 타고 귓전에 맴돌았다.

"머리가 어지럽네요. 여기가 어디인지도 모르겠습니다. 얼마나 많은 이들이 뛰쳐나가려다 다쳤을까 심히 걱정스럽습니다. 서서히 빠져나갔으면 좋았을 텐데. 전능하신 하나님이 축복 가운데 사람들을 안전히 집까지 인도하시길……."

힘겹게 입술을 움직여 내뱉은 말은 금세 소란에 파묻혔다. 사람들에 둘러싸여 있는 시체가 보였다. 사지가 부자연스럽게 꺾여 있었다. 시야가 어두워지기 시작했다. "서두르지 마세요. 출구에 가까운 순서대로 나가세요." 가까스로 말을 마치자 온 세상이 캄캄해졌다.[1]

절망의 나락: 비방과 참사

교회 집사들이 의식이 불완전한 스펄전을 전용 출구로 들어 날랐을 때, 그의 나이는 고작 스물두 살이었다. 스펄전은 서레이 가든 음악당 앞 잔디에 놓인, 일곱 구의 피투성이 시체를 보지 못했다. 물론 중상을 입어 병원에 실려 간 스물여덟 사람도 못 봤다. 악의적으로 거짓 경보를 울린 사람들과, 서둘러 나가려다 넘어져 발밑에 깔린 사람들의 이야기를 나중에 전해 들었을 뿐.

그날 밤 슬픔에 잠겼을 도시를 생각해 보라. 당신의 설교를 들으러 온 사람들이 목전에서 끔찍한 일을 당했다면 당신은 어떤 심정이었을까?

참사 후 스펄전을 못마땅하게 여기던 이들이 그를 가만둘 리 없었다. 그들은 스펄전의 슬픔은 안중에도 없는지 사상자에 대한 책임을 물으며 스펄전에게 비난을 퍼부었다. 슬프게도 이런 인신공격은 거기서 끝나지 않았다.

3년 전 런던에 온 찰스 스펄전은 엉성한 머리 모양의, 열

아홉 살 시골내기였다. 신학 교육을 받은 적도 없고 촌스럽기만 한 청년이었지만 하나님의 말씀에 대한 뜨거운 열정을 품은 설교자였다. 그의 영향으로 200명 남짓했던 뉴파크스트리트 교회는 2년이 채 안 돼 건물이 교인을 수용하지 못할 만큼 폭발적으로 성장했다. 이후 40년 동안 스펄전은 같은 교회에서 목회했다.

모든 이가 스펄전을 좋아했던 건 아니다. 특히 신문은 늘 스펄전에게 날카로운 비판의 칼을 들이댔고 비방도 서슴지 않았다. 그의 말을 틀리게 인용하거나 하지도 않은 말을 한 것처럼 꾸미기도 했다. 어떤 이는 스펄전이 구원받았는지 의심했고 또 다른 이는 그의 말이 "버터보다 부드럽다"며 사탄의 속임수에 비유하기도 했다.[2] 스펄전의 설교를 "강대상 위의 매춘"이라고 비난한 사람도 있었다.[3] 개인적으로는 이러한 비판들이 스펄전의 인기에 대한 질시에서 나온 것인지, 아니면 그의 독특한 방식이 맘에 들지 않아서 그런 것인지(그들은 "비호감"이나 "천박하고 과장됐다"라고 평가 절하했다), 혹은 객관적인 평가였는지 잘 구분이 안 된다.[4]

분명한 것은 이러한 공격이 스펄전에게 깊은 내상을 남겼다는 점이다. 영혼을 그리스도에게 인도하려 복음을 전하는 그에게 그와 같이 노골적인 인신공격은 참기 힘든 고통이었다. 기껏해야 스펄전은 집을 멀리 떠나 이제 막 세상을 알아가는 여린 청년에 불과하지 않은가.

이 무렵 스펄전을 위로할 방법을 고민하던 젊은 아내 수잔나는 마태복음 5장 11-12절을 조심스럽게 필사해서 침실에 걸어 놓았다. 하루를 시작하며 옷을 입고 방문을 나설 때, 일과를 끝내고 쉬러 들어올 때마다 스펄전은 벽에 걸린 말씀을 보았다. "너희가 나 때문에 모욕을 당하고, 박해를 받고, 터무니없는 말로 온갖 비난을 받으면, 너희에게 복이 있다. 너희는 기뻐하고 즐거워하여라. 하늘에서 받을 너희의 상이 크기 때문이다. 너희보다 먼저 온 예언자들도 이와 같이 박해를 받았다."

여러 비방에도 불구하고, 스펄전에게는 새 공간이 필요할 만큼 성장하는 교회가 있었다. 교인들은 5천 개의 좌석을 가진 메트로폴리탄 태버너클 교회를 건축하기 시작했다. 건축이 진행되는 동안 선풍적인 인기를 끄는 목사의 설교를 듣기 위해 몰려드는 사람들을 수용할 장소를 임대할 필요가 생겼고 이렇게 해서 서레이 가든 음악당에 모이게 된 것이다.

참사가 일어나던 날 밤, 음악당에서 실려 나온 스펄전은 "빈사 상태로" 친구의 집에 옮겨졌다. 스펄전에게 조용한 공간을 마련해 주기 위한 배려였다. 아수라장이 된 음악당을 보며 스펄전은 의식을 잃을 정도로 불안감에 완전히 사로잡혔다. 멀리서 지켜본 혼돈과 사고였지만 트라우마를 안겨 줄 만큼 끔찍했다. 분명 스펄전은 사상자에 대한 책임이 어느 정도 자신에게 있다고 느꼈을 것이다. 날이 갈수록 참사로 인한 죄책감과 슬픔이 더해졌고 결국 스펄전은 우울증에 빠졌다. 괴로워하는 스펄전을 곁에서 지켜보던 아내 수잔나와 교회 집사들은 빗발치는 신문의 악담으로부터 스펄전을 보호했다. 참사에 관한 이야기를 듣거나 심지어 성경을 쳐다보는 것만으로도 스펄전은 눈물을 멈추지 못했다.

훗날 스펄전은 당시의 심정을 다음과 같이 서술했다.

누가 슬픈 내 영혼의 고통을 이해할까? 나는 위로받기를 거부했다. 낮에는 눈물을 먹고 살았고 밤에는 꿈조차 두려웠다. 한 번도 느껴 보지 못한 괴로움이었다. 슬픔이 진통제처럼 가슴을 무감각하게 할 때까지 '생각은 칼처럼' 내 마음을 조각냈다……. 머리는 모래사장에 난파된 배처럼 제 기능을 하지 못했다. 낯선 땅에 이방인이 된 나. 한때 일용할 양식이었던 성경은 이제 재앙의 문을 여는 손잡이가 되었고 기도도 위안을 주지 못했다……. 기쁨으로 넘쳐났던 생각은 깨진 유리잔처럼 '산산조각'이 나 내 순례길에 상처와 고통만 더할 뿐이었다.[5]

(비록 빅토리아 시대의 세련된 문장이긴 하지만) 눈물 젖은 일기장에 쓰인 독백처럼 들리지 않는가? 지옥 같은 "절망의 성 지하 감옥"에 갇혀 본 사람이라면 암흑 속에서 들리는 이런 울부짖음이 귀에 익숙할 것이다.[6] 아무리 예수님과 하나님의 사랑을 떠올리려 해도 스펄전은 밤낮으로 자신을 괴롭히는 생각에서 벗어날 수 없었다. 정상적인 사고도 기도도 불가능했고 어디서에도 위로를 얻지 못했다. 스펄전의 우울증

이 어찌나 심했던지 교회 집사들은 스펄전이 다시 설교할 수 있을지 염려했고 수잔나도 이성을 완전히 잃어버릴까 걱정할 정도였다.

어느 날 아내와 함께 정원을 거닐던 스펄전이 갑자기 멈춰 섰다. 수잔나는 이야기를 시작하는 남편의 눈이 예전처럼 빛나는 것을 보았다. "여보, 정말이지 나는 바보였소! 세상에! 주님이 영광을 받으신다면 내가 어떻게 되건 무슨 상관이오? 그리스도가 영화롭게 되는 일이라면 그분이 나를 어떻게 하든 나는 괜찮소."[7]

순간 스펄전에게 빌립보서 2장 9-11절 말씀이 떠올랐다. 어두웠던 마음에 빛과 위로가 되는 구절이었다. "그러므로 하나님께서는 그를 지극히 높이시고, 모든 이름 위에 뛰어난 이름을 그에게 주셨습니다. 그리하여 하나님께서, 하늘과 땅 위와 땅 아래에 있는 이들 모두가 예수의 이름 앞에 무릎을 꿇게 하시고, 모두가 예수 그리스도는 주님이시라고 고백하게 하셔서, 하나님 아버지께 영광을 돌리게 하셨습니다."

여기 스펄전이 붙잡을 약속이 있었다. 비록 죄와 비극으로 점철된 세상에 살지만, 비록 어둠 속에 서 있지만 여전히 하나님 나라는 안전하고 그분의 보좌는 흔들리지 않는다.[8] 이 약속을 붙잡고 스펄전은 정신병의 위기에서 벗어날 수 있었다. 아직까지 참사에 관해 입을 열지 못했지만 그래도 다시 희망을 노래하기 시작했다.

한 번의 영적 깨달음으로 스펄전이 우울증을 완전히 벗

어 버리고 곧바로 정상으로 돌아온 것은 아니었다. 그는 남은 생애 동안 참사의 기억과 아픔을 안고 살아야 했다.[9] 25년 후 초만원이 된 강당에서 비슷한 혼란이 생기자 스펄전은 이전의 아픔이 되살아나 어쩔 줄 몰라 했다.[10] 벽을 짚은 손목 위에 얼굴을 파묻고 아픈 기억을 밀어내려 몸부림치는 스펄전, 마음을 진정시키려 심호흡을 하며 목구멍까지 올라온 공포를 삭이려 했을 그의 모습이 눈에 선하다.

육신에 정복당한 영혼

서레이 음악당의 슬픔이 완벽히 지워지진 않았지만, 그래도 스펄전은 마침내 참사를 보상하시는 하나님의 은혜를 경험했다.

메트로폴리탄 태버너클 교회는 날로 번성했다. 수백 수천 명의 사람이 그리스도께로 돌아왔다. 스펄전의 설교는 매주 인쇄되어 전 세계 사람에게 읽혔다. 여전히 그의 설교를 못마땅하게 생각하는 사람이 있었지만, 이제는 스펄전을 비판하는 사람도 그의 위상을 인정할 수밖에 없었다. 스펄전은 다음 세대를 위한 설교자를 키워 내기 위해 목회자 대학을 설립했고「검과 흙손」이라는 잡지도 출간했다.

스펄전에겐 곁에서 사역을 돕는, 사랑하는 아내도 있었다. 두 사람은 쌍둥이 아들이 건장한 청년으로 자라는 것을 행복하게 지켜봤다.

더할 나위 없이 완벽한 삶일 수 있었지만, 이 무렵 스펄전의 건강에 문제가 생기기 시작했다. 서른다섯 살 생일에 처음으로 통풍이 엄습했다. 매우 고통스러운 종류의 류머티스 관절염이었다. 스펄전은 여생 동안 불규칙적으로 찾아오는 "고통의 세례"를 견디며 살아야 했다.[11]

통풍의 공격은 잔인했다. 건강하고 기분 좋게 왕성한 활동을 하다가도 예고 없이 고통이 찾아왔다. 그때마다 스펄전은 뼛속까지 스미는 욱신거리는 고통 때문에 사지가 떨어져 나갈 듯 덜덜 떨었다. 부어오른 관절이 너무 아파 글을 쓸 수 없었고 심지어 옷도 혼자 입지 못했다. 침대에서 뒹굴 수 있거나 한 번에 한 관절만 아파도 다행일 정도였다.

스펄전은 탈진했다. 몸은 늘 긴장 상태였고 통증 때문에 잠도 못 잤다. 생각마저 안개가 낀 듯 흐릿해졌다. 죽음과 죽지 않는 괴로움 사이 어딘가에 있는 무인도에 갇힌 느낌이었다. 극도의 신체적 고통을 겪어 본 사람이라면 메아리치는 스펄전의 신음 소리가 낯설지 않을 것이다.

물론 고질병을 앓는 중에도 이성적으로 이해하기 힘들만큼 행복하게 사는 사람이 있다. 극심한 신체적 고통을 겪는다고 자동적으로 우울증에 빠지는 건 아니다. 하지만 어떤 질병에 걸린, 혹은 어떤 성향의 환자는 신체뿐 아니라 정신에도 통증의 영향을 받는다. 정신적 괴로움이 영혼을 잠식하면 영혼에 어둠이 내린다.[12] 스펄전의 경우가 그랬다.

이런 일이 벌어지면 스펄전은 우울증 때문에 설교나 정

상적인 활동을 하지 못했다. 병석에 누워 간신히 할 수 있는 일은 사랑하는 교인들에게 편지를 쓰는 게 전부였다. 한 번은 12주 동안 교회에 가 보지 못한 스펄전이 교인들에게 다음과 같은 편지를 보냈다. "괴로운 신음과 희망의 노래가" 섞여 있는 편지였다. "아직도 온몸이 용광로처럼 뜨겁습니다…… 정말 바닥을 칠 만큼 침울했습니다. 몸은 고문당하는 것처럼 아팠고 영혼은 우울증에 시달렸습니다……. 깨져서 버려진, 옹기장이의 그릇이 된 기분이었습니다. 뜬눈으로 밤을 지새우고 눈물로 하루를 보내는 날이 이어졌습니다."[13]

회복 과정에서 스펄전은 자신만 고통받는 게 아니라는 현실에 직면해야 했다. 소중한 아내도 병을 앓게 된 것이다. 수년간 남편과 행복한 세월을 보내던 수잔나는 알 수 없는 병에 걸려 "만성적인 피로"에 시달렸고 거의 장애인처럼 되어 버렸다.[14]

가련한 스펄전. 몸은 망가지고 우울증은 파도처럼 밀려왔다. 수천 명의 영혼을 돌보는 책임만으로도 마음이 무거운데 이제는 사랑하는 아내가 고통받는 모습까지 무기력하게 지켜봐야 했다. 설교하러 가거나 요양할 때조차 스펄전은 멀리 있는 아내를 챙겨야 했다.

시간이 흐르고 상태가 악화되면서 스펄전은 관절염 증상에 도움이 되는 기후를 찾아 종종 런던을 떠나 있어야 했다. 주로 프랑스 해안의 망통에서 요양했는데 결국 이곳에서 스펄전은 생을 마감했다. 마침 몸 상태가 좋아진 수잔나와 유일하게 함께한 요양 여행 중 일어난 일이었다.

배신당한 복음: 하강 논쟁

온화한 지중해 해안으로 마지막 여행을 떠나기 5년 전, 스펄전은 최근 침례교단에서 벌어지는 신학 논쟁에 휘말렸다. 스펄전은 성경의 권위에 의문을 제기하는 상황을 우려스러운 눈으로 지켜봤다. 인간의 죄성과 그리스도의 신성, 십자가의 대속적 은혜의 필요성과 같은 기본적인 교리마저 의심의 대상이 되었다.

침례교단이 복음의 진리에서 완전히 멀어질 위기에 처했다고 생각한 스펄전은 「검과 흙손」에 연재 기사를 올렸다. 침례교 연합회에 정통 교리로 돌아갈 것을 주문하는 글이었다. 기사는 거센 역풍을 불러왔고 스펄전은 이 일로 인해 교단에서 사임했다. 침례교 연합회 회원들은 평화와 일치를 지킨다는 구실로 스펄전이 기대했던 내부 토론을 그의 기사에 대한 불신임 투표와 함께 종료했다. 친동생마저 불신임에 찬성하자 스펄전은 비탄에 빠졌다.

갈등이나 논쟁을 좋아하지 않는 스펄전이었지만 이 문제에 관해서만은 물러설 수 없었다. 자신이 그토록 사랑한 복음의 진리를 지키기 위해 필연적으로 벌여야 할 싸움이라고 생각한 것이다.[15] 그러나 신념의 대가는 컸다. 친구와 동료, 학생과 사역 동역자들에게 버림받는 등 관계가 틀어지는 아픔을 겪어야 했고 중요한 후원자들도 등을 돌렸다. 배신당한 설움이 가슴에 사무쳤다. 수잔나는 이때를 "숭고한 스펄전의 삶에서 가장 슬픈" 시간으로 기억했다.[16]

이 무렵 친구에게 보내는 편지에서 스펄전은 이렇게 적었다. "제발 나를 위해서 기도해 주게. 내 편에 있어야 할 사람들에게서 버림을 받으니 가슴이 미어지네⋯⋯. 이 난리 통에 내가 할 수 있는 일은 아무것도 없어. 하나님은 내 머리를 감싸시지만 나는 죽을 준비가 되어 있네."[17]

이 일은 가뜩이나 좋지 않았던 스펄전의 건강에 부담만 가중시켰다. 스펄전의 마지막 생애 5년 중 논쟁에 휩싸인 시간은 2년에 불과했지만,「검과 흙손」지에는 거의 매달 관련 기사가 실렸다.[18] 논쟁이 스펄전에게 입힌 상처가 어찌나 가혹했던지 누군가는 그를 진리의 순교자라 부르기도 했다.[19]

기쁨을 잃은 성인

여기까지가 스펄전 이야기의 전부였다면, 누구나 그의 우울증이 전적으로 환경 탓이라고 생각했을 것이다. 스펄전이 겪었던 시련은 정서적인 장애를 불러올 만큼 혹독했다. 스펄전은 어둠 속에 버려진 아이 같았다.

하지만 스펄전의 우울증은 단순히 환경에 기인한 것이 아니었다. 설교나 강의에서 스펄전은 자신의 경험을 예로 들며 아무 이유 없이 생기는 우울증에 관해 언급했다. 다음은 한 설교에서 스펄전이 나눈 이야기다.

> 영혼이 침울하면, 온갖 종류의 안락함을 누리며 살아도 죽는 것보다 더 비관적인 상태에 놓일 수 있습니다. 슬퍼할 이유가 없는데도 낙담하면 아무리 밝은 햇살도 당신의 우울함을 걷어내지 못합니다……. 명백하던 것들이 흐려지고 기쁨이 온데간데없이 사라질 때가 있습니다. 십자가를 의지하기 위해 필사적으로 그것을 붙잡아야 하는 때가 있습니다.[20]

스펄전은 우울증이 언제나 사리에 맞는 것은 아니며 원인도 분명치 않다는 사실을 알고 있었다. 그의 말마따나 영혼이 우리의 뜻과 따로 놀아 우리가 어둠 속으로 침몰할 때가 있는 것이다. "바닥이 보이지 않는 수렁"에 빠진 영혼은 "수만 군데 상처를 입고 피를 흘리며 매시간 죽음을 경험한다."[21] 논리도 없고 치유책도 찾기 힘들다.

형체도 없고 정의할 수도 없는 우울증은 안개처럼 모든 희망을 시야에서 가린다. 마땅한 이유도 없어 보이기에 자기연민에 빠지는 것도 우습고 심지어 자신이 괴롭다는 사실에 죄책감을 느끼기도 한다. 그렇다고 영혼까지 병들게 하는 고통이 사라지는 것은 아니다……. 하나님의 손만이 우울증을 밀어낼 수 있다……. 영혼의 악몽에서 우리를 건져

낼 수 있는 것은 아무것도 없다.[22]

스펄전이 얼마나 자신을 이해하고 있는지 알게 해 주는, 고마운 구절이다. 이 구절 때문에 나는 우울증을 앓았을 때 내가 얼마나 무기력했는지 새삼 떠올렸다. 물에 빠진 아이처럼 속수무책이었던 나. 어떤 이는 즉각적으로 효력을 나타내는 논리적 해결책이 있다고 말했고 또 다른 이는 영적 의지력으로 우울증을 이겨 낼 수 있을 거라 기대했다. 하지만 빛과 기쁨은 언제나 잡을 수 없는 파랑새처럼 내게서 멀어졌다.

분명 스펄전은 이 무기력함을 이해하고 있었다. 그리고 사람들이 얼마나 서툴게 반응할 수 있는지에 대해서도 잘 알았다. 자신의 설교에서 매정하고 둔감한 "도우미"를 향해 일침을 가했던 그다.[23] 쉽게 비난하거나 빨리 훌훌 털고 일어나라며 우울한 사람을 매몰차게 몰아세우는 것은 전혀 도움이 되지 않는다. 스펄전은 "좋은 그리스도인"은 우울증에 걸리지 않는다는 비난을 참을 수 없었다. 그는 설교에서 "하나님의 사람도 종종 어둠 속을 거닐며 빛을 보지 못할 때가 있습니다. 가장 고결한 성인도 기쁨 없이 살아갈 때가 있는 것입니다"라고 항변했다.[24] 스펄전은 우울증이 어떤 사람이 그리스도인인지 아닌지 구별할 수 있는 기준이 될 수 없으며 신앙의 성장과도 아무런 관계가 없다고 단언했다. 신실하면서도 우울할 수 있다. "우울하다는 것이 은혜에서 멀어진다는 증표는 아닙니다. 기쁨과 확신을 잃은 때 도리어 영적으로 가장 크게 성장할 수도 있습니다."[25] 우울증에 대해서 이렇게 얘기하는 설교를 더 많이 들을 수 있다면!

고통을 선용하라

너무 의기소침해서 아무것도 할 수 없고 자신이 무가치하게 여겨질 수 있다. 슬픔에 완전히 압도되고 마비될 때처럼 말이다. 사고가 흐려지고 성격은 예민해진다. 모든 게 어둡게만 보인다. 그리고 마음속에 이런 질문이 떠오른다. **이런 상황이 지속된다면? 영영 쓸 만한 사람이 되지 못하면 어쩌지?**

스펄전은 이런 마음을 잘 알고 있었다. 그러기에 우울증에 관한 강연에서 학생들에게 다음처럼 말했을 것이다. "여러분의 유용성이 끝났다고 생각하지 마십시오." 신체적으로 정서적으로 어려움을 수없이 겪은 그였지만 어떤 경우에도 사역을 멈추지 않았다. 수천 편의 설교를 작성하고 무수한 편지를 보냈으며 방대한 독서량을 유지했다. 여전히 사람들을 만나 함께 기도하고 목회를 기획하며 대학에서 가르쳤다. 고통이 그의 삶을 쓸모없게 만든 것은 아니었다. 아니, 오히려 더 유용하게 만들었다. 자신처럼 우울증으로 고통받는 사람들을 격려하고 도울 수 있는 안목을 주었기 때문이다.

스펄전이 학생들에게 우울증에 빠지기 쉬운 상황을 조심하라고 일러 주며 상세히 설명했던 게 그 좋은 예다. 자신의 경험이 묻어난 목록은 아래와 같다.

* 오랫동안 질병을 앓았거나 신체적 결함을 가지고 있을 때

* 강도 높은 지적 활동이나 "열정을 쏟는" 작업을 할 때

* 외롭거나 격리되어 있을 때

* 활동량이 거의 없거나 머리를 너무 많이 쓸 때

* 성공을 경험한 후

* 성공을 경험하기 전

* 충격적인 일을 당한 후

* 골칫거리나 낙심되는 일이 서서히 쌓일 때

* 탈진하거나 과로했을 때

물론 아무런 원인이나 타당한 이유 없이 우울증을 겪을 때도 있다. 이는 스펄전이 가장 고통스럽게 생각한 경우였다.[27]

스펄전은 휴식의 필요성과 같이 실제적인 내용으로 설교를 하며 교인들에게 자상하고 유익한 조언을 하기도 했다. "몸도 영혼도 양식이 필요합니다. 이 사실을 잊지 마세요! 어떤 분들은 제가 음식이나 휴식처럼 사소한 얘기를 하면 안 된다고 생각하실지 모르겠습니다. 하지만 우울증에 시달리는 하나님의 종을 돕기 위해서는 이런 것들이 가장 중요한 요소일지 모릅니다."[28] 자기관리는 단지 현대적인 개념이 아니다. 스펄전은 자신의 경험을 통해 몸을 제대로 돌보는 것이 우울증과 싸우는 데 있어 중요하다는 사실을 잘 알고 있었고 힘들게 체득한 지혜를 아낌없이 나누고자 했다.

몸소 고통을 겪어 본 그였기에 스펄전은 다른 이를 긍휼히 여기며 위로하는 일에 더 탁월할 수 있었다. 사람들은 그의 조언과 위로를 얻기 위해 먼 길을 마다하지 않았고 방문이 어려울 때는 편지를 보내왔다. 스펄전은 자신의 슬픔으로 다른 사람들을 위로하는 "상처 입은 치유자"였다.

타인을 불쌍히 여기는 법을 몸소 배우는 건 큰 선물입니다. "아! 저도 그랬습니다!" 하고 공감할 수 있기 때문입니다. 의심의 눈으로 저를 쳐다보며 "아닙니다. 당신이 제 마음을 알 리 없습니다" 하고 속으로 생각할 수도 있겠죠. 그럴 때면 저는 한 걸음 더 가까이 다가가 이렇게 말합니다. "당신이 저보다 더 비참했다고 말씀하시는 거라면 정말 유감입니다. 욥처럼 저도 '차라리 숨통이라도 막혔으면 좋겠습니다' 하고 말하고 싶은 심정이었으니까요. 영혼의 고통에서 벗어날 수 있었다면 제 몸에 손대는 일도 서슴지 않았을 겁니다."[29]

당신의 고통을 (적어도 부분적으로나마) 이해하는 사람이 있다는 사실을 인지하는 것만으로도 깊은 위로가 된다. 상처 입은 치유자는 다른 이가 줄 수 없는 위로를 선사한다. "저도 그랬습니다"라고 얘기하며 당신을 이해할 사람을 발견하는 것. 이것이 본서의 이야기가 가진 힘이다. 우울증처럼 고통스러운 경험을 이겨 낸 사람에게는 다른 이를 위로하고 사랑해야 할 특별한 사명이 주어진다. 스펄전은 우리에게 이 점을 잊지 말라고 당부한다. "어둠의 나락에 빠져 본 사람은 암흑 속에서 양식과 물을 찾는 법을 압니다. 우울증을 앓는 중에 하나님의 위로를 경험하셨다면 당신처럼 시련을 겪는 사람을 돕기 위해 전력을 다하십시오."[30]

당신의 삶은 아직도 쓸모 있다. 스펄전은 그렇게 말한다. 당신도 누군가의 어둠에 동반자가 되어 줄 수 있다고.

어둠 속에서 노래하라

자신이 경험한 시련에서 우러나오는 스펄전의 조언을 들으며 필자는 어릴 적 교회에서 불렸던 힘찬 찬송가가 떠올랐다.

주의 약속하신 말씀 위에서
세상 염려 내게 엄습할 때에
말씀으로 힘써 싸워 이기며
약속 믿고 굳게 서리라.

스펄전의 인생이 바닥을 칠 때 그를 절망에서 건져 올린 것은 하나님이 약속하신 말씀이었다.

가혹한 비난에 시달리며 우울한 시간을 보내던 젊은 스펄전은 아내 수잔나가 쓴 성경 구절을 바라봤다. "너희가 나 때문에 모욕을 당하면 복이 있다……."

세월이 흐르고 아내는 또 다른 구절을 필사해 걸어 놓았다. "보라, 내가…… 너를 고난의 풀무에서 택하였노라"(이사야 48:10).

서레이 가든 음악당의 참사 후 스펄전은 성경 말씀에서 위로를 얻고 다시 일어설 수 있었다.

설교를 하면서 그는 말씀과 성경 인물을 통해 여러 차례 격려를 받았다. 스펄전이 진리를 다시 깨닫고 계속 노래하며 삶을 지속할 수 있었던 이유는 바로 성경이었다. 성경에서, 스펄전의 슬픔은 하나님의 약속을 만나 희망이 되었다.

하강 논쟁이 한창 시끄럽던 때 집필한 『믿음의 수표책』의 서문에서 스펄전은 이렇게 말한다. "하나님의 약속은 하나도 빠짐없이 이루어질 것입니다. 개인적으로도 이를 입증하는 경험을 여러 번 했습니다……. 특별히 시험당하는 교우들에게 얘기하고 싶습니다. 형제자매 여러분, 하나님은 선하십니다. 그분은 여러분을 저버리지 않으십니다. 어떤 상황에서도 여러분을 안고 가실 겁니다……. 모든 것이 사라져도 하나님의 말씀은 절대 사라지지 않습니다."[31]

당신을 향한 애정 어린 스펄전의 충고가 들리는가? **하나님을 신뢰하라. 그분의 약속을 믿고 편히 쉬어라. 희망을 붙잡아라.**

당신은 이렇게 반응할지 모른다. "맞는 말씀입니다. 그런데 그게 그렇게 쉽지 않아요." 하지만 이마저도 스펄전은 알았으리라. 믿음과 신앙을 잃지 않으려는 몸부림, 약속의 희망을 붙들려는 사투를 그는 직접 경험했다. 스펄전에겐 의심의 유혹이 낯설지 않았다. 우울증에 걸리면 유혹을 이겨 내기 더욱 힘들다는 것도, 하나님의 선하심과 신실하심, 그분의 존재를 더 쉽게 의심하게 된다는 것도 스펄전은 잘 알고 있었다. "신앙을 향한 끊임없는 공격, 믿음을 조각내려는 칼질을 견디기란 그리 쉬운 일이 아닙니다."[32] 그래도 우리는 견뎌야만 한다. "견딤으로써 어떻게 견디는지를 배우기" 때문이다.[33] 시련은 하나님의 약속을 풍성하게 하며, 믿음으로 시련을 극복하는 경험이 쌓여 갈수록 우리의 믿음은 그만큼 강해진다. 시련을 통해 우리는 신실하신 하나님을 겸손하게 의지하는 법을 배운다.

스펄전은 우울증에 걸린 그리스도인들이 귀에 못이 박히도록 들어 왔던, 주문 같은 조언—"성경을 읽어라", "더 기도해 봐라", "믿음을 가져라"—을 반복하고 있는 게 아니다. 우울증에 만병통치약이나 즉효 약은 없다. 그러나 어둠 속에서도 성경의 약속은 밧줄처럼 우리를 단단히 붙들어 줄 만큼 튼튼하다. 우리가 그리스도께 속했다는 사실을 아는 건 폭풍 속에 배를 고정하는 닻과 같다. 물에 빠진 사람처럼 허우적대고 얼마나 버틸 수 있을지 암담할 때, 어둠 속에서 길을 잃고 좀처럼 헤어 나오지 못할 때 우리는 하나님의 약속을 붙잡아야 한다. 아무리 믿기 힘들 때에라도 꽉 붙들어야 한다. 하나님의 약속은 우리의 감정이나 상태와 관계없이 확고부동하다.

자신의 설교에서 스펄전은 죽고 싶어 했던 엘리야와 하나님께 버림받았다는 느낌, 우울증으로 씨름했던 시편 기자들을 보며 "우리는 동질감을 느끼며 이미 다른 사람들이 걸어갔던 길을 따라 걷는다는 사실에 위로받게 된다"고 했다.[34] 우리는 어둠 속에 던져진 성도들과 변함없는 하나님을 목격한다. 하나님의 약속은 그들과 우리를 붙잡아 줄 만큼 충분히 견고하다. 성도들은 우리에게 실망하거나 당황하지 말라고 격려한다. 당신이 겪는 시련은 이미 많은 이들이 경험했던 것이다. 당신은 여전히 하나님의 자녀다. 당신을 구속하신 그리스도는 결코 당신을 어둠 속에 버려두지 않으신다.

언젠가 스펄전은 이렇게 말했다. "슬픔에 가득 찬 밤, 믿는 자들은 나이팅게일처럼 어둠 속에서 노래합니다. 나이팅게일처럼 사는 이에게 진짜 밤은 존재하지 않습니다."[35] 문득 내가 예전에 한 친구에게서 받았던 쪽지가 생각난다. "어둠 속에서 자신에게 진리를 속삭이는 너는 용감해." 생뚱맞았다. 눈물과 의심, 선잠으로 점철된, 힘겨운 한 해를 보내는 내게 용감하다니. 믿을 수 없는 말이었다. 나는 아등바등 살아갈 뿐 용기와는 거리가 먼 사람이었다. 어둠에 갇혀서 나 자신에게 진실을 되뇌는 것 말고 더 뭘 할 수 있었겠는가? 그것만이 어둠의 접근을 막아 낼, 어둠 속에서 질식하지 않을 유일한 길이었다.

그것이 바로 스펄전이 우리에게 던지는 조언이다. 하나님의 약속을 노래하라. 그분의 신실하심을 찬양하라. 보이지도 느껴지지도 않지만, 그래도 자신에게 진리를 속삭이라. 어둠 속에서 노래하라.

6

테레사 수녀

감정이 아닌 예수님을 따르세요

테레사 수녀(1910-1997)

캘커타의 성녀, 테레사 수녀는 1910년 8월 26일 (현 북마케도니아의 수도인) 스코페에서 태어났다. 본명은 아녜스 곤히야 브약스히야. 부모 모두 알바니아계 사람이다. 열두 살 때 종교적인 삶으로의 부르심을 느낀 테레사 수녀는 선교사가 되길 꿈꿨다. 1928년 18살의 나이로 출가해 아일랜드에 있는 로레토 수녀회에 입회했다. 더블린에서 단기 교육을 받고 인도의 다르질링으로 파송됐다. 테레사 수녀는 1931년 첫 서원을 하고 메리 테레사라는 이름을 받았다. 그 후 콜카타의 세인트메리 고등학교에서 20년 가까이 가르쳤다. 세인트메리 고등학교에 재직하던 1937년 최종 서원을 하고 로레토 수녀회에서 불리던 대로 마더 테레사가 되었다. 1944년 세인트메리 고등학교 교장이 되었다.

테레사 수녀는 세인트메리 고등학교에서 일하는 동안 캘커타 사람들의 가난과 고통을 깊이 인지하게 되었다. 1946년 9월 10일 테레사 수녀는 캘커타의 빈민가로 가서 극빈자들을 도우라는 소명을 받았다. 훗날 테레사 수녀는 이를 "소명 안에 또 다른 소명"이라고 표현했다. 1948년 마침내 수녀원장의 허락을 받아 로레토 수녀회를 떠나 또 다른 소명의 길에 들어섰다. 이 때 테레사 수녀가 손수 만들어 가져간, 푸른색 테두리의 하얀 사리는 상징적인 옷이 되었다. 테레사 수녀는 6개월간 기초적인 의료 수련을 받은 후 캘커타의 빈민가로 들어갔다. 시간이 지나면서 많은 자원 봉사자가 테레사 수녀의 일에 동참했는데 그중 많은 이들이 세인트메리 고등학교의 학생과 수녀였다. 1950년 테레사 수녀는 로마 교황청으로부터 새로운 수도회 설립에 관한 공식적인 허락을 받아 '사랑의 선교 수녀회'를 시작했다. 설립 초기 수녀회에는 12명의 수녀가 있었다. 마더 테레사는 죽기 직전까지 이 수녀회의 책임을 맡았다.

이후 수십 년간 사랑의 선교 수녀회 사역은 급격히 성장했다. 마더 테레사와 그녀의 동료들은 인도 전역에 말기 환자들을 위한 병원과 보육원 그리고 한센병 환자들을 위한 요양소를 설립했다. 1965년 교황청 직속 수녀회로 격상되면서 여러 나라에 분원을 세우기 시작한 사랑의 선교 수녀회는 늘 가난하고 소외되고 보살핌을 받지 못하는 사람들을 돌보는 일을 해 왔다. 이후 사랑의 선교 수녀회는 사랑의 선교 수사회(1963년)와 사랑의 선교 관상 수녀회(1976년), 사랑의 선교 관상 수사회(1979년), 그리고 사랑의 선교 사제회(1984년)로 확장됐다. 평신도와 비신자들도 전 세계에서 사역을 펼치는 사랑의 선교 수녀회를 도울 수 있도록 사랑의 선교 수녀회 협력단체가 설립되기도 했다. 테레사 수녀가 선종할 무렵에는 대략 4천 명의 수녀와 3백 명의 수사가 123개국 610개 지역에서 선교회의 사역을 수행하고 있었다.

선교회에 몸담는 동안 인도주의적인 목적으로 전 세계를 방문하며 연설한 테레사 수녀는 1979년 노벨 평화상을 비롯해 많은 상을 받았다.

수년간 심장병 등 건강 악화에 시달리던 테레사 수녀는 1997년 9월 5일 87세의 나이로 영면했다. 2016년 로마 교황청에 의해 시성됐다.

읽을거리

『마더 데레사 나의 빛이 되어라』, 브라이언 콜로디척 엮음, 허진 옮김, 오래된 미래, 2008.

Murray, Paul. *I Loved Jesus in the Night: Teresa of Calcutta—A Secret Revealed*. Brewster, MA: Paraclete, 2008.

텅 빈 예배당 창문을 통해 후텁지근한 공기가 거리의 불협화음을 실어 왔다. 고요한 기도처에서마저 캘커타는 사랑을 구걸한다. 엔진 소음과 금속성의 자동차 경적을 들은 수녀들은 자신의 소명을 떠올렸다. 예수님은 무릎 꿇고 기도할 때만 만날 수 있는 게 아니었다. 그분은 가난한 자들―거리의 파리한 아이들, 상처로 뒤덮인 채 죽어가는 자들, 돌봐주는 이 없는 환자들―의 모습으로도 찾아오셨다.

오늘은 유난히도 거리의 소음이 숨 막힐 듯한 적막감에 괴로워하는 테레사 수녀에게 위안이 되었다.

오, 멀리 계신 주님, 얼마나 오래 저를 떠나 계실 겁니까? 저는 주님을 간절히 바라나 주님은 저를 원치 않으십니다. 공허하고 아프고 외롭습니다. 이 고통을 어찌 말로 표현할 수 있을까요. 지옥이 이와 같을 겁니다. 하느님도 사랑도 믿음도 없습니

다. 어찌나 괴로운지 모든 게 부서질 듯한 느낌입니다. 저는 주
님께 버림받을 가치조차 없는 자입니다.

테레사 수녀는 상체를 굽힌 채 기도하는 수녀들을 바라
보았다. 그녀와 같이, 매트를 깔아놓은 바닥에 줄지어 무릎 꿇
은 수녀들은 수녀회를 상징하는 흰색과 푸른색의 사리를 머
리에 쓰고 있었다. 저들이 내 마음의 고통을 알까. 수녀들은
테레사 수녀가 예수님과 풍성한 교제를 나누며 주님과 동행
하는 삶을 산다고 생각했다. 그러나 테레사 수녀의 삶에는 장
미보다 가시가 많았다. 마더 테레사는 수녀들에게 예수님의
사랑을 말하며 그분께 헌신하라고 지도했지만, 막상 자신은
공허했다. 마음속으로 "예수님은 어디에 계신가요?"라고 물
을 때조차 그녀는 수녀들에게 주님이 가까이 계신다고 가르
쳤다. 속으로 하나님의 부재를 느끼면서도 명랑하고 쾌활한
가면으로 비참함을 숨겼다.

내 영혼이 속지 않게 하시고 제가 누구도 속이지 않게 하소
서. 하느님, 제발 제가 하나님의 일을 망치지 않게 하소서. 이 일
은 주님의 일입니다.

테레사 수녀의 유일한 확신은 수녀회가 주님의 소유라는
믿음이었다. 수녀들은 주님께 속한 자들이었다. 가난한 사람
의 모습 속에 감춰진, 고통당하시는 예수님을 돌보고 사랑하
며 자신의 삶을 희생 제물로 올리는 이들이었다. 테레사 수녀
는 주님이 그분의 일을 위해 형제자매들을 불러 모으시는 것
을 두 눈으로 목격했다. 이를 주목한 세상은 온갖 선물과 상을

수여했다. 하지만 테레사 수녀가 원한 것은 단 하나, 주님이었다. 왜 그분은 이 모든 것을 주시면서도 자신은 주시지 않는 걸까? 어째서 주님은 나를 어둠 속에 홀로 내버려 두시는 걸까?

아버지, 제가 주님이 주시는 것을 받고 주님이 거두시는 것을 드리게 하소서. 아버지를 거부하지 않게 하소서. "싫어요"라는 말이 목구멍까지 올라옵니다. 주님을 향해 계속 웃음 지을 용기를 허락하소서. 주님의 손이 나를 때리고 십자가에 못 박을 때조차도. 제가 할 수 있는 전부는 강아지처럼 아버지, 주님의 발걸음을 따라가는 것입니다. 사랑하는 예수님, 제가 발랄한 개가 되게 하소서. 계속 "네"라고 답할 힘을 주시고 내게 감춰진 주님의 얼굴에 미소 짓게 하소서.[1]

거대한 모순

세상에 그녀의 이름을 모르는 이는 없었다. 마더 테레사.[2] 캘커타의 성녀.

북마케도니아로 알려진 지역에서 자란 테레사는 어렸을 때부터 "하느님을 그 누구보다 사랑하기를" 갈망했다. 결국 평생 수녀로 하나님을 섬기기로 서약하고 로레토 수녀회에 입회했다. 교육 선교에 뜻을 둔 수녀회는 테레사를 인도에 보내 가르치게 했고 젊고 씩씩한 테레사는 그곳에서 재능을 마음껏 꽃피웠다. 근 20년 동안 학생들을 돌본 테레사는 나중에

는 교장으로 선생들까지 보살폈다. 동료 수녀들은 테레사를
예수님과 특별하고 친근한 사귐을 나누는 사람으로 여겼다.

향기롭고 환한 봄날 같던 이 시기에 테레사는 새로운 수
녀회를 세우라는 소명을 받았다(잇따른 환상과 계시의 형태로
받았다고 한다). 사랑의 선교 수녀회는 그렇게 생겨났다. 예수
님은 "암흑의 구덩이"에 갇힌 캘커타의 극빈층에게 주님의
빛을 비추라고 테레사를 부르셨다. 그분은 테레사가 주님의
손과 발이 되어 피폐하고 가난한 사람들을 섬기길 원하셨다.

수녀원의 허락을 받기까지 거의 2년을 기다린 끝에 마더
테레사는 새로운 일을 시작하러 용감히 수녀회를 떠났다. 사
랑의 선교 수녀회의 시작은 아주 보잘것없었다. 익숙하던 모
든 것을 버리고 떠난 테레사에게 이제 편안하고 안전한 삶은
없었다. 집도 추종자도 없이 주머니에 단돈 5루피만 넣은 채
테레사는 무조건적인 순종만 가지고 시작했다. 테레사에 따
르면 "아주 조그만 용기"로 떼는 발걸음이었다.[3]

시간이 흐르면서 하나님은 테레사의 사역을 축복하셨고
사랑의 선교 수녀회는 성장했다. 수녀의 수도 늘어났다. 수
녀들은 죽어가는 사람들과 가난한 사람들을 위해 집을 지었
고 거리의 아이들을 위한 프로그램도 만들었다. 빈민가를 찾
아가 병자들도 돌봤다. 교황청의 허가를 받아 캘커타 외 다른
지역에도 분원을 설립할 수 있게 되면서 사랑의 선교 수녀회
는 서서히 전 세계에 퍼지기 시작했다. 수녀회가 세워지는 곳
마다 버림받고 방치된 소외 계층이 돌봄을 받았다.[4] 창립자로

국제적인 칭송을 받은 테레사 수녀는 "지극히 작은 자"를 헌신적인 사랑으로 보살핀 점을 인정받아 노벨 평화상까지 받았다.

그러나 이 모든 일의 이면에는 다른 이야기가 있다. 고통받는 사람에게 미소 지으며 자비를 베푼 테레사 수녀였지만 정작 자신은 괴로웠다. 사랑의 선교 수녀회 사역을 시작하라는 하나님의 명령에 순종하는 순간부터 예전에 누렸던 하나님과의 친밀감은 온데간데없이 사라졌다. 하나님만 의지하며 힘겹게 한 걸음을 내디뎠는데 그분은 갑자기 잠잠해진 듯했다. 테레사 수녀는 더는 하나님의 존재를 느낄 수 없었고 홀로 버려진 것처럼 여겨졌다. "사역"은 번창했지만 그녀는 적막했다.

자신의 영적 조언자들에게 이런 속내를 털어놓는 테레사 수녀의 글은 우리의 예상을 완전히 비껴간다. 누구나 그녀를 하나님과 특별히 가까운 자, 성녀로 보지 않는가. 사람들의 기억 속에 테레사 수녀는 사랑과 기쁨이 가득한 존재다. 그러나 테레사 수녀의 마음 깊은 곳에 우리가 짐작한 그런 감정들은 하나도 없었다. 한 고해신부에게 보내는 테레사 수녀의 편지에서 우리는 "어둠 속"에 갇힌 그녀의 마음과 영혼의 상태를 적나라하게 볼 수 있다.

주 하느님, 주님께 버림받은 저는 누구입니까? 주님의 사랑받는 자녀가 이제는 가장 미움받는 자가 되었습니다. 주님은 저를 원치 않는 아이처럼 버리셨습니다. 부르짖고 매달리고 간청하지만 주님은 아무런 대답이 없습니다. 붙잡을 하느님이 없는 저는 외롭습니다. 너무 캄캄한 암흑입니다. 잘못 태어난 저는 홀로 버려졌습니다. 사랑을 갈구하는 마음속 외로움은 참기 괴로울 정도입니다. 내 믿음은 어디에 있습니까? 밑바닥을 훑어도 공허한 어둠뿐입니다. 나의 하느님, 알 수 없는 이 고통은 너무나 쓰라립니다. 쉴 새 없이 저를 찌릅니다. 제겐 어떤 믿음도 없습니다. 마음속에 밀려와 내게 극한 괴로움을 안기는 말과 생각들을 감히 입밖으로 내지 못하겠습니다. 답을 얻지 못한 질문들이 제 안에 너무 많지만, 밝히다가 신성모독이 될까 두렵습니다. 하느님이 계신다면 저를 용서해 주세요. 모든 것이 천국에 계신 예수님과 함께 마무리될 것을 믿자고 다짐해 보지만, 천국을 생각할 때 제 양심은 찔리고 공허합니다. 그런 생각들이 날카로운 칼로 돌아와 제 영혼을 찌릅니다. 사랑이라는 단어는 제게 무의미합니다. 하느님은 저를 사랑하신다고 들었지만 현실은 너무 어둡고 차갑고 황량해서 제 영혼이 마비된 것 같습니다.[5]

감정이 메말라 무감각해졌다. 충만하던 하나님의 임재는 빈 껍데기로 변해 버렸다. 테레사 수녀는 하늘을 향해 울부짖었다. "제가 여기에 있는 게 보이십니까? 왜 저를 버리셨습니까?" 시간이 지나 테레사 수녀는 자신의 기도를 들어 줄 하나님이 있기나 할까 의심하기 시작했다. 하나님이 나를 따뜻하게 보살피신다는 작은 증거라도 찾을 수 있다면, 조금이라도 나를 위로해 주신다면. 테레사 수녀는 믿음을 붙들기 위해 안간힘을 다했다. 고통이 너무 깊어 더는 확신을 붙들 수 없었다. 테레사는 길을 잃지 않으려 어둠 속을 손으로 더듬었다. 이러한 신앙의 암흑기는 한 달 정도의 시간을 제외하고 죽을 때까지 거의 50년 동안 지속됐다. 테레사 수녀의 인생은 아무것도 보이지 않는 어둠 속을 걷는, 믿음의 여정이었다.

돌처럼 굳은 마음:
마더 테레사는 우울증에 걸렸을까?

수십 년 동안 테레사 수녀의 내적 고통을 아는 이는 거의 없었다. 그녀와 가장 가까운 이들조차 미소라는 "망토"로 가려진 고뇌를 알지 못했다. 테레사 수녀가 죽고 나서야 세상은 그녀의 고통을 보았다.[6] 어떤 이는 테레사 수녀가 영적 고통에 시달렸다는 이유로 그녀를 깎아내리려 했다. 테레사 수녀의 동기를 분석하고 속마음을 판단한 그들은 그녀를 신앙의 가면으로 의심과 절망을 숨긴 사기꾼이라고 선언했다. 테레사 수녀를 가장 심하게 혹평했던 이는 이를 빌미 삼아 그녀가 섬겼던 하나님과 그녀가 평생을 바쳐 헌신한 기독교 신앙을 비방하기도 했다. 그러나 마더 테레사 자신은 달리 말하고 있다. 테레사 수녀의 미소는 표리부동하거나 위선적이지 않았다. 그녀의 웃음은 예수님을 향한 믿음과 사랑의 표현이었으며 그분이 무엇을 주시든 혹은 거두어 가시든 기쁘게 받아들이려는 마음가짐의 발현이었다. 심지어 그분의 존재 자체를 거두어 가실 때조차도 말이다. 테레사 수녀는 로레토 수녀회에 있을 때 어떤 상황에서도 예수님을 거부하지 않겠다고 서약했다. 비록 상한 마음을 가렸을지언정 테레사 수녀는 언제나 미소로 예수님께 "예"라고 답했다. 누가 헌신적인 사랑과 기쁨으로 가득했던 그녀의 삶을 부정할 수 있단 말인가.

하지만 그녀의 말처럼 우리는 모든 것을, 하다못해 영혼의 고통까지 미소로 감내해야만 할까? 마더 테레사를 흠모하는 만큼이나 이 점은 동의하기 힘들다. 나는 그리스도인의 삶에 애도와 슬픔 그리고 (당연히!) 의심의 자리가 있어야 한다고 믿는다. 겟세마네 동산에서 하나님의 뜻에 믿음으로 순종하신 예수님도 바닥에 엎드려 괴로이 흐느끼셨다. 흐르는 눈물 속에 신앙과 기쁨이 깃들였던 때가 내게도 종종 있었다.

테레사 수녀의 유산을 생각하면 그녀가 그토록 어두운 영혼의 밤을 헤맸다는 게 좀처럼 믿기지 않는다. 테레사 수녀는 우울증을 앓았을까? 명확하게 답하기 힘든 질문이다. 개연성은 충분하지만 우리가 가지고 있는 증거라곤 그녀가 고해신부와 영적 스승들에게 남긴 편지뿐이다. 그것들이 비록 테레사 수녀의 영적 상태를 보여 줄지 몰라도 그녀가 의학적으로 우울증을 앓았다는 것을 판단할 수 있을 만큼 충분한 정보를 제공하지는 않는다.

그러나 그녀의 말과 기도, 질문과 의심의 내용을 읽으며 나는 어둠 속에서 거듭 울부짖었던 나의 말들이 떠올랐다. 테레사 수녀의 편지에는 웬지 모르게 내게 익숙한 그 무엇이 있었다. 마더 테레사의 우울증 여부와 상관없이 그녀는 여전히 이 책에 필요한 존재다. 테레사 수녀의 정신 상태를 진단할 수는 없지만 많은 이들이 그녀에게서 동질감을 느낀다. 테레사가 겪은 영적 시련이 우울할 때 우리가 경험하는 내적 시련과 유사하기 때문이다. 테레사 수녀는 하늘이 침묵하듯 기도가 공허하게 메아리칠 때, 더는 믿음이 위안을 주지 못할 때 어떻게 신앙의 삶을 살 수 있는지 가르쳐 준다. 테레사 수녀의 삶은 어둠 속에서 헤매는 것처럼 암담할 때도 꿋꿋이 신앙의 길을 걸어갈 수 있음을 보여 주는 좋은 예다.

우울증은 때때로 신앙생활에까지 영향을 미친다. 최악의 상황에서 하나님께 버림받았다고 느낀 사람이 나 혼자만은 아닐 것이다. 가장 어두운 밤, 가장 날카로운 고통 속에서 하나님은 침묵하신다. 감정도 확신도 없다. 기도는 힘에 부치고 성경은 그저 밋밋하기만 하다. 이런 게 다 무슨 소용이람. 이 고통의 끝에는 열매가 있을까? 하나님을 가장 필요로 할 때 왜 그분은 나를 이렇게 버려두시는가? 나는 잠든 예수님을 곁에 두고 파도에 시달리는 제자들과 같은 신세다. 차갑게 식은 오라버니의 시신을 싸매어 캄캄한 무덤 속에 누이는 마리아와 마르다가 된 기분이다. 내 영혼은 시편 기자처럼 질문하며 몸부림친다. 그리고 십자가에 달리신 그리스도처럼 울부짖는

다. 나의 하나님, 나의 하나님, 어찌하여 나를 버리셨습니까?

　몸이 지치면 생각까지 어리둥절해진다. 가슴은 슬픔으로 무겁기만 하고 아직 끝내지 못한 일, 실패와 무익함을 생각하는 것만으로도 와르르 무너질 지경이다. 어떤 이는 믿음을 버릴까 고민하기도 한다. 땅이 흔들리듯 불안한 상황에서 어떻게 믿음을 지킬지 몰라 갈팡질팡하는 것이다. 하지만 이 모든 반응의 상당 부분은 감정에 기인한다. 하나님의 임재를 느끼지 못해 버림받았다고 생각하거나 하나님이 무관심한 것은 아닐까 의심한다. 성경 말씀 앞에서 주춤하는 이유는 위로를 받지 못해서인데 그러한 느낌 때문에 성경이 진리인지 의문을 품는다. 내 믿음이 예전과 같지 않다는 "느낌" 때문에, 혹은 우울증으로 인해 이전과 같은 신앙생활이 불가능해져서 우리는 자신의 신앙이 진짜인지 회의한다.

　바로 이런 상황에서 마더 테레사의 삶은 우리에게 나아갈 길을 보여 준다. 테레사 수녀는 믿음과 신앙이 감정보다 중요하다는 점을 일깨운다. 신앙생활을 하며 경험하는 정서적 도움이나 위로, "솜털같이 따뜻한 느낌"이 좋은 것이긴 하지만 그것이 하나님의 존재와 복음의 희망, 우리 영혼에 심겨진 믿음을 측정하는 리트머스지가 될 수는 없다. 이것들은 엄연한 실재로서 우울증으로 인해 메마르고 흐려지는 감정에 비해 더욱 공고하다.

　테레사 수녀는 또한 감정으로 신앙의 성장을 판단할 수 없음을 말해 준다. 어떤 상황에서도 제자가 되는 길을 걸을 수 있고 영혼에 열매를 맺을 수 있다. 사랑과 친절, 겸손이라는 열매는 어둠 속에서도 자란다. 심지어 기쁨의 열매까지도. 보이지 않지만—혹은 "느낄" 수 없지만—그렇다고 열매가 없는 건 아니다. 우울증은 신앙의 성장판을 손상하지 않으며 신앙의 길을 가로막지 못한다. 마더 테레사의 삶은 이를 선명하게 입증한다.

언젠가 테레사 수녀는 다음과 같이 얘기했다. "그리스도를 따르라고 명하신 하느님께 정말 감사합니다. 내가 앞서갈 필요가 없으니까요. 어둠 속에서도 길은 분명히 있습니다. 평소보다 흐리고 궂은날에 저는 아주 작은 아이처럼 폭풍이 가라앉기만을 참을성 있게 기다립니다."[7] 가로등은 꺼지고 길은 보이지 않지만 테레사 수녀는 계속 걸었다. 내면에 파도가 출렁이고 의심의 바람이 몰아칠 때도 감정에 의지하지 않고 전진했다. 심지어 믿음이 파산했다고 느껴질 때조차 감정 때문에 믿음을 포기하진 않았다. 그녀는 흐릿한 구주 예수의 윤곽을 잊지 않으려 노력하며 계속 걸었다. 마더 테레사는 어둠 속에서 예수님을 따랐다.

테레사 수녀의 믿음이 초인적이라고 생각하는 사람도 있을 것이다. 하지만 그런 독자에게 분명히 말해 주고 싶은 게 있다. 그녀에게도 믿음이 흔들리는 순간이 있었다. 마더 테레사도 하나님의 존재와 자신의 신앙에 의심을 품었다. 영혼을 위로한다는 말이 오히려 그녀의 회의감만 더 키운 때도 있었다.

어떤 영적 스승에게서 하나님이 가까이 계신다는 조언을 받았을 때가 그런 경우였다. 사실 고통 속에서 하나님의 존재에 의문을 품게 된 많은 이들이 이와 같은 조언을 듣는다. 나도 그들 중 하나이며 나 역시 다른 이에게 그렇게 말하기도 했다. 그것이 진리라고 믿기 때문이다. 성경은 하나님이 마음이 상한 자와 연약한 자를 가까이하시고 우리가 처한 곤경 속으로 들어오신다고 얘기한다. 마더 테레사는 다음과 같이 적고 있다. "제 영혼은 얼음덩어리 같습니다. 무슨 말을 해야 할지 모르겠습니다. 그런데 신부님은 하느님이 '너무 가까이 계셔서 보지도 듣지도 심지어 그 존재를 느낄 수도 없다'고 하시네요. 신부님, 이해할 수 없는 말이지만 제가 이해할 수 있게 되기를 바랍니다."[8] 테레사 수녀는 마음이 얼음장같이 차가운데 어떻게 하나님이 가까울 수 있는지 이해가 되지 않았지만, 이해하길 원했다. 그리고 어딘가 어떤 형태로든 그분이 계신다는 믿음으로 계속 앞으로 나아갔다. 테레사 수녀가 믿음을 지키기 위해 씨름하는 모습을 보며 나는 알 수 없는 위로를 받았다. 내게 그래도 된다 얘기하며, 믿음이 흔들린다고 하나님과 동행할 수 없는 건 아니라고 말하는 듯했다.

무력하더라도 대담하게: 어둠 속의 기도와 순종

마더 테레사는 감정에 상관없이 기도로 예수님께 나아가기를 멈추지 않았다. 하지만 암흑 속에서 하는 기도(와 다른 영성 훈련)는 환하고 따뜻하고 기쁠 때의 기도와는 너무 달랐다. 예전에 기도가 주던 "위안과 도움"은 어디론가 사라졌다.[9] 가슴에 남은 건 고통과 갈증뿐이었다.

> 이따금 내 귀엔 "나의 하느님"이라고 부르짖는 내 소리만 들릴 뿐 아무 소리도 들리지 않습니다. 고문 같은 이 고통을 설명할 길이 없네요……. 전에는 몇 시간씩 기도하며 하느님과 사랑을 나누고 얘기했습니다. 하지만 이제는 묵상도 제대로 안 되고 그저 "나의 하느님"만 되뇔 뿐입니다. 어쩔 땐 그 말조차 나오지 않지요. 하지만 제 마음 깊은 곳 어딘가엔 어둠의 장막을 가르는, 하느님을 향한 갈망이 있습니다.[10]

기도하며 느꼈던 하나님과의 일체감과 그분의 존재가 완전히 소멸하자 테레사 수녀는 기도하지 않았다고, 더는 기도할 수 없었다고 주장하기까지 했다. 입술을 움직여 간신히 내뱉은 말은 아무런 연대감도 평화도 가져다주지 못했다. 비록 하나님의 존재 자체를 붙들고 씨름했지만 마더 테레사는 여전히 모든 생각과 감정의 방향타를 하나님께로 향했다. 그녀는 계속 기도했다.

그리고 예수님은 그녀를 만나 주셨다. 말문이 막힌 기도 중에, 동료 수녀들에 둘러싸여 공동기도를 올리는 중에 그분은 다가오셨다. 마더 테레사가 캘커타의 거리를 누빌 때도 예수님은 거기에 계셨다. 테레사 수녀는 기도할 때 아픔을 드러내는 데 숨김이 없었다. 심지어 자신이 하나님을 믿고 있는지 의심스럽다고 기도하기도 했다. "마음도 이성도 너무 어두워져 아무것도 볼 수 없습니다. 내 영혼에 하느님의 자리는 비어 있습니다."[11] 그러나 그녀는 감정에 아랑곳하지 않고 자기 생각과 질문, 상처를 하나님 앞에 가져왔다.

이런 의미에서 마더 테레사의 편지와 기도문은 성경의 탄원시를 떠올리게 한다. 그녀는 어떻게 기도해야 할지 몰랐고 종종 하나님이 듣고 계시는지, 혹은 그분이 존재하는지조차 확신하지 못했다. 그래도 아린 마음을 끌어안고 하나님을 찾으며 계속 기도하고 계속 부르짖었다. 기도를 들어 달라고, 제발 모습을 드러내시라고 하나님께 애원하며 천국의 문을 세차게 두드렸다. 그렇다고 단번에 어둠 속에 빛이 비치거나 고통이 사라진 것은 아니다. 하지만 이런 몸부림이 그녀를 그녀가 있어야 할 자리, 바로 하나님의 발 앞에 있게 했다. 평생 멈추지 않고 나아가기에는 작고, 단순하고, 어린아이 같은 믿음이면 충분했다.

어둠 속을 걷던 마더 테레사에게 도움이 된 또 하나의 요소는 순종이었다. 언젠가 테레사 수녀는 순종 때문에 자신이 "간신히 버틸 수 있다"고 얘기했다.[12] 그녀는 가난한 자를 섬김으로써 하나님을 따르고 평생 하나님을 섬기도록 부르심 받았다. 수녀회를 이끌고, 고통받는 자의 필요를 돌봄으로써 주님을 보살피는 것이 테레사 수녀의 소명이었다. 내면이 "얼음처럼 차갑고" 모든 것이 "어둡게만" 보일 때에도 "맹목적인 민음"으로 삶을 지속할 수 있었던 이유다.[13] 한 편지에서 마더 테레사는 다음과 같이 썼다.

> 지옥이 있다면, 아니 지옥은 분명히 존재합니다. 하느님도 기도도 민음도 사랑도 없는 삶은 얼마나 끔찍한가요. 유일하게 남은 것은 이 사역이 하느님의 일이며, 수녀회와 수도회의 지체들이 하느님의 소유라는 확신뿐입니다. 저는 물에 빠져 죽기 전 지푸라기라도 잡는 심정으로 이 확신을 붙잡습니다. 하지만 신부님, 이 모든 어려움에도 불구하고 저는 하느님께 신실해지고 싶습니다. 그분께 제 삶을 아낌없이 드리며, 제게 무엇을 주셔서 사랑하는 것이 아니라 제게서 무엇을 가져가셔도 사랑하고 싶습니다. 그분의 뜻에 저를 맡깁니다.[13]

테레사 수녀는 모든 게 이해가 되지 않았고 왜 자신이 고통받아야 하는지 알 수 없었다. 그런데도 그녀는 최후의 진군 명령을 따라 최선을 다해 하루하루 순종의 발걸음을 옮겼다. 만사가 허무해질 때는 하나님의 일을 수행한다는 생각만으로 버텼다.

마더 테레사의 태도에 감격한 나는 어떻게 하면 그녀의 본을 따를 수 있을지 궁금해졌다. 내가 처한 상황은 다르다. 나는 수녀도 아니고 따라야 할 영적 스승이 있는 것도 아니다.

테레사 수녀처럼 명확한 소명을 받지도 않았다.

그래도 우울증이 얼마나 삶을 힘겹게 만드는지 알고 있다. 다른 질병처럼 우울증도 사람마다 다른 증세를 보인다. 어떤 사람은 "절름거리더라도" 걸을 수 있지만 어떤 이는 완전히 드러눕는다. 일상에서 자기 일을 꾸역꾸역 해 나가면서 활동과 맡은 책임을 다하는 이들이 있는 반면 침대에서 일어나는 것조차 힘들어하는 사람도 있다는 말이다.

우울증의 증세가 누가 더 순종적이고 신실한지를 보여 주지는 않는다. 나는 마더 테레사를 예로 들어 우리가 온전하게 살아야 한다거나 우울증 때문에 무기력하게 사는 사람들이 연약하고 반항적이며 믿음이 없는 거라고 말하고 싶지 않다.

그럼에도 분명 테레사 수녀가 우리에게 주는 교훈이 있다. 우리도 그녀처럼 깊은 고통 속에서 순종하며 믿음을 지키려 애쓸 수 있다는 것이다. 꼭 거창한 행위가 필요한 것도 아니며 우울증 때문에 하지 못하는 일로 죄책감을 느낄 필요도 없다. (우리가 지금 느끼고 있는 죄책감만으로도 이미 충분하다.) 그래도 살아 보자고, 마룻바닥에 발을 내려놓으며 침대에서 일어나는 노력이면 된다. 의사가 처방한 약을 먹는 것. 용기를 내어 다른 사람에게 도움을 구하는 것, 혹은 운동이나 커피 한잔하러 가자는 친구의 제안을 받아들이는 것만으로도 괜찮다. 그냥 딱 한 걸음이면 충분하다.

하나님은 "우리가 선한 일을 하며 살아가게 하시려……

미리 준비하셨다"(에베소서 2:10). 그분은 자기만의 독특한 솜씨와 열정을 지닌 존재로 당신을 만드셨다. 당신에게는 세상에 하나님을 드러낼 당신만의 아름다운 방식이 있다. 하나님은 그분의 나라를 세우는 일에 참여하라고 당신을 초청하셨다. 이를 진리로 받아들이는 믿음을 가질 때 우리는 매 순간이 "소명"에 "순종"하는 것이다. 우리의 세계와 하나님 나라의 비전이 어두워질 때조차 말이다. 지금 서 있는 곳에서, 작고 흔들리는 발걸음으로 예수님을 따르라. 그게 신실함이다.

아픔 속에 사랑하기를 배워라

테레사 수녀가 묵묵히 예수님을 따르려 노력할 때 그녀의 가슴을 깊이 후벼 판 고통은 다른 이를 돌보는 사랑의 씨앗이 되었다. 어둠 속에서 예수님을 찾던 마더 테레사는 타인의 어둠 속에서 예수님을 발견했다. 그녀는 고통 가운데서 그분을 만났다.

누구도 반기지 않고 돌보지 않은 이들을 보살피던 테레사 수녀는 종종 소외와 방치가 가장 심각한 유형의 가난이라고 힘주어 얘기했다. 해를 거듭하며 하나님께 외면받고 버려진 느낌이 쌓여 갈수록 가난한 자들을 향한 테레사 수녀의 동정심은 더욱 커 갔다. 그녀는 말했다. "길거리에 유기되고 방치된 사람들의 사정과 제 영적인 상태가 별반 다르지 않습니다. 예수님을 향한 저의 사랑도 마찬가지입니다."[15] 마더 테레사는 가난한 이들의 고통을 알았고 자신이 겪은 고통으로 인해 더 큰 사랑을 품게 되었다. 고통이 사랑을 낳았다. 훗날 그녀는 이렇게 고백했다. "이제 저는 어둠까지 사랑하게 되었습니다."[16] 어둠이 타인을 섬길 때 거쳐야 할 과정이며 원동력임을 깨달았기 때문이다.

나는 우울증이 불러온 "어둠을 사랑하라"고 말하는 것이 아니다. 누가 다리가 부러지는 고통을 반기겠는가. 아픈 건 아픈 거다. 영적 마조히즘은 불필요하다. 하지만 우울증이나 여타의 고통은 우리를 긍정적으로 바꿀 수 있다. 우리가 그렇게 되길 원한다면 말이다. 하나님은 은혜로 우리의 아픔을 선한 것으로 바꾸실 수 있다. 죽음에서 생명을 불러일으키시는 부활의 하나님은 슬픔의 재로 아름다움을 창조하시며 고통으로 우리에게 사랑을 가르치실 수 있는 분이다.

당신이 이런 과정을 감지할 수 있다고 말하는 것도 아니다. 십중팔구는 여전히 질문하며 아파할 것이다. 마더 테레사처럼 우리도 "예수님은 어디에 계십니까? 얼마나 오래 저를 멀리하시렵니까?"라고 물으며 하나님이 우리를 쓰실 수나 있을지 의심한다. 생각도 감정도 말라 버려 그런 희망조차 꿈꾸지 못할 것이다.

그러나 어느 날 당신은 탁자 맞은편에 앉은 이의 멍하고 지친 눈을 보며 외면할 수 없는 메시지를 받게 될 것이다. 마치 전화기로 상대방의 한숨 소리를 듣는 것처럼. 순간 당신의 기억은 아픔과 혼미함, 쓴맛을 떠올릴 것이다. 당신에겐 이미 익숙해진 감정이기에 어떻게 끌어안을 수 있을지 누구보다 잘 알고 있다. 음침한 골짜기를 지나갔던 당신이기에.

　이런 순간에 우리도 마더 테레사처럼 "어둠까지 사랑하게 되었다"고 말할 수 있을 것이다. 어둠이 어둠으로 남지 않고 다른 이의 아픔을 돌보는 훈련장이 되었기에 가능한 일이다.

마틴 루서 킹 주니어

불굴의 샘물을 마셔라

마틴 루서 킹 주니어(1929-1968)

미국 흑인 인권 운동의 지도자 마틴 루서 킹 주니어는 1929년 1월 15일 조지아주 애틀랜타에서 태어났다. 태어날 땐 마이클이라는 이름이었지만 그가 어렸을 적 아버지가 종교 개혁가인 마르틴 루터를 기리기 위해 자신의 이름과 아들의 이름을 변경하면서 마틴 루서 킹 주니어가 되었다. 아버지는 장인으로부터 목사직을 넘겨받아 애틀랜타 에벤에셀 침례교회에서 시무했다. 안정되고 단란한 가정에서 자라던 마틴 루서 킹 주니어가 열두 살이 되던 해인 1941년, 그의 할머니가 돌아가셨다. 이로 인해 마틴은 2층 창문에서 뛰어내려 자살을 시도할 정도로 큰 슬픔에 빠졌다.

1944년 모어하우스 대학에 입학한 마틴 루서 킹 주니어는 재학 중 목회자가 되기로 마음먹었다. 이후 크로저 신학교에 들어간 그는 1951년 신학 석사 학위를 받았다. 계속해서 보스턴 대학 대학원에 진학해 1955년 26세의 나이로 박사 학위를 취득했다. 박사 과정을 밟는 동안 뉴잉글랜드 음악원을 다니던 아내 코레타 스콧을 만났다. 1953년 결혼한 두 사람은 이후 슬하에 네 명의 자녀를 두었다.

마틴 루서 킹 주니어는 아직 박사 논문을 마치지 않은 채로 앨라배마주 몽고메리 덱스터 애비뉴 침례교회의 목사가 되었다. 1955년 12월 몽고메리 개선협회의 신임 회장으로 버스 승차 거부 운동을 이끌었다. 이 운동이 1년 넘게 지속되는 동안 킹 목사의 집이 폭탄 테러를 당하기도 했다. 미연방대법원이 흑인과 백인 좌석 분리에 대해 위헌 결정을 내린 후 마틴 루서 킹 주니어는 흑인 인권 운동의 강력한 지도자로 떠올랐다.

1957년 킹 목사는 비폭력 저항과 시민 불복종의 전략으로 흑인 인권 운동을 조직화하고 이끈 단체인 남부 기독교 지도자 회의(SCLC)의 발기인으로 앞장섰다. 이후 죽을 때까지 이 단체의 회장직을 역임했다. 남부 기독교 지도자 회의는 마틴 루서 킹 주니어의 지도 아래 올버니, 버밍엄, 셀마, 시카고 등 미국 전역에서 벌어지는 흑인 인권 운동에 관여했다. 킹 목사는 흑인 인권 운동을 돕기 위해 시위에 참석하고 연설을 하느라 자주 길을 나서야 했으며 수차례 체포되거나 폭행을 당하기도 했다. 이 와중에도 시간을 내서 다섯 권의 책을 집필했다. 1958년 킹 목사는 첫 번째 책의 저자 사인회에 참석했다가 한 흑인 여성의 칼에 찔리는 사고를 당하기도 했는데, 후에 이 여성은 재판을 받기도 어려운 정신이상자로 판명됐다.

1960년 마틴 루서 킹 주니어의 가족은 조지아주의 애틀랜타로 이주했다. 킹 목사는 에벤에셀 침례교회에서 아버지와 함께 목회했고 같은 교회에서 죽을 때까지 목사로 시무했다.

1963년 앨라배마주 버밍엄의 시위를 이끌던 킹 목사는 그곳에서 유명한 "버밍엄 감옥으로부터의 편지"를 썼다. 같은 해 8월, 다른 흑인 인권 운동 지도자들과 함께 조직한 워싱턴 행진에서 "나에게는 꿈이 있습니다"로 잘 알려진 연설을 했다. 1964년 「타임」지에 의해 올해의 인물로 선정되었고 노벨 평화상을 받았다.

1967년 킹 목사는 리버사이드 교회에서 베트남 전쟁을 반대하는 연설을 했다는 이유로 비난을 받았다. 그 해에 미국 모든 인종의 빈곤자들을 위한 빈곤 퇴치 캠페인에 깊숙이 관여했다. 킹 목사는 1968년 4월 4일 테네시주 멤피스에서 환경미화원의 시위를 지원하던 중 암살당했다.

읽을거리

〈킹 인 더 윌더니스〉, 피터 쿤하트 감독의 다큐멘터리 영화, Pleasant-ville, NY: Kunhardt Films, 2018.

King, Martin Luther, Jr. *I Have a Dream: Writings & Speeches That Changed the World.* Edited by James M. Washington. New York: Harper One, 1986.

Oates, Stephen B. *Let the Trumpet Sound: A Life of Martin Luther King, Jr.* New York: Harper Perennial, 1982.

소금기를 머금은 공기가 그를 두텁게 에워싸고 있었다.
마틴 루서 킹 주니어는 파도 소리를 벗 삼아 밤이 지나가기를
기다렸다. 해조음은 숨소리처럼 일정했다. 바다 쪽으로 들이
쉬고 해변 쪽으로 내쉬는 듯.

사람들이 쉬었다 오라고 보낸 곳이지만 잠이 오지 않았
다. 마틴 루서 킹은 전투에 지친 병사처럼 기진맥진했다. 마음
까지 지쳤지만, 뜬눈으로 낯선 침대 위에 누워 있었다. 수면제
도 소용없었다. 옆 침대에서 자는 친구, 랠프의 코 고는 소리
가 들렸다. 겹겹의 감옥 같은, 긴 밤에 그나마 위안을 주는 소
리다.

불면의 괴로움에 침대를 빠져나와 발코니로 간 마틴 루
서 킹은 보이지 않는 바다를 응시했다. 아래쪽 바위에 부딪친
파도는 부서지면서도 여전히 맹렬했다. 불쑥 노래 가사가 떠

올랐다. "내 영혼을 덮치려는 파도가 몰려올 때, 나는 예수님의 음성을 들었네. 계속 싸워라. 주님은 내게 약속하셨네. 내 너를 떠나지 않으리. 결코 너를 혼자 두지 않으리."

그러나 마틴 루서 킹은 너무 외로웠다. (베트남) 전쟁에 반대하는 목소리를 높였을 때 그는 사람들이 이해할 거라 생각했다. 국외에서 대량 살상이 벌어지는 상황에 침묵하면서 어찌 국내에서 비폭력을 옹호할 수 있단 말인가? 언론은 비난의 화살을 퍼부었다. 별로 새로울 게 없는 일이었다. 하지만 친구와 지지자들이 등을 돌리는 건 뼈아팠다. 연락도 후원도 끊겼다. 그들은 마틴 루서 킹 주니어가 전선을 흐트러뜨린다고 비난했다. 전에는 한밤중에 전화를 걸어와 입 닥치라고 말하며 갖은 협박을 하는 이들이 성난 익명의 사람들이었다면, 이제는 그가 신뢰하는 이들이 그랬다. 사무치게 외로웠다. 사람들에게 버림받는다는 건.

밝아오는 여명에 파도가 은빛으로 반짝였다. 뒤척이는 소리가 들리더니 어느새 랠프가 잰걸음으로 다가왔다. 놀란 모양이다. "마이클, 괜찮아?" 자신의 어릴 적 이름을 부르는 친구에게 마틴이 미소 지었다. 랠프. 둘도 없는 친구. 녀석이 없다면 이 시간을 어떻게 버틸까.

마틴은 파도가 부서지는 소리를 들어 보라고 친구에게 손짓했다. "누가 바위를 저기에 두었을까?" 마틴이 물었다. 누가 이 난리 통에 마틴 루서 킹 주니어를 흑인 인권 운동의 지도자로 세웠는가? "랠프, 내가 무슨 생각을 하고 있었는지 알아?"

"만세 반석 열리니 내가 들어갑니다." 마틴의 바리톤 음색이 새벽의 정적을 깨웠다. 내면 깊은 곳에서 흘러나오는 가사였다. 가슴을 채운 노래는 성대를 거치면서 두터워졌다. 노랫말이 진실이기를 바라는 간절한 마음만큼.

어떻게 이 싸움을 계속할 수 있을까? 돌아가서 피 말리는 지도자의 역할을 다시 감당할 수 있을까? 무능하고 실패했다는 죄책감과 몰락감의 파도가 밀려왔다. 이 파도를 어찌 견뎌낸단 말인가?

"빈손 들고 앞에 가 십자가를 붙드네……. 살아생전 숨 쉬고 죽어 세상 떠나서……. 만세 반석 열리니 내가 들어갑니다."

파도는 끝 모르게 부서졌다. 오직 하나님만이 그에게 피난처가 되시리.[1]

몽고메리에서 뜬눈으로 밤을 새우다: 리더의 탄생

멕시코의 아카풀코 해변에 마틴 루서 킹 주니어의 노랫소리가 쓸쓸하게 울려 퍼질 때 그의 생은 거의 마지막 페이지에 와 있었다. 살면서 가장 힘겨운 순간이기도 했다. 앨라배마주 몽고메리의 덱스터 애비뉴 침례교회에서 목사로 일하던 스물여덟 살, 운명처럼 흑인 인권 운동의 지도자가 된 마틴은 이후 12년 동안 치열한 전장 한가운데 있었다. 젊은 아내 코레타와 그가 첫아들을 맞은 지 얼마 안 돼 로사 파크라는 이름의 재봉사가 흑인과 백인의 좌석이 분리된 몽고메리 버스에서 자리 양보를 거부한 사건이 터졌다. 로사 파크는 체포되어 기소됐고, 이 일로 유명한 버스 승차 거부 운동이 촉발됐다. 새롭게 결성된 몽고메리 개선협회(MIA)는 젊은 나이에도 불구하고 킹 목사를 회장으로 선출했다. 킹 목사가 최근에 이주해 와 당파색이 옅었던 이유가 컸다.

마틴은 처음부터 맡겨진 책임에 두려움을 느꼈고 자신 앞에 놓인 거대한 임무를 생각하며 무력감에 시달렸다. 몽고메리 개선협회 회장 취임 연설을 준비하면서 이런 감정은 걷잡을 수 없이 커졌다. 마틴은 "자신이 부족하다는 생각에 사로잡혀 거의 아무것도 못할 지경"이었다. 불안이 생각을 마비시켜 단어도 떠오르지 않았다. 이 순간 마틴은 인간 본성의 연약함과 미흡함을 가뿐히 뛰어넘는 능력의 하나님을 신뢰하며 기도했다. 하나님께 인도해 달라고, 힘을 달라고 간절히 구한 후 마틴은 곧 연설문을 작성하기 시작했다. 이후 마틴의 삶에서 이와 같은 일은 계속 반복됐다.[2]

몇 개월이 지나서도 버스 승차 거부 운동은 여전히 진행 중이었고, 마틴은 지속되는 논쟁으로 인해 거의 공황 상태에 이르렀다. 지도자로서는 너무 어린 그가 회장 자리를 차지함으로써 지역 대표들을 밀어낸 탓에 시위 전체가 실패할 수밖에 없다는 게 논쟁의 요지였다. 잠 못 이루는 밤이 이어졌다. 사임밖에 다른 선택의 여지가 없는 것처럼 보였다. 그러나 이

사회는 마틴이 사임 연설을 끝내기도 전에 만장일치로 그의 유임을 결정했다.[3]

세계적인 명성을 얻고 존중을 받게 된 후에도 킹 목사는 자신이 부족하다는 생각 때문에 계속 괴로워했다. 단순히 그의 성품이 겸손해서 그랬던 때도 있었다.[4] 하지만 어떤 경우, 특히 정서적으로 고단했던 말년에는 우울함 때문에 파생된 감정 탓이기도 했다. 마틴의 가까운 동료였던 앤드루 영은 다음과 같이 말했다.

> 마틴은 엄청난 일을 하면서도 늘 자신이 미흡하다고 자책했습니다. 어떤 경우에도 만족할 줄 모르는, 일종의 일 중독자였죠. 마틴 루서 킹 주니어는 완벽해야 한다는 강박 관념에 시달렸습니다. 항상 최선을 다하지 못했다고 느꼈죠. 지도자가 될 정도로 자신이 훌륭하지 않다고 생각해서 그랬을 겁니다. 그때마다 마틴은 육체적으로도 완전히 탈진했습니다.[5]

마틴은 자신의 감정 상태가 좋든 나쁘든 지도자의 역할을 잘 감당했다. 몽고메리 버스 승차 거부 운동은 미연방 대법원에서 흑인과 백인 좌석 분리에 대해 위헌 결정이 내려질 때까지 거의 1년간 지속됐다. 흑인 인권 운동에서 마틴 루서 킹 주니어가 이뤄 낸, 위대한 첫 승리였다.

이후 10년 동안 마틴은 끊임없이 출장과 집필, 연설과 조직 구성에 힘쓰며 많은 일에 관여했다. 여기에서 미국 흑인들의 인권 신장을 위해 그가 이룬 업적을 모두 나열할 수는 없지만,[6] 몇 가지 중요한 사건들은 짚고 넘어가려 한다. 몽고메리 버스 승차 거부 운동은 1950-1960년대 흑인 인권 운동의 중요한 역할을 했던 남부 기독교 지도자 회의(SCLC)의 모태가 되었다.[7] 킹 목사는 죽을 때까지 이 단체의 회장을 맡았다.

몽고메리에서 인권 운동에 뛰어든 지 8년 가까이 지난 뒤인 1963년 마틴 루서 킹 주니어는 앨라배마주 버밍엄에서 자유를 위한 투쟁의 한가운데 서 있었다. 미국의 양심을 일깨운 이 투쟁은 흑인 인권 운동에서 가장 상징적인 장면으로 남았다.

그해 킹 목사는 워싱턴 DC 링컨 기념관 앞에서 그 유명한 "나에게는 꿈이 있습니다" 연설을 했다. 이듬해 그는 「타임」지 올해의 인물로 선정됐고 노벨 평화상을 수상했다(1963년의 인물로 선정되어 1964년 1월에 게재—옮긴이).

이것이 많은 이들이 알고 있는 마틴 루서 킹 주니어다. 영웅. 챔피언. 불의에 맞선 강한 지도자. 하지만 다른 영웅들을 생각할 때와 마찬가지로 우리는 마틴 역시 인간이었음을 잊곤 한다. 그는 완벽한 사람도, 천하무적도 아니었다. 마틴 루서 킹 주니어에게는 대중에게 알려지지 않은, 자신만의 싸움이 있었다.

남모르는 슬픔: 왜 킹 목사는 도움을 받지 않았나

마틴 루서 킹 주니어는 자신의 우울증에 관해 공개적으로 밝히지 않았다. 그의 경험을 직접 들을 수 없다는 건 우리에게 큰 손실이 아닐 수 없다. 마틴의 정신적, 정서적 상태의 조각들을 짜 맞춰야 하기에, 단순히 그가 종종 낙담하고 압박감이나 슬픔을 느낀 것인지 아니면 실제로 우울증에 시달렸는지 구분하기 어려울 때가 있다. 우리도 실망하고 슬퍼할 때가 있지만 그렇다고 우울증에 걸렸다고 말할 수 없는 것처럼 말이다. 마틴 루서 킹 주니어가 다른 시대를 살았던 인물인 데다가 본인이 직접 증상을 밝힌 적도 없기 때문에 그를 정확히 진단하는 일은 불가능하다.

몇몇 사람들은 이런 점을 들어 우울증이라는 근거가 부족하다고 단정해 버린다. 그도 그럴 것이 대중 앞에 선 킹 목사의 모습은 언제나 확신에 차 있었기 때문이다. 하지만 다행히도 우리에겐 공개적으로 드러난 킹 목사의 모습뿐 아니라 그와 절친했던 친구, 조언자, 동료들의 증언이 있다. 조명을 받아 밝게 빛나는 킹 목사의 얼굴과는 상반되는 증언들이다. 그들의 얘기에 따르면 마틴 루서 킹 주니어는 어렸을 적 할머니의 죽음으로 인한 절망감과 자책감 때문에 두 번씩이나 창밖으로 몸을 던져 자살을 시도했던 인물이다. 마틴의 동생 A. D. 역시 우울증과 알코올 중독에 시달렸고 성인이 되어 반복적으로 자살을 감행하겠다고 위협한 전력이 있다. 킹 목사의 가족력에 의심이 가는 대목이다.

킹 목사와 가까웠던 사람들은 그가 주기적으로 우울증에 시달리며 괴로워했다고 말한다. 특히 그들은 마틴 루서 킹 주니어가 죽기 전 1년 반의 시간을 주목하라고 조언한다. 영웅이었던 킹 목사가 미국인에게 혐오의 대상이 된 시기인 동시에 그의 우울증을 염려한 측근들이 정신과 상담을 권했던 시기다.

킹 목사의 우울증이 이토록 심각했다면 왜 그는 도움을 구하지 않았는지 의아해할 수도 있다. 마틴 루서 킹 주니어는 이 책에 나온 인물 중 유일하게 현대적인 정신과 치료를 받을 수 있는 사람이었다. 하지만 그는 정신과 의사를 찾지 않았다.

어떤 면에서 충분히 이해가 가는 일이다. 자신에게 도움이 필요하다고 인정하기까지 얼마나 오랜 시간이 필요한가. 더는 의지만으로 견딜 수 없으며, 머리가 돌아 버린 것 같다고 고백하는 일은 누구에게나 결코 쉬운 일이 아니다. 나 역시 우울증이라는 현실을 끝내 받아들일 수밖에 없었던 순간이 얼마나 괴로웠는지 똑똑히 기억하고 있다. 내 얼굴에 서린 어둠에 우울증이라는 이름을 붙이던 그 순간을. 내가 다니던 대학의 상담 센터로 올라가는 언덕길을 무거운 발걸음으로 오르던 날, 친구는 내가 상담 예약을 꼭 지키도록 상담소까지 동행했다. 상담소 문을 열고 들어가는 나를 보며 사람들이 어떤 생각을 할지 두려워 속으로 아무도 나를 보지 않기를 기도했다. 약 먹을 시간이 되면 내면의 싸움이 시작됐다. 조그만 알약들 앞에서 나는 패배자와 실패자, 믿음 없는 사람처럼 느껴졌다. 물론 약을 먹는다고 그런 사람이 되는 건 아님을 알았지만, 그래도 도움이 필요하다는 사실을 받아들이는 싸움은 처절했다.

우리는 또한 킹 목사가 1960년대 미국에서 흑인으로 살았다는 점을 잊지 말아야 한다. 지금도 흑인 사회에서 정신 질환은 잘 보고되지 않거나 종종 오진된다.[8] 50년 전엔 이러한 경향이 더 짙었을 것이다. 따라서 킹 목사가 전문가의 도움을 구했을지라도 필요한 도움을 받지 못했을 가능성도 다분하다. 정신과 치료 체계도 존재했고 항우울제도 개발된 상태였지만 여전히 초기 단계였고 지금처럼 고도로 발전된 것도 아니었다. 의학적 도움이 가능했다 하더라도 정신 질환자에 대한 낙인까지 제거해 주지는 못했다. 이와 같은 낙인은 반세기가 지난 오늘날에도 여전히 계속되고 있다.

이렇게 불리한 여건과 더불어 마틴이 자신의 우울증에 관해 자유롭게 말하지 못하는 냉엄한 현실이 있었다. 그야말로 백척간두의 위기였다. 전국적인 운동을 이끌며 비폭력을 대변하던 킹 목사는 사방에서 공격받으며 위태로운 상황에 처해 있었다. 정신과 치료를 받는다는 소문이 새어나가기라도 한다면 수많은 적대자에게 그의 신용에 손상을 입힐 무기를 안겨 주는 꼴이 될 것이 자명했다. "그거 봐, 마틴은 미쳤다고." 하며 비아냥대지 않았겠는가.

그들이 동네방네 큰 소리로 떠들지 않고 조용히 수군거

렸다 하더라도 킹 목사가 정신과 치료를 받는다는 소문은 틀림없이 온 천하에 공개되었을 것이다. 전방위적으로 마틴 루서 킹 주니어의 사생활을 감시하며 종종 불법적으로 도청을 감행했던 연방수사국(FBI)이 그의 정신과 진료 기록을 손에 넣는 건 시간 문제였을 것이다. 실제로 뉴욕의 한 의사가 킹 목사에게 정신과 진료를 받아 보라고 권했지만 그는 연방수사국의 추적이 두려워 감히 고려해 보지도 못했다.[9]

마틴에겐 공개적으로 자신의 어려움을 나눌 자유가 없었고, 필요한 도움을 구할 자유마저 없었다. 그저 가던 길을 계속 가는 것 외에 다른 방도가 없었다.

쉰 목소리의 시위 주도자: 말년의 우울증

킹 목사의 말년은 폭풍이 몰아치는 것 같은 나날의 연속이었다. 그는 대도시를 중심으로 전국적으로 일어나는 폭동을 근심 어린 눈으로 지켜봐야 했다. 게다가 비폭력의 효과를 의심하며, 백인들과 협력하려는 킹 목사의 시도를 격렬하게 반대하는 흑인 민권 운동(Black Power movement)의 부상은 그에게 비폭력의 미래에 대한 회의감만 안겨 줬다.[10]

오래전 몽고메리 시위가 끝난 직후 마틴 루서 킹은 자신이 너무 이른 나이에 반짝 떴다 사라지는 것은 아닐까 두려워한 적이 있었다. 이제 그 두려움이 현실이 되는 것처럼 보였다.[11] 예전의 영향력은 서서히 사라졌고 새로운 세대의 떠오

르는 흑인 지도자들은 킹 목사의 권위와 전술에 이의를 제기
했다. 주택 문제를 돕기 위해 찾았던 시카고의 흑인 지도자들
은 마틴에게 본인 일이나 신경 쓰라며 자신들의 공동체를 방
해하지 말 것을 주문했다.[12] 킹 목사는 지지와 기세를 잃고 있
었다.

마틴의 내리막길은 뉴욕시 리버사이드 교회에서 베트남
전쟁에 대한 반대를 분명히 했던, 유명한 연설 이후 더 가팔라
졌다. 전쟁의 폭력성을 슬퍼하며 킹 목사는 어렵게 반대 성명
을 내기로 마음먹었다. 흑인 인권 운동의 가장 큰 협력자였던
대통령을 적으로 만드는 결정이었다. 마틴의 삶에서 가장 가
혹했던 비난의 시간이 시작됐다. 점점 약해지던 백악관의 지
지는 아예 사라졌고 언론은 그를 완전히 매장시켰다. 많은 이
들이 킹 목사에게 자기 분수를 알고 그런 일에 기웃거리지 말
라고 말했다. 가장 뼈아팠던 것은 등을 돌린 친구들이었다. 친
구들은 그런 식으로 평화를 말하는 건 너무 급진적이며 흑인
인권 운동의 초점을 흐리는 일이자 배반 행위라고 비난했다.
그들은 더는 마틴과 대화하려 하지 않았고 설교단에 초대하
는 일도, 남부 기독교 지도자 회의에 대한 후원도 끊었다. 킹
목사는 무엇보다 이런 친구들의 비난이 괴로웠다. 철저히 버
림당하고 소외된 것처럼 느껴지는 시간이었다. 마틴의 가까
운 친구이자 조언자였던 제로나 클레이턴은 이렇게 말했다.
"온 세상이 그와 반대편에 섰다며 마틴은 정말 힘들어했습니
다……. 저는 늘 사람들에게 마틴이 상심해서 죽은 거라고 말

합니다."[13]

이 와중에도 마틴 루서 킹 주니어의 삶은 정신없이 흘러갔다. 전국적인 운동의 얼굴이라는 엄청난 압박감은 계속됐고 자신이 지도자로서 자격이 없다는 두려움도 여전했다. 가족과 떨어져 보내는 시간도 연방수사국의 정치적 박해와 도를 넘는 감시도 힘겨웠다.[14]

킹 목사의 동료와 친구들이 그를 걱정할 수밖에 없는 상황이었다. 그들의 증언만으로도 우리는 우울증이 어떻게 마틴 루서 킹의 정신을 갉아먹고 그의 행동을 변화시켰는지 충분히 짐작할 수 있다. 정신과 치료가 불가능한 상태에서 그들은 최선을 다해 마틴을 도왔다.

첫 번째 난관은 불면증이었다. 랠프 애버내시는 이를 "마틴의 수면 전쟁"이라 부르기도 했다.[15] 킹 목사는 녹초가 됐다. 13년 동안 쉬지 않고 달려온 그였다. 처음에는 너무나 바쁜 일정 탓에 잠을 그르쳤다. 그러나 시간이 지나면서 마틴은 불면증에서 좀처럼 헤어 나오지 못해 수면제를 처방받았다. 수면제도 소용없게 되자 마틴의 친구들은 그에게 "좀 더 과감한 정신 치료"가 필요하다고 생각하기 시작했다.[16]

아마도 친구들의 의견은 옳았을 것이다. 탈진과 우울증은 악순환을 일으킨다. 우울증은 피로와 불면의 원인이 되어 피곤한데도 잠을 못 이루는, 지옥 같은 고통을 불러온다. 반대로 잠이 부족하면 우울증의 증상들이 악화하기도 한다. 킹 목사는 이런 악순환에 사로잡혔다. 그는 차츰차츰 수면 부족이 되고 의기소침해졌다.

마틴의 수면 부족과 그 원인인 우울증의 문제를 충분히 인식하고 있었던 친구와 동료들은 종종 그와 밤을 새웠다. "계주하듯 돌아가면서" 마틴의 곁을 지켜 준 그들은 새벽까지 그와 대화를 나눴다.[17] 친구와 동료들이 킹 목사의 우울증을 치료하거나 그를 달래 편히 재울 수 있었던 건 아니었다. 그저 밤을 지새우며 얘기했을 뿐.

마틴의 벗들은 또한 그의 웃음을 되찾아 주려 노력했다. 킹 목사의 마지막 생일이 가까워질 무렵 그의 풍성했던 유머 감각이 눈에 띄게 사라져 가는 것을 우려했던 동료들은 제로나 클레이턴에게 전화를 걸어 도움을 청했다. "마틴이 웃는 것을 본 지 정말 오래됐어요. 마틴을 웃길 수 있는 게 뭐가 있을지 생각 좀 해 봐요." 제로나 클레이턴은 킹 목사를 위해 재밌는 선물을 준비했다. 소액의 돈이 든 통이 그것이었다. 마틴이 감옥에 있을 때 소액의 돈과 "우리는 빈곤과의 전쟁을 선포한 린든 존슨 대통령님에게 협조 중입니다. 동전과 지폐를 넣어 주세요"라고 적힌 컵을 압수당한 일을 떠올리며 웃어 보자는 의도였다. 선물을 증정하는 장면이 녹화된 영상을 보면 제로나의 시도는 단연 성공이었다. 의도를 알아챈 킹 목사는 박장대소했다.

동료들은 킹 목사가 웃음을 잃어 간 것만 목격한 게 아니었다. 그들은 그가 불같이 화내는 것도 보게 됐다. 예전에는 열띤 토론 중에도 늘 차분하고 조용히 동료들의 전략을 듣던 그였다. 마틴은 아버지처럼 세심하게 듣고 필요한 질문만 했으며 인내심을 갖고 언제나 이해하려 했던 사람이었다. 그런 그가 변하기 시작했다. 킹 목사는 분노를 폭발했고 피해는 고스란히 동료들의 몫이었다.

킹 목사가 살해되기 직전 남부 기독교 지도자 회의에서 벌어진 일은 지금까지도 회자된다. 참석자들은 다음 계획을 놓고 의견을 모으지 못하고 말다툼을 벌이고 있었다. 킹 목사는 멤피스에 가서 환경미화원 파업을 돕기 원했지만 동료들은 반대했다. 모든 인종의 빈곤 문제를 부각하려 워싱턴 DC에 수만 명이 모이는, 야심 찬 빈곤퇴치 캠페인을 준비하느라 여력이 없다는 게 그 이유였다. 어떤 이는 마틴이 베트남 평화에 좀 더 집중해야 한다고 주장했다. 참다못한 킹 목사는 소리를 지르고 말았다. 전에는 상상도 못할 일이었다. 여러 명의 동료를 거칠게 밀치고 회의실을 박차고 나간 마틴 루서 킹 주니어는 복도까지 따라 나와 간곡하게 자신을 만류하는 동료들마저 뿌리쳤다. 마틴은 몇 시간 동안 행적을 감췄다.

고단하고 침울해진 킹 목사는 자신의 죽음에 대해 더 자주 얘기했다. 마틴은 죽음을 마음에서 떨쳐내지 못하는 사람처럼 보였다. 자신과 가족에게 전화와 편지로 끊임없이 살해 위협이 가해지고 집마저 폭탄 테러를 당했던 몽고메리에서부터 일찍 죽을지도 모른다는 생각이 그를 괴롭혔다. 암살당하기 10년 전 뉴욕시에서는 칼에 찔리는 습격을 당하기도 했다. 의사의 말에 따르면 마틴이 기침만 했어도 칼날이 대동맥을 끊어 목숨을 잃었을 뻔한 아찔한 사고였다.[19] 이전에 죽음을 눈앞에서 마주한 킹 목사가 다수의 친구에게 죽을 준비가 되었다고 얘기한 적은 있었다. 그러나 죽기 몇 달 전 그는 공공연히 대중에게 자신의 죽음을 얘기하기 시작했다.

킹 목사는 수년 동안 아버지와 함께 목회했던 에벤에셀 침례교회에서 마지막으로 설교하면서 자신의 장례식에 어떤 얘기가 나오길 바라는지 말했다. 이 유명한 "타고난 지도자" (Drum Major Instinct) 설교는 2개월 뒤 그의 장례식장에 참석한 많은 사람에게 재생되었다. 지직거리는 잡음 속에 떨리는 마틴 루서 킹 주니어의 목소리가 장례식장에 울려 퍼졌다.

암살당하기 전날 밤 킹 목사는 테네시주 멤피스에서 환경미화원의 파업을 지지하기 위해 열린 집회에 참석해 마지막 연설을 했다. 쪽지 한 장 없는 즉흥적인 연설이었고 거의 취소될 뻔한 연설이었다. 지친 데다가 목까지 아팠던 킹 목사는 악천후 때문에 많은 이들이 집회에 모이지 않을 거라 생각했다. 마틴 루서 킹 주니어는 연설할 기분이 아니라고 말하고는 호텔 방에 머물며 잠을 청했다. 집회에 도착해 수많은 군중이 킹 목사를 보지 못해 실망하고 있다는 사실을 알게 된 랠프 애버내시와 킹 목사의 동료 제시 잭슨은 곧 마틴에게 전화해 집회에 나올 것을 재촉했다.

한 전기 작가는 그날 킹 목사의 연설을 두고 "어둡고 비관주의적"이며 "죽음의 공포를 관조하는 자기 성찰적인" 연설이라고 말했다.[20] 마틴 루서 킹은 곧장 자신의 죽음이라는 주제를 꺼내 들었다. 킹 목사는 최근에 비행기를 타고 멤피스에 올 때 경험했던 폭탄 테러 위협과, 도착과 동시에 받았던 살해 협박에 관해 얘기했다. 과거에 칼로 테러를 당한 일과 작은 소녀에게 "목사님이 기침을 하지 않아 정말 다행이에요"라고 쓴 쪽지를 받은 일화도 들려줬다. 그러고 나서 킹 목사의 연설은 불길한 예언처럼 변했다.

다른 사람들처럼 저 역시 오래 살고 싶습니다. 장수한다는 건 좋은 일이죠. 하지만 지금 저는 장수에 연연해하지 않습니다. 저는 단지 하나님의 뜻을 따르고 싶을 뿐입니다. 그분은 내가 산 위에 오르도록 허락하셨습니다. 그리고 저는 저 멀리 약속의 땅을 보았습니다. 어쩌면 저는 여러분과 함께 그 땅을 밟지 못할지도 모릅니다. 그러나 오늘 밤 여러분에게 말씀드리고 싶습니다. 우리는 한 민족으로 약속의 땅에 '함께' 다다를 것입니다. 그래서 저는 오늘 밤 행복합니다. 아무것도 두렵지 않습니다. 누구도 무섭지 않습니다. 제 눈으로 다시 오실 주님의 영광을 보았기 때문입니다.[21]

연설을 급하게 마친 킹 목사는 휘청거리며 연단을 떠났다. 아내 코레타는 남편의 감정이 격해져서 인용하던 노래 가사를 미처 다 읊지 못했거니 생각했다.[22] 마틴은 쓰러졌거나 혹은 발을 잘못 디딘 듯이 랠프 애버내시의 팔에 풀썩 안겼다. 랠프는 가까스로 그를 의자에 앉혔다. 그날 밤 집회에 참석했던 한 변호사는 "마틴 루서 킹 주니어는 마치 바람 빠진 비치 볼처럼 기력이 완전히 다 빠져나간 듯이 보였습니다"라고 회고했다.[23] 그의 눈은 정확했다.

킹 목사는 그래도 자리를 뜨지 않았다. 평소에는 무수한 군중에 둘러싸이는 것을 피하고자 재빨리 빠져나간 그였지만 그날 밤만큼은 집회장에 남아서 사람들과 얘기하고 싶어 했다.[24] 그게 마지막임을 누가 알았을까. 다음 날, 암살자의 총알이 마틴의 목숨을 앗아 갔다.

샘물을 맘껏 들이켜라

킹 목사에 관한 연구를 시작하면서 나는 이미 그에게서 어떤 점을 배워야 할지 안다고 생각했다. 하지만 킹 목사의 글을 읽고, 녹음된 그의 낭랑한 목소리를 듣고, 그의 행동과 태도에 관한 증언들을 찬찬히 살피면서 나는 예상보다 훨씬 더 심오한 무언가를 발견했다. 그것은 깔끔하게 정리된 위인전의 주인공이 아닌 숨김없고 생동감이 넘치며 지극히 인간적인 인물이었다. 나는 마틴이 직면했던 압박과 위험을 생생하게 보았다. 누구라도 그런 상황에선 정신적으로 무너졌을 것이다. 그가 우울증과 불안에 맞서 조용히 싸웠다는 사실도 알게 됐다. 그리고 어떤 패턴을 발견했다. 킹 목사는 힘겨운 일을 만났을 때 전혀 흔들리지 않고 아무런 상처도 입지 않았던 초인이 아니었다. 하지만 그에게는 자신을 단단히 붙들어 매는 도구들이 있었다. 이 도구들은 생존에 필요한 힘과 희망을 주었으며 악과 살해 협박, 절망, 심지어 정신적인 어려움마저 당당히 맞설 수 있는 용기를 주었다. 그것은 마르지 않는 불굴의 샘이었다.

악몽을 웃어넘기라: 웃음의 샘. 마틴 루서 킹 주니어의 전기 작가 중 적어도 한 사람은 그가 우울증을 앓았다는 사실이 과장됐다고 주장한다. 유머 감각이 그토록 뛰어난 사람이 어떻게 우울증일 수 있냐는 것이 그가 내세우는 근거다. 목사이자 학자인 흑인에게 이 주장을 거듭 상기시켰더니 그는 그저 껄껄 웃기만 했다. 태평스럽고 행복한 기분이 유머의 필요조건은 아니다. 유머는 가장 큰 두려움과 고통의 원인도 웃어넘기게 한다. 유머는 생존 방식이며 상황을 대처하는 방법이다.[25]

킹 목사는 유머 감각이 풍부하기로 잘 알려진 인물이다. 우리는 그가 어떻게 유머를 사용해 악마를 저지했는지 확인할 수 있다. 킹 목사 그리고 그와 함께 흑인 인권 운동을 했던 동료들은 자신들이 어떤 위협 아래 있는지 분명히 인식하고 있었다. 남부 지방에서 흑인으로 산다는 것 자체가 이미 위험한 일이었다. 흑인들을 살해한 범죄자는 아무런 처벌을 받지 않았고, 흑인 인권 운동 단체나 지지자들은 도리어 공격의 대상이 되었다. 마틴과 그의 친구들은 동료 운동가들이 살해되는 것을 목격했다. 그들은 위험을 피부로 느끼며 살았다.

이런 상황에서 킹 목사는 유머의 힘을 잊지 않았다. 다음은 앤드루 영에게 그가 던진 농담이다. "자, 앤디, 자네가 바보같이 밖에 나갔다가 암살되면 내가 최고의 애도문을 낭독하겠어." 그렇게 말하고서 마틴은 앤드루 영(혹은 운 좋게 킹 목사의 놀림의 대상이 되는 누구든)의 실수와 괴벽들을 강조하는, 배꼽 빠지는 추도사를 시작했다. 이내 모든 사람들은 생사가 오락가락하는 시국을 한바탕 웃어넘겼다. 마틴 루서 킹 주니어의 친구 C. T. 비비안은 이렇게 말하기도 했다. "마틴은 죽음도 농담하는 식으로 말했습니다. 달리 말할 방법이 없어서 그랬죠."[26]

상상하기도 힘든 압박감을 마틴은 어떻게 견뎠을까? 살해 위협과 우울증이라는 악몽을 어떻게 견뎠을까? 킹 목사는 그러한 것들을 조롱하고 웃어넘기는 방법을 찾았다. 비록 암울한 상황이었지만 유머 덕에 그는 상황에 굴복되지 않았다.

"여호수아 성을 쳤네"(흑인 영가): 노래의 샘. 마틴 루서 킹 주니어는 음악적으로 부유한 유산을 갖고 태어났다. 킹 목사는 흑인 인권 운동을 함께했던 동료들과 수시로 영가나 찬송가를 부르며 위안을 얻었다. 노예였던 조상들이 그랬던 것처럼 말이다. 그와 같은 음악의 노랫말은 킹 목사와 흑인 사회 그리고 그 너머의 사람들에게까지 희망을 선사했다. 이 희망은 슬픔을 감추는 거짓된 희망이 아니라 끔찍한 지옥을 노려보며 포기하지 않는 진짜 희망이었다. 그리고 정의와 해방의 하나님, 핍박받는 자와 함께하시는 하나님에게 근거를 둔 소망이자 길이 없는 곳에도 길을 만드시는 하나님을 믿는 믿음

이었다.[27]

　흑인 인권 운동가의 결의에 찬 목소리와 킹 목사와 가까웠던 마할리아 잭슨과 같은 복음성가 가수들의 잊을 수 없는 목소리가 빚어내는 음악은 흑인 인권 운동이라는 영화의 배경 음악이 되었다. 낙심되거나 무섭고 우울할 때 킹 목사는 음악이 만들어 준 깊은 샘에서 희망을 건졌다. 또한 자신의 설교에서 흑인 영가의 가사를 인용함으로써 다른 이들도 이 샘으로 인도했다.

　한번은 미시시피에서 동료와 함께 지낼 때 킹 목사가 파김치가 되어 우울하게 지낸 적이 있었다. 친구들과 조력자들이 갖은 애를 썼지만 마틴을 침대에서 끌어내릴 수 없었다. 마틴은 일어나기를 거부했다. 삶이 너무 고단했고 벅찼다. 이불을 뒤집어쓰고 잠시 사라지고 싶을 뿐이었다. 잠이 주는 텅 빈 공간이 얼마나 그리웠던가. (언제 마틴이 그것을 경험해 본 적이 있었던가?) 하지만 킹 목사에게는 할 일이 있었다. 인종 통합 교육을 위해 어린 여자아이들 몇을 안전하게 등교시키는 일이었다.

　앤드루 영은 포크송 가수이자 킹 목사의 친구인 조안 바에즈를 찾아가 제발 마틴을 위해 노래를 불러 달라고 사정했다. 요청을 받아들인 바에즈는 킹 목사가 머무르는 집으로 향했다. 근심 어린 눈으로 서 있는 사람들을 지나 마틴의 방문을 연 그녀가 노래하기 시작했다.

나는 가련한 슬픔의 순례자

이 광활한 세상을 홀로 떠도네.

내일의 소망도 없이

하늘나라를 내 집이라 생각하며

때로는 파도에 떠밀리듯 이리저리

갈 바를 모른 채 떠도네.

허나 하늘나라라 불리는 곳이 있다 하니

내 그곳을 집으로 삼으려 하네.[28]

존 바에즈는 몇 년 전 버밍엄 16번가 침례교회의 한 소녀에게서 배운 이 오래된 가스펠송을 계속 불렀다.[29] 그곳은 흑인 인권을 위한 투쟁이 한창일 때 네 어린 소녀의 소중한 목숨을 앗아간 폭탄 테러로 슬픔을 겪은 교회였다.

바에즈의 소프라노 음색으로 칠해진 가사가 오롯이 마틴의 방을 채웠다. 2절, 3절 즈음, 킹 목사의 얼굴에 희미하게 웃음기가 돌았다. 바에즈가 노래를 끝마치자 킹 목사는 침대에서 일어나 평소처럼 몸단장을 마치고 자신의 임무를 다하기 위해 집을 나섰다.[30] 백약이 무효할 때 마틴을 낫게 한 것은 노래였다. 노래가 그를 침대에서 일으켰다.

그해 킹 목사는 시카고에서 주택 문제를 개선하기 위한 투쟁 중이었다. 그의 생에 가장 절망적인 투쟁이었다. 시카고의 폭력과 인종 차별의 심각성을 목격하고 깜짝 놀란 마틴과 그의 동료들은 남부 기독교 지도자 회의의 개입을 완강하게 거부하는 시카고 흑인 지도자들을 보고 또 한 번 놀랐다. 그곳에서 벌어진 집회 영상 중에 마할리아 잭슨과 킹 목사가 함께 등장하는 영상이 하나 있다. 킹 목사가 버넌 파크 그리스도 하나님의 교회에 모인 수많은 군중에게 연설을 하기 위해 강단에 오른다. 그가 연설을 준비하고 있는데 느닷없이 마할리아가 노래를 시작한다. 즉흥적으로 시작한 노래였지만 한 곡이 끝나기가 무섭게 또 다른 곡이 시작된다. 한 남자가 총총걸음으로 무대를 가로질러 마할리아의 손에 작은 마이크를 전달한다.

첫 가사에 킹 목사는 살짝 웃어 보인다. 마할리아의 노래가 계속되자 군중은 일어서서 리듬에 맞춰 박수치며 큰 소리로 따라 부른다. 모두 노래에 사로잡힌다. 마틴 루서 킹의 웃음은 함박웃음으로 바뀐다. 마틴은 고개를 끄덕인다. 그는 알았다. 마할리아가 자신과 군중에게 던지는 메시지를. 그녀가 막 설교를 시작하려는 마틴의 얼굴을 보았던 걸까? 심각하고 절망스러운 그의 얼굴을? 그리고 킹 목사의 우울함을 알아차렸던 걸까?

마할리아 잭슨은 옛 흑인 영가를 통해 희망을 설교하고 있었다. "여호수아 성을 쳤네. 여리고, 여리고, 여리고. 여호수아 성을 쳤네. 여리고, 나팔소리에 무너졌네." 아무리 전투가 가망 없어 보이고 적군이 너무 강력해서 승리할 수 없을 것 같아도 그게 끝이 아니다. 하나님이 함께하시면 어떤 전투도 이길 수 있다. 그분이 당신을 위해 싸우실 것이며 길이 없는

곳에 길을 만드실 것이다.[31]

이 영상에서 킹 목사의 웃음을 보며 나는 그가 격려받았음을 알 수 있었다. 킹 목사는 "마할리아, 알겠습니다. 맞아요. 당신이 옳습니다"라고 말하듯 고개를 끄덕였다.

마틴은 샘에서 물을 들이키고 있었다. 미국 흑인 교회 문화가 지켜온 샘물이었다. 그가 절망할 때마다, 너무 우울해서 완전히 포기하고 싶을 때마다 용기를 주는 물이 거기에 있었다. 이 샘물 때문에 킹 목사는 현실을 직시하면서도 희망을 품을 수 있었고, 결코 굴복하지 않았다.

"하나님은 나의 감방 친구": 영성의 샘. 노래의 샘과 긴밀하게 연결된 또 다른 샘이 있다. 킹 목사가 오뚝이처럼 다시 일어서게 만든 영성의 샘이다. 킹 목사의 신앙은 "우주를 뛰어넘는 하나님과의 교제"에 기초했다. 그는 하나님께서 가장 어두운 밤 그분의 백성과 함께하신다는 것을 굳건하게 믿었다.

몽고메리에서 젊은 마틴은 그와 같은 어두운 밤을 보내고 있었다. 한밤중에 일어난 그의 귓가에 전화 속 협박이 아직도 맴돌았다. 킹 목사는 커피 컵을 손에 들고 식탁에 앉아 아내와 갓 난 딸을 생각했다. 저들 중 하나가 진짜로 협박을 실행에 옮긴다면 어쩌지? 아내와 딸을 잃게 된다면? 내가 죽게 된다면? 생각만으로도 끔찍해서 견디기 어려웠다. 마틴은 자신이 없었다. 어떻게 투쟁을 이어갈 수 있을까.

하지만 마틴 루서 킹 주니어는 무엇을 해야 할지 알았다.

아버지가 가르쳐 주신 것이 있었다. 마틴은 김이 나는 컵 위로 고개를 숙이고 기도하기 시작했다. 저는 연약합니다. 절망스럽습니다. 제게는 아무것도 기대할 게 없습니다. 그래서 능력의 하나님, "길이 없는 곳에 길을 만드시는" 하나님께 나아갑니다. 한밤중 식탁에서 지푸라기라도 잡는 심정으로 기도하던 그때에 하나님은 마틴 루서 킹 주니어를 만나 주셨다. 킹목사는 하나님이 함께하심을 확신할 수 있었다. "그 순간 나는 이전에는 경험하지 못했던 방식으로 하나님의 존재를 체험했다. 거의 즉각적으로 두려움과 불안감이 사라졌다. 이제 어떤 상황이든 맞닥뜨릴 수 있을 것 같았다."[32]

암살당하기 몇 달 전, 버림받은 떠돌이처럼 외롭게 느껴지던 때 킹 목사는 에벤에셀 침례교회에서 사드락, 메삭, 아벳느고(다니엘 3장)에 관해 설교했다. 킹 목사는 맹렬히 타는 화덕 속에서 용감한 세 청년에게 나타난 천사를 언급하며 청중(과 자신)을 위로했다. "어떤 경우에도 혼자라고 생각하지 마십시오. 필요하다면 감옥에라도 가십시오. 그러나 거기에서도 여러분은 결코 혼자가 아닐 겁니다. 정의를 위해 싸우는 당신을 세상은 오해하고 비난할지 모릅니다. 그러나 여러분은 결단코 혼자가 아닙니다." 킹 목사는 유명한 노래를 인용하며 설교를 마무리했다. "그래, 번쩍이는 번개를 보았지. 우르릉대는 천둥소리를 들었어. 내 영혼을 덮치려는 죄악의 파도가 몰려올 때, 나는 예수님의 음성을 들었네. 계속 싸워라. 주님은 내게 약속하셨네. 내 너를 떠나지 않으리. 결코 너를 혼자 두지 않으리. 주님은 내게 약속하셨네. 결코 너를 혼자 두지 않으리."[33]

마틴 루서 킹 주니어는 이러한 교훈을 수년 전 버밍엄의 감옥에서 배웠다. 당시 마틴은 24시간 넘게 독방에 갇혀 있었고 변호사의 접견마저 허용되지 않는 상태였다. 신체적인 고문은 없었지만 정신적으로는 고문 당하는 것과 마찬가지였다. 마틴은 근심에 사로잡혔다. 그가 이끄는 인권 운동과 감옥에 갇힌 동료들 그리고 자신의 목숨과 가족들 모두가 걱정됐다. 훗날 킹 목사는 이렇게 말했다.

살아오면서 그때가 가장 길고 당황스럽고 절망적으로 느껴진 시간이었다……. 아침이 되어 해가 떠오르면 집이 되어버린, 좁은 감방의 높은 창을 통해 햇살이 들어왔다. 화창한 날, 어두컴컴한 지하 감옥에 누워 본 사람이 아니면 암울하다는 게 무엇인지 이해할 수 없다. 누군가는 걱정 때문에 내 머리가 이상해졌다고 말할지도 모른다. 내가 걱정했던 것은 사실이지만 그건 단지 근심으로 흐려진 정신이 빚어낸 현상이 아니었다. 무엇이 원인이었든 내가 희망을 볼수 없었다는 사실에는 변함이 없다.[34]

마침내 변호사 접견이 허용되었을 때 킹 목사는 자신이 소중히 여기던 친구 해리 벨라폰테가 거액을 모금해 다른 시위자들의 보석금을 댔다는 사실을 알았다. 한시름 놓게 된 그

순간 마틴은 자신의 상황을 분명히 인식하게 됐다.

아, 내가 독방에 홀로 있었던 것이 아니구나. 하나님은 감옥 문 앞에서 멈춰 서지 않으신다. 그분이 나와 함께 감방에 계셨구나⋯⋯. 가장 칠흑 같은 밤중에 새벽이 찾아왔다. 실제로 햇빛이 비치는지는 알 수 없었다. 그러나 내가 다시 빛을 보리라는 사실만은 분명했다.[35]

하나님은 감옥 문 앞에서 멈춰 서지 않으신다. 그분이 나와 함께 감방에 계셨다. 말년의 킹 목사는 여기에 다음과 같은 고백을 더할 수 있었을 것이다. 친구들이 살해당하고, 정의가 가로막히고, 사람들이 가혹하게 비난하고 비방할 때에도 하나님은 함께하신다고. 실수를 저지르거나 심지어 죽음을 목전에 둔 순간에도 하나님은 함께하신다고. 그분은 두려움과 탈진, 우울증의 감옥에서도 우리와 같이 계신다. 우리를 결코 혼자 버려두지 않겠다고 약속하셨기 때문이다.

* * *

킹 목사가 찾았던 불굴의 샘은 미국 흑인 문화가 파낸 샘이다. 언제든 누구에게나 개방된 이 샘물은 노예 제도, 인종 분리, 차별, 폭력과 증오를 겪은 조상들에 의해 수시로 검증받았다. 조상들은 자신들이 힘겹게 얻은 믿음과 흑인영가, 웃음을 마틴의 품에 선물로 안겼고 이 선물 덕에 마틴은 버틸 수 있었다.

불굴의 정신은 고통 속에서도 희망을 붙들게 한다. 마음 속 숨겨진 고통 속에서도 말이다. 불굴의 정신을 소유한 자는 뚜벅뚜벅 앞으로 가며 넘어져도 일어서고 "거꾸러뜨림을 당해도 망하지 않는다"(고린도후서 4:9). 어떤 이는 자연스럽게 이런 정신을 갖게 된다. 어려서부터 문화나 가족, 주위 환경을 통해 고통이 삶을 결정짓게 하지 않는 법을 습득할 수도 있다. 그러나 어떤 이는 배우고 기르고 연습해야 이런 정신을 얻을 수 있다. 살면서 인생의 무기를 조립해 가는 것이다.

마틴 루서 킹 주니어처럼 당신도 웃음과 음악, 영성의 샘물을 들이킬 수 있다. 나처럼 가족과 친구들의 도움을 받으며 그들의 사랑이 구명대임을 깨달을 수도 있다. 샘이 고통을 사라지게 하거나 마음속에서 즉각 우울증의 안개를 걷어내는 것도 아니다. 하지만 이 샘들은 새벽빛이 다시 떠올 때까지 우리를 꼭 붙들어 주는, 튼튼하고 안전한 닻이 되어 준다.

물은 깊지만 바닥이 밟힌다

언젠가 마더 테레사가 말했다. "만에 하나 제가 성녀가 된다면, 분명 어둠의 성녀일 것입니다." 마더 테레사의 생을 돌아보면 오늘날 우리가 추앙하는 성녀를 만든 것은 분명 그녀가 견뎌야 했던 어둠이었다. 어둠은 불처럼 마더 테레사를 정련하고, 거룩하게 만들었으며 그녀에게 하나님의 성품을 가르쳤다. 마더 테레사가 고통 속에 함께하시지만 보이지 않는 하나님, 친히 고통을 겪고 "질고를 아는"(이사야 53:3) 그분을 만났을 때, 어둠은 흉터를 남겼다. 이 책에 등장하는 우리의 형제자매들은 모두 이러한 어둠의 흔적을 갖고 있다.

우리가 그들을 성인이라 부르는 것은 그들이 완벽하거나 초인적이어서가 아니다. 그들은 당신과 나처럼 평범한 사람이었다. 그들의 경험은 우리의 경험과 크게 다르지 않았다. 단지 시간과 공간이 달랐을 뿐. 그들도 가슴앓이를 했고, 의심을 품고, 실수를 했다. 그들 역시 하나님과 자신에 대한 이해가 깊어져야 했으며, 하나님을 따르려다 넘어졌던 사람들이다.

그리고 그들도 우울증에 시달렸다. 우울증의 쓴잔을 마시고 그 끔찍함을 맛본 그들은, 나처럼 그리고 어쩌면 당신이 그랬던 것처럼 우울증이라는 악마와 싸워야 했다. 하지만 그들은 예수를 구주로 따른 성인이다. 예수의 제자가 되기 위해 꾸준히 자라 갔던 이들이다.

그렇다고 이들의 이야기가 단지 어둠 속에서 어떻게 예수를 따르느냐에 관한 것만은 아니다. 마더 테레사는 분명 이보다 한 걸음 더 나아갔다. 그녀는 이 땅의, 어둠 속에 있는 사람들 속으로 들어가 빛을 비추겠다고 말했다. 영혼의 밤을 헤매는 이들을 위한 성인, 고통의 숲을 안내해 줄 가이드가 되어 준 것이다.

내가 수년 동안 알게 된 이 친근한 인물들의 이야기가 가진 힘이 바로 여기에 있다. 그들은 우울증이라는 어둠을 안내해 줄 동반자로 캄캄한 길에 작은 빛이 되어 준다. 그 빛은 그들에게서 나오는 게 아니라 그들이 만난 하나님에게서 나온, 반사된 빛이다. 하나님은 그들이 빛을 보지 못할 때조차 그들을 만나 주셨다.

우리에겐 이들의 격려가 필요하며 이들이 밝힌 희망의 불이 필요하다. 이들이 전해 준 지혜를 우리는 가슴에 소중히 품어야 한다.

* * *

　『천로역정』을 자주 인용했던 찰스 스펄전은 주인공 크리스천이 소망이라는 자와 함께 죽음의 강을 건너는 이야기를 다음과 같이 묘사했다. "크리스천은 물에 빠져 죽을까 봐 두려워했습니다. 하지만 소망이라는 친구는 이렇게 얘기하며 크리스천을 격려했습니다. '두려워 마세요. 바닥이 밟힙니다.'" 스펄전은 이 이야기가 우리가 겪는 시련을 잘 비유하고 있다고 생각했다. 우리의 친구들과 주님은 물결치는 강 한가운데서 우리를 붙들고 격려한다. "무서워 말아라! 물이 깊어도 바닥이 밟힌다."

　맞다. 시련의 강은 깊다. 거무칙칙한 물빛은 영혼을 공포에 몰아넣고, 세찬 물결은 당신을 수장시키겠다고 위협한다. 당신은 녹초가 되어 계속 강을 건널 수 있을지 고민한다. 아니, 자신에게 건너고 싶은 마음이 있는지조차 의심하기 시작한다. 그러나 바닥이 밟힌다. 아무리 망설이고 불안정하더라도 한 걸음씩만 더 나아가라. 곧 발 디딜 곳을 발견할 것이니.

　우리에겐 우울증과의 싸움에서 우리를 붙들어 줄 사람들이 필요하다. 저 앞에서 우리에게 소리쳐 줄 사람들이. 그들은 말한다. 우울증은 사나운 적입니다. 그러나 이길 수 없다고 생각하지 마십시오. 우울증이 당신의 운명을 결정 짓게 하지 마십시오. 당신의 하나님은 당신을 떠나지 않았습니다. 물은 깊지만 바닥이 밟힙니다.

친구여, 역사책에 기록된 이들의 이야기만이 이런 격려를 해 줄 수 있다고 생각하지 마시라. 당신도 할 수 있다. 당신에게도 나눌 이야기가 있다. 맞다. 암울한 이야기이다. 하지만 그 이야기는 어둠이 당신을 어떻게 빚었는지, 그 우울한 시간을 당신이 어떻게 살아남았는지 말해 준다. 당신 역시 가장 어두운 밤을 지나는 누군가의 안내인이 될 수 있다. 누군가의 괴로워하는 영혼에 실낱같은 희망을 안겨 줄 수 있다. 그리고 어느 날 당신의 인생을 반추하던 어떤 이는 말할 것이다. 당신도 분명 어둠 속의 성자였다고.

감사의 말

많은 분의 후원과 격려, 조언이 아니었다면 이 책은 빛을 보지 못했을 것입니다. 모두에게 고마운 마음을 전합니다.

수년 동안 필자가 다양한 형식으로 이 책에 관해 얘기할 때 귀담아 들어 준 친구들에게 감사의 인사를 전합니다. (누구 얘기하는지 알지?) 지치지 않고 저를 도와주고, 제 구상을 들어 주고, 관심을 보여 주고, 편집자의 눈으로 피드백을 해 주고, 그리고 따뜻한 차를 대접해 주어서 고마웠습니다. 여러분은 무보수로 이 책의 첫 마케팅 팀이 되어 주셨습니다. 당신들의 신뢰와 기도, 한결같은 응원에 뭐라고 감사의 말을 전해야 할지 모르겠습니다.

초기 원고를 읽어 준, 드물게 용감한 분들, 특별히 수잔과 켈빈 앤더슨, 에단 클레버, 케이틀린과 드루 딕슨, 그리고 메리 로우 존스에게 감사드립니다. 모두 티 내지 않고 그러나 사려 깊고 열정적으로 원고를 교정해 주었습니다.

킹 목사에 관해 값진 조언을 해 준 패트릭 스미스와 여러 책을 추천해 준 조지나 게스, 바이런 보거에게도 감사의 말을 전합니다.

고든 콘웰 신학교 친구들과 동료들에게도 감사드립니다. 연구 자료로 쓴 수십 권의 책을 기쁜 마음으로 관리해 준 고다드 도서관 사서에게도 고마운 인사를 전합니다. 긴 작업 기간 동안 제게 웃음과 쉼, 자문을 제공해 준 '화요 점심 모임' 멤버들에게도 감사드립니다. 여러 챕터에 관한 제 생각을 정리하는 데 큰 도움이 되었습니다. 책에 나오는 몇몇 이야기를 처음으로 제게 들려준 그웬페어 아담스에게도 고마운 마음을 전합니다.

IVP 출판사의 훌륭한 직원들, 특별히 이 책을 제 원고보다 훨씬 더 좋은 책으로 편집해 준 에단 맥카시와 마케팅을 탁월하게 수행해 준 로리 네프, 눈물 나도록 멋진 표지를 디자인해 준 데이빗 파세트에게도 감사드립니다. 그리고 조악한 초고를 보고도 이 책이 잘 될 거라고 믿어 준 저의 "출판 투사" 제프 크로스비에게도 고맙다는 말을 전합니다.

처음부터 신실한 독자와 편집자, 응원단장이 되어 주신 부모님, 배리와 맨디 스토틀마이어와 글쓰기 콘퍼런스에 갈 수 있도록 후원해 준 시댁 식구 웨인과 스테이시 그루버에게 감사드립니다.

불가능할 것 같던 꿈에 위험을 감수하며 꾸준히 나를 격려해 준 남편 스콧에게도 고마운 마음을 전합니다. 당신의 희생과 응원이 꿈을 현실로 만들었습니다. 사랑해요.

마지막으로, 어두운 나날들을 동행해 준 나의 친구들에게 감사드립니다. 그대들을 통해 저는 늘 함께하시는 하나님을 느꼈습니다. 변함없는 그대들의 우정 덕에 이 책을 쓸 수 있었습니다.

사랑하는 이가
영혼의 밤을 헤맬 때

그의 회복은, 말할 것도 없이,

내가 상상할 수 있는 가장 큰 축복일 것이다.

―윌리엄 쿠퍼의 친구 존 뉴턴

이 책을 읽으시는 분 중에는 본인이 직접 우울증을 앓지
는 않지만 가까운 사람 중에 그런 사람을 알고 있는 분이 계
실 겁니다. 그들이 가족이거나 친구, 또는 당신이 돌보는 교회
교우 혹은 학생일 수 있습니다.

사랑하는 사람의 고통을 지켜보는 일은 참으로 끔찍합니
다. 저는 보통 눈을 보고 고통을 감지합니다. 우울증을 앓는
사람들의 눈은 생기가 없이 멍합니다. 그런 사람의 얼굴 근육
은 웃는 법을 기억하려 애쓰는 듯, 부자연스럽습니다. 누구나
그런 얼굴을 보면 어떻게 도와야 할지 몰라 무기력해지기 쉽

습니다.

많은 사람이 우울증―그리고 다른 정신 질환―을 떠올리며 겁부터 먹습니다. 어디서부터 시작해야 할지 모르기 때문입니다. 그런 분들을 위해 우울증을 앓는 사람을 도울 수 있는 실제적인 방법 몇 가지를 여기에 나눕니다.

1. 우울증의 증상을 알아 두세요

우울증의 징후를 모른다면 우울증을 앓는 사람을 제대로 돕기 어렵습니다. 우울증의 증상을 숙지하세요. 우울증의 전형적인 증상은 지속되는 슬픔과 절망감이며, 한때 좋아했던 사물이나 활동에 대해 흥미를 상실하는 것입니다. 이유도 모른 채 울 수도 있습니다. 게임이나 영화 관람을 제안해도 별 반응을 보이지 않을 수 있습니다. 모든 것을 비관적으로 보며 앞으로 나아질 거라 생각하지 않습니다. 우울증은 원인 모를 통증과 같은 신체적 증상과 집중력 장애 또는 결정 장애와 같은 정신적 증상을 동반합니다. 종종 불면증이나 늦잠과 같은 수면 장애나 과식이나 식욕 부진과 같은 섭식 장애를 일으키기도 합니다. 쉽게 화를 내거나 피곤해하지는 않는지, 늘 죄책감을 느끼거나 자신을 무가치한 존재로 생각하며 무모하게 행동하지는 않는지도 확인해야 합니다. 당신이 소중히 여기는 사람이 과거에 우울증을 앓았다면, 이런 증상들이 나타날 때 우울증이 재발한 건 아닌지 지켜봐야 합니다.

국립정신건강센터에서 운영하는 '국가정신건강정보포

털'웹사이트(mentalhealth.go.kr)에는 좋은 교육 자료들이 많습니다. 더 알고 싶은 분에게 추천해 드립니다.

2. 전문가의 도움을 권하세요

어떤 경우에는 자신이 우울증인지 인식하지 못할 수도 있습니다. 그럴 때는 당신이 관찰한 것을 다정하게 얘기해 주고 치료를 위해 도움 받을 것을 권면해 주세요. 우울증은 질병이지 부끄러워해야 할 게 아니라고 꼭 말해 주십시오. 전문 상담가나 1차 진료 의사 혹은 정신과 의사를 찾아가 볼 것을 권장하세요. 특별히 당신이 목사나 청소년 지도자, 교사 혹은 다른 사람을 돕는 분이라면, 환자가 치료를 바로 시작할 수 있도록 지역의 신뢰할 만한 상담가나 의사를 미리 알아 두세요.

3. 공감하며 들어 주세요

우울증을 앓는 사람이 자신의 기분을 얘기하려 할 때 동정심을 갖고 차분하게 들어 주세요. 그 사람이 자신의 경험을 충분히 나누도록 적절하고 개방적인 질문을 하는 것도 중요합니다. 조언이나 의견, 판단 혹은 무시하는 말로 섣불리 반응해서는 안 됩니다. 편안하게 얘기할 수 있는 환경을 제공해 주는 데 집중하면서, 그 사람의 기분에 공감하도록 노력하세요. 언제나 대화의 장을 열어 놓으세요.

4. 실질적인 도움을 주세요

우울증은 일상적으로 하던 일을 어렵게 만듭니다. 가장 단순했던 일마저 벅차게 느껴질 수 있습니다. 가족 중 누가 우울증을 앓고 있다면, 그 사람이 일상적인 일을 감당할 수 있게 돕는 방법들을 찾아보세요. 그리고 그가 스스로 할 수 있을 만큼 하도록 격려해야 합니다. 만일 우울증을 가진 사람이 자기 가족이 아니라면, 그 사람이나 그 가족의 짐을 덜어 주는 실질적인 도움을 제공하세요. 음식을 만들어 주거나 옷 세탁을 대신해 주세요. 병원까지 차를 태워 주는 건 어떨까요. 그 사람이 상담을 받을 때 아이들을 돌봐 줄 수도 있을 겁니다.

함께 영화를 보러 가거나 산책하는 것, 그 사람이 한때 즐겼던 취미를 같이 해 보자고 제안하는 것도 실질적인 도움이 됩니다. 거절당해도 괜찮습니다. 삶의 기쁨을 느끼게 해 주는 평범한 활동을 같이해 보자고 지속해서 권하세요.

5. 기도하세요

하나님께서 의사나 약을 통해 혹은 초자연적인 방법으로 치유하시기를 기도하세요. 우울증을 앓는 사람이 상담가와 두터운 신뢰 관계를 맺을 수 있도록 기도하세요. 하나님께서 그를 보호해 달라고 기도하십시오. 우울증을 앓는 이를 사랑하고 도울 수 있는 가장 좋은 방법을 알 수 있게 지혜를 구하세요. 언제 침묵하고 언제 말해야 할지, 언제 다음 단계로 넘어가도록 독려하고 언제 가만히 경청할지 잘 분별하게 해 달라고 기도하세요.

6. 우울증에 맞는 신앙생활을 권하세요

우울증은 개인의 종교 생활에 변화를 불러올 수도 있습니다. 우울증을 앓고 있는 사람이 믿음과 희망을 북돋아 주고, 복음을 기억하게 하는 영적 활동을 발견하고 실천하도록 도와주세요. 공동 기도나 일기 쓰기를 권할 수도 있습니다. 복음의 진리를 알려 주세요. 구원과 회복을 위해 쉬지 않고 일하시는 하나님, 그분의 끝이 없는 은혜, 하나님이 모든 것을 새롭게 하신다는 소망을 일깨워 주세요. 하나님이 마음이 상한 자들과 함께하시며, 고통받는 사람 가운데서 어떻게 일하시는지 보여 주는 성경 구절을 말해 주세요. 시편의 탄원시를 묵상하며 기도하기를 강력히 추천합니다. 어떻게 기도해야 할지 모르는 친구에게 위로와 도움이 될 것입니다.

7. 작은 성과를 축하하세요

우울증이 치유되는 과정은 들쭉날쭉합니다. 사랑하는 사람이 자율적으로 자신을 돌볼 때 혹은 어떤 점이 개선되었을 때를 잘 포착하세요. 아무리 작은 일이라도 칭찬해 주고 축하해 주세요. 잠자리에서 스스로 일어난 일, 시간에 맞춰서 약을 먹은 일, 용기를 내어 집 밖에 나간 일, 의사에게 배운 것을 실천한 일을 꼭 축하하세요. 그 사람이 자신이 이룬 성과를 인식하게 도와주고 같이 기뻐해 주세요.

8. 자살에 관해 묻는 것을 두려워하지 마세요

자살은 심각한 문제입니다. 많은 사람이 두려움 때문에 자살이라는 주제를 직접 언급하지 못하고 빙빙 돌려 얘기합니다. 듣는 사람이 괜히 자살을 생각하게 될까 봐 걱정이 돼서 그런 겁니다. 하지만 자살이나 자살 충동에 관해 직접적으로 묻는 것이 자살 위험을 높인다는 증거는 없으며, 도리어 위험을 낮추는 경향이 있습니다. 우울증을 앓는 사람에게 자해 혹은 자살에 관한 생각을 직접적으로 묻기를 두려워하지 마세요. 그가 위험한 상태에 놓였을 때 외부의 도움을 요청할 수 있도록, 자살 충동이나 계획을 비밀에 부치겠다는 약속은 하지 마십시오.

누군가가 자살 위험에 처해 있는 것처럼 보일 때 어떻게 해야 할지 알아 두세요. 자살 예방 핫라인 1577-0199, 자살 예방 상담 전화 1393, 희망의 전화 129, 생명의 전화 1588-9191, 청소년 전화 1388로 전화해 24시간 상담을 받을 수 있습니다. 그 사람이 직접 전화를 걸도록 도우실 수도 있겠죠. 누군가 금방이라도 해를 입을 수 있는 상황이라면 주저 말고 119로 연락하거나 응급실로 데려가십시오.

9. 자신을 돌보세요

우울증에 걸린 사람을 돌보는 일은 단거리 경기가 아닌 마라톤과 같습니다. 아무리 그 사람을 사랑해서 굳은 의지로 도우려 해도 때때로 소모적이고 절망스럽게 느껴지거나 진이 빠질 수 있습니다. 에너지를 완전히 소진하거나 자신의 정신 건강이 위태로우면, 다른 사람을 도울 수 있는 역량이 급격히 줄어듭니다. 자신을 잘 돌보세요. 신체적, 영적, 정신적 건강을 지키도록 노력해야 합니다. 우울증을 앓는 사람이 배우자나 자녀라면 당신이 겪고 있는 일을 잘 감당할 수 있도록 상담을 받아 보는 것도 필요할 수 있습니다.

모든 것을 혼자 감당하려 하지 마세요. 금세 지쳐서 무기력해집니다. 정신 질환을 앓고 있는 사람을 돌보는 일은 팀으로 해야지 혼자 할 수 있는 일이 아닙니다. 당신이 한 발 뒤로 물러서서 재충전하고 마음을 가다듬을 수 있도록, 돌보는 사람을 위한 지원 시스템이나 다른 돌보미를 꼭 준비시켜 두세요.

10. 계속 찾아가세요

우울증을 앓고 있는 사람과 동행하는 건 종종 긴 과정을 거쳐야 하는 일입니다. 인내심과 끈기가 필요한 이유죠. 치유가 단번에 일어나지 않고 긴 시간이 걸릴 때 포기하거나 물러나기 쉽습니다. 하지만 찾아가세요. 지속적으로 그 사람이 어떻게 지내고 있는지 확인하세요. 뭔가를 같이 하자고 계속 권하십시오. 빛이 돌아올 때까지 함께 앉아 있어 주세요. 당신이 반복적으로 보여 주는 사랑과 지지는 치유의 과정에 없어서는 안 될 중요한 한 부분입니다.

주

들어가며

1. American Psychiatric Association, *Diagnostic and Statistical Manual of Mental Disorders: DSM-5* (Arlington, VA: American Psychiatric Association, 2013). (「DSM-5 정신질환의 진단 및 통계 편람」, 미국정신의학협회)

2. 이 부분은 스탠리 잭슨의 책을 참고했다. Stanley W. Jackson, *Melancholia and Depression: From Hippocratic Times to Modern Times* (New Haven, CT: Yale University Press, 1986), 30-45.

3. Jackson, *Melancholia and Depression*, 31-33; and Andrew Solomon, *The Noonday Demon: An Atlas of Depression* (New York: Scribner, 2001), 288-289.

4. Solomon, *Noonday Demon*, 295-296, 299-301.

5. Solomon, *Noonday Demon*, 293.

6. Solomon, *Noonday Demon*, 292.

7. Jackson, *Melancholia and Depression*, 66-67. 당시 사람들이 'acedia' 와 'melancholy'(침울함)을 동의어로 간주하지 않았던 이유 중 하나는 'melancholy'라는 단어가 전형적으로 망상이나 환각을 함축하고 있다고 생각 했기 때문이다.

8. Solomon, *Noonday Demon*, 293.

9. Solomon, *Noonday Demon*, 311.

10. Solomon, *Noonday Demon*, 308-309.

1. 마르틴 루터

1. Luther to Philip Melanchthon, Wartburg Castle, May 26, 1521, in *Luther's Correspondence and Other Contemporary Letters*, ed. and trans. Preserved Smith and Charles M. Jacobs (Philadelphia: Lutheran Publication Society, 1913), 2:35

2. Martin Luther, *Table Talk*, ed. and trans. William Hazlitt (London: Fount, 1995), 298-300, nos. 632, 633.

3. Luther to Nicolaus von Amsdorf, Wartburg Castle, May 12, 1521, in Smith and Jacobs, *Luther's Correspondence*, 2:24.

4. Luther to Philip Melanchthon, Wartburg Castle, May 12, 1521, in Smith and Jacobs, *Luther's Correspondence*, 2:23.

5. Luther to George Spalatin, Wartburg Castle, September 19, 1521, in *Smith and Jacobs, Luther's Correspondence*, 2:57.

6. Luther to Philip Melanchthon, Wartburg Castle, May 26, 1521, in Smith and Jacobs, *Luther's Correspondence*, 2:35.

7. 다음에서 인용. Roland H. Bainton, *Here I Stand: A Life of Martin Luther* (Nashville: Abingdon Press, 1950), 30. (『마르틴 루터』, 생명의말씀사)

8. 다음에서 인용. James M. Kittelson, *Luther the Reformer: The Story of the Man and His Career* (Minneapolis: Fortress Press, 1986), 79.

9. 다음에서 인용. Eric W. Gritsch, *Martin—God's Court Jester: Luther in Retrospect* (Philadelphia: Fortress Press, 1983), 11.

10. 바르트부르크성에서 마귀와 잉크로 맞섰다는 루터의 진술은 전설이 되었다. 혹자는 루터가 실제로 마귀에게 잉크병을 던져 벽에 잉크 자국을 남겼다고 생각한다. 다른 이는 글을 쓸 때 사용했던 펜의 잉크를 의미했을 거라 해석한다.

11. 전기 작가 리차드 모리어스는 루터의 저술 생산력이 그의 암울한 정신 상태를 나타내는 증거라고 주장하며 루터를 "슬픔이라는 내면의 악마에 내몰려 초인적인 노력을 펼친 인물"로 묘사한다. Richard Marius, *Martin Luther: The Christian Between God and Death* (Cambridge, MA: Belknap Press, 1999), 276. 루터가 지금 우리가 '양극성 장애'(조울증, bipolar disorder)라고 부르는 정신병을 앓아 울증과 조증을 동시에 경험했다고 보는 견해도 있다. 개인적으로 설득력 있는 견해라고 생각하지만, 근거가 충분치 않고 너무 오래전 일이라 정확한 사실을 파악하기도 어렵다.

12. 언젠가 루터는 다음과 같이 말했다. "괴로운 마음과 우울한 마음은 마귀에게서 온다……. 당신이 누구든 마음이 무겁거든 마귀의 소행임을 기억하라."

Luther, *Table Talk*, 300, no. 634. 다음도 보라. Luther, *Table Talk*, 288, no. 604.

13. Luther, *Table Talk*, 282, no. 589.

14. 어떤 역사학자들은 루터의 우울 증상과 그의 신체적 질병의 상관관계를 추적했다. 다음을 보라. Gritsch, *Martin—God's Court Jester*, 147.

15. Luther, *Table Talk*, 303-304, no. 645.

16. Smith and Jacobs, *Luther's Correspondence*, 2:404-407.

17. Smith and Jacobs, *Luther's Correspondence*, 2:407.

18. Luther to Philip Melanchthon, August 2, 1527, in Smith and Jacobs, *Luther's Correspondence*, 2:409.

19. Luther to John Agricola, August 21, 1527, in Smith and Jacobs, *Luther's Correspondence*, 2:412.

20. Luther to Nicholas Hausmann, November 7, 1527, in Smith and Jacobs, *Luther's Correspondence*, 2:420.

21. Luther to Philip Melanchthon, October 27, 1527, in Smith and Jacobs, *Luther's Correspondence*, 2:419.

22. Luther, *Table Talk*, 29, 31, 291, 그리고 다른 곳에서.

23. 이 찬송시가 지어진 정확한 날짜를 알 순 없지만, 처음으로 발표된 해는 1529년이다. 루터가 영적으로 어두웠던 시기에 이 시를 썼다고 생각해도 결코 지나친 추측은 아닐 것이다.

24. Dorothea Wendebourg, "Selected Hymns," in *The Annotated Luther*, ed. Mary Jane Haemig (Minneapolis: Fortress Press, 2016), 4:133-134. 웬더보그가 사용한 영어 번역은 조지 맥도널드의 번역이다. 원문의 내용과 형식에 좀 더 충실한 번역이다.

25. 다음을 보라. Kristen E. Kvam, "Consolation for Women Whose Pregnancies Have Not Gone Well, 1542," in *The Annotated Luther*, ed. Mary Jane Haemig, 4:421. 이 글은 원래 루터의 친구가 쓴 책에 실린 짧은 후기였다. 루터가 이 후기를 쓸 무렵 그의 아내는 적어도 한 번의 유산을 경험한 상태였다. 게다가 두 사람은 이미 8개월 된 딸 엘리자베스를 잃기도 했다. 부모로서 겪는 슬픔은 루터의 가슴에 가까운 주제였음이 분명하다.

26. Martin Luther, *Letters of Spiritual Counsel*, ed. and trans. Theodore G. Tappert (Philadelphia: Westminster Press, 1955), 51.

27. Luther, *Letters of Spiritual Counsel*, 51.

28. 다음에서 인용. Gritsch, *Martin—God's Court Jester*, 83.

29. 다음에서 인용. Gritsch, *Martin—God's Court Jester*, 83.

30. 다음에서 인용. Gritsch, *Martin—God's Court Jester*, 87.

31. Luther to Jerome Weller, July 1530, in *Letters of Spiritual Counsel*, 85-87.

32. Luther, *Letters of Spiritual Counsel*, 95.

33. Luther to Mrs. Jonas von Stockhausen, November 27, 1532, in *Letters of Spiritual Counsel*, 91. 이 편지를 쓰던 날 루터는 또 한 편의 서신을 친구 요나스(편지에서 언급된 "남편")에게 보냈다. 서신에는 우울증에 빠진 친구와 그를 사랑하는 아내에 관한 조언이 담겨 있었는데, 앞선 편지와는 다른 내용의 조언이었다.

34. Luther, *Table Talk*, 306, no. 654.

35. Luther to Jonas Von Stockhausen, November 27, 1532, in *Letters of Spiritual Counsel*, 89.

36. Luther to Matthias Weller, October 7, 1534, in *Letters of Spiritual Counsel*, 96.

37. Quoted in Rudolf K. Markwald and Marilynn Morris Markwald, *Katharina Von Bora: A Reformation Life* (Saint Louis: Concordia, 2002), 139-140.

38. 1534년 5월 23일 루터가 안할트 공작 요하힘이 병에 걸려 우울해 한다는 소식을 듣고 그에게 보낸 편지, in *Letters of Spiritual Counsel*, 93.

2. 한나 앨런

1. Hannah Allen, *[Satan, his Methods and Malice baffled:] A Narrative of God's gracious dealings with that Christian Mrs. Hannah Allen...* (London: John Wallis, 1683), 8, 10.

2. Allen, *Narrative of God's Gracious Dealings*, 17.

3. Allen, *Narrative of God's Gracious Dealings*, 18.

4. Allen, *Narrative of God's Gracious Dealings*, 20.

5. "종교적 우울증"이라는 용어는 1621년 출간된 로버트 버튼의 기념비적인 저서 "우울증의 해부"에서 처음으로 등장했다. 종교적 우울증의 개관적 역사와 다수의 사례들은 *Religious Melancholy and the Protestant Experience in America* (Julius H. Rubin, New York: Oxford University Press, 1994)에서 더 살펴볼 수 있다.

6. Allen, *Narrative of God's Gracious Dealings*, 21.

7. Allen, *Narrative of God's Gracious Dealings*, 40.

8. Allen, *Narrative of God's Gracious Dealings*, 42-43.

9. Allen, *Narrative of God's Gracious Dealings*, 48.

10. Allen, *Narrative of God's Gracious Dealings*, 55, 강조는 저자가.

11. "The Cure of Melancholy and Overmuch Sorrow", 이 설교는 누구나 온라인에서 찾아볼 수 있다. 우울증에 관한, 현대인에게도 유용한 조언과 실제적인 제안이 담겨 있기에 독자들도 꼭 읽어 보길 권한다.

12. Allen, *Narrative of God's Gracious Dealings*, 26.

13. Allen, *Narrative of God's Gracious Dealings*, 28.

14. Richard Baxter, *Preservatives Against Melancholy and Overmuch Sorrow. Or the Cure of both by Faith and Physick* (London: W.R., 1713), 16.

15. Allen, *Narrative of God's Gracious Dealings*, 33-34.

16. Allen, *Narrative of God's Gracious Dealings*, 46.

17. 절식 또는 "종교적 거식증"은 17세기 백스터 목사와 현대 사학자 루빈이 언급한 종교적 우울증의 또 다른 증상이다. 필자는 섭식 장애의 역사를 다룬 정신의학 책에서 처음으로 한나를 알게 됐다.

18. Allen, *Narrative of God's Gracious Dealings*, 58.

19. Allen, *Narrative of God's Gracious Dealings*, 64-65. 이 내용은 1665년에서 1666년으로 넘어가는 겨울에 기록되었다. 봄이 되자 한나는 식생활이 조금 개선됐다고 적었는데 그 이유에 대해선 언급하지 않았다.

20. Allen, *Narrative of God's Gracious Dealings*, 62.

21. Allen, *Narrative of God's Gracious Dealings*, 60.

22. Allen, *Narrative of God's Gracious Dealings*, 68-69.

23. Allen, *Narrative of God's Gracious Dealings*, 72.

24. Allen, *Narrative of God's Gracious Dealings*, i.

3. 데이비드 브레이너드

1. *The Life and Diary of David Brainerd*, ed. Jonathan Edwards (Middletown, DE: ReadaClassic, 2010), 65. (『데이비드 브레이너드 생애와 일기』, 크리스천다이제스트, 2011)

2. *The Life and Diary of David Brainerd*, 6. 안타깝게도 에드워즈는 브레이너드의 일기에서 상당 부분을 삭제했는데 그중에는 브레이너드가 자신의 우울증에 관해 적은 내용이 다수 포함되어 있었다. 삭제된 부분은 에드워즈 자신의 요약문으로 채워졌고 일기 원문은 브레이너드의 후손 중 한 사람에 의해 파기됐다. 따라서 삭제된 내용을 복원하여 브레이너드가 실제로 어떤 글을 남겼는지 알아낼 길은 없다. 비록 편집되었다고는 하지만 남은 글만으로도 우리는 진실을 충분히 파악할 수 있다.

3. *The Life and Diary of David Brainerd*, 67.

4. *The Life and Diary of David Brainerd*, 30.

5. 소란스러웠던 클럽 총장의 임기 중에 이런 일을 당한 사람이 브레이너드만은 아니었다. 많은 사람이 벌금을 물거나 퇴학당했고 학위를 취소한다는 위협에 시달렸다.

6. 우리는 브레이너드가 퇴학 전후에 어떤 생각을 하고 지냈는지 자세히 알 수 없다. 브레이너드가 대학 시절 썼던 일기를 파기한 데다가 비난의 화살이 지나치게 예일 대학 관계자에게 향하지 않도록 에드워즈가 검열을 했기 때문이다. 브레이너드의 후손 중 하나인 토머스 브레이너드는 퇴학 때의 기록이 담긴 데이비드 브레이너드의 일기를 직접 목격했는데, 그에 따르면 브레이너드는 퇴학으로 인해 막대한 정신적, 감정적 피해를 보았으며, 에드워즈가 편집한 내용에 비해 훨씬 심각한 상태였다. 토머스는 대학 당국이 학생들의 영혼을 위한답시고 "종교 재판소"처럼 자신을 고문했다는 브레이너드의 말을 인용하며 "의심의 여지 없이 대학의 박해 때문에 데이비드 브레이너드의 생이 단축됐다"고 말하기까지 했다. Quoted in Jonathan Edwards, *The Works of Jonathan Edwards*, ed. Perry Miller, vol. 7, *The Life of David Brainerd*, ed. Norman Pettit (New Haven, CT: Yale University Press, 1985),44–45.

7. 브레이너드가 대학 이사회에 장문의 사과문을 쓴 후 클럽 총장은 브레이너드의 친구들의 청원에 못 이겨 예일대에서 남은 1년을 채운다는 조건으로 브레이너드에게 학위를 수여하겠다고 한발 물러섰다. 그러나 퇴학 후 자신이 했던 사역과 연구로 충분히 4학년 과정을 대체할 수 있다고 생각한 브레이너드는 복학하지 않고 학위만 받길 원했다. 클럽 총장이 기존에 이수한 수업으로 졸업과 학위를 인정해 달라는 자신의 요구를 거절하자 브레이너드는 학교 측이 제시한 복권을 거부했다. 결론적으로 브레이너드의 복귀를 막은 것은 클럽 총장이 아니라 브레이너드 자신이었다.

8. Brainerd to John Brainerd, April 30, 1743, in *The Diary and Journal of David Brainerd* (London: Andrew Melrose, 1902), 2:270–271, 강조는 저자가.

9. 브레이너드는 예일 대학에 재학 중이었던 1740년 여름, 피를 토하면서 처음으로 결핵 증상을 확인했다. 이는 1743년 4월 그가 카우나우믹에서 선교 사역을 시작하기 3년 전 일이자 1747년 10월 생을 마감하기 7년 전 일이다. 설교자와 선교사로 일하는 내내 브레이너드는 결핵과 그로 인한 건강 문제와 씨름해야 했다.

10. *Life and Diary of David Brainerd*, 72.

11. *Diary and Journal of David Brainerd*, 2:273.

12. *Life and Diary of David Brainerd*, 90.

13. *Life and Diary of David Brainerd*, 171-173. 당시 식민지 개척자들의 반응과 태도에 관해 더 자세히 살펴보려면 다음 문서를 참고하라. John A. Grigg, *The Lives of David Brainerd: The Making of an American Evangelical Icon* (New York: Oxford University Press, 2009), 103-107.

14. *Life and Diary of David Brainerd*, 111.

15. *Life and Diary of David Brainerd*, 111.

16. *Life and Diary of David Brainerd*, 112.

17. *Life and Diary of David Brainerd*, 112.

18. *Life and Diary of David Brainerd*, 48.

19. Edwards, *Works*, 7:35.

20. Quoted in Grigg, *Lives of David Brainerd*, 33. 이는 브레이너드가 예일 대학 입학을 준비하며 동숙했던 피니어스 피스케의 조언이다.

21. *Life and Diary of David Brainerd*, 85.

22. *Life and Diary of David Brainerd*, 112.

23. *Life and Diary of David Brainerd*, 113.

24. *Life and Diary of David Brainerd*, 60.

25. *Life and Diary of David Brainerd*, 37.

26. *Life and Diary of David Brainerd*, 126.

27. *Life and Diary of David Brainerd*, 133.

28. *Life and Diary of David Brainerd*, 136.

29. *Life and Diary of David Brainerd*, 117.

30. *Life and Diary of David Brainerd*, 144.

31. *Life and Diary of David Brainerd*, 114-115. 브레이너드는 일기에 다음과 같이 적었다. "내가 받게 될 신뢰가 얼마나 중대한 것인지 생각하면 온몸이 떨려 온다. 그렇다고 마음이 산만한 건 아니다. 오히려 차분하고 엄숙하다. 이전에 수없이 기도했던 것처럼 나를 온전히 하나님께 바치기를, 오직 하나님만을 위해 살기를 소망한다. 오, 하나님과 천사와 사람들 앞에서 내가 받은 귀한 사명을 마땅히 잊지 않고, 늘 하나님을 섬기게 하소서. 아멘. 하나님, 제가 이 일을 감당하게 도와주소서."

32. *Diary and Journal of David Brainerd*, 2:8, 2:214. 다른 문서에 따르면, 타타미는 브레이너드의 통역 일을 맡기 전 윌리엄 펜의 식민지 정부에서 통역사로 일한 적이 있었다. 브레이너드는 공식 문서에 그를 50세, 모세 틴다 타우타미(Moses Tinda Tautamy)로 소개하며, 1744년 7월에 통역사로 고용했다고 기록했다.

33. *Diary and Journal of David Brainerd*, 2:8-9, 2:214. 타타미는 브레이너드에게

여러 차례 "노력해도 소용없어요. 부족 사람들은 바뀌지 않을 겁니다"라고 얘기했다.

34. "이제 타타미는 언제 멈출지 모르는 사람처럼 열정적으로 인디언들에게 통역한다. 종종 내가 설교를 마치고 집으로 갈 때도 남아서 인디언들에게 설교의 내용을 되풀이하기도 한다…… 최근에는 자기 형편에 아주 만족해서 맡은 일도 활기차게 척척 해낸다. 내게 큰 힘이 되어 주고 있다." *Diary and Journal of David Brainerd*, 2:14.

35. 브레이너드는 도착하자마자 만난 몇 여인에게 복음을 전했다. 역사학자 존 그리그에 따르면, 레니 레나페 부족의 여인들은 가족을 위해 종교적 관습과 경험을 전달하고 수호하는 역할을 맡고 있었는데, 브레이너드는 이런 사실을 전혀 알지 못했다. 그런 그가 자신의 설교를 들은 여인들이 22킬로미터 떨어져 사는 친족에게 찾아가 신령한 백인의 말을 와서 들어 보라고 했을 때 얼마나 큰 파장을 일으켰을지 상상이나 했을까. 그렇게 아무 영문도 모른 채 브레이너드는 그저 청중이 늘어나는 것만 목격했다. Grigg, *Lives of David Brainerd*, 89-90 참조.

36. *Diary and Journal of David Brainerd*, 2:19. 브레이너드는 이렇게 썼다. "한없이 부드럽기만 한 복음이 어떻게 저들의 굳은 마음을 뚫었는지 놀라울 따름이다. 위협적인 말 한마디 없이 말이다."

37. *Diary and Journal of David Brainerd*, 2:28-29. 크로스윅숭의 인디언 부족에게 일어난 부흥을 서술할 때 브레이너드는 당시 사람들에게 잘 알려진 회심 이야기의 전형을 따른다. 그는 『놀라운 부흥과 회심 이야기』에서 조나단 에드워즈가 노샘프턴의 자기 교회에서 벌어진 일을 묘사했던 것과 비슷한 방식으로 크로스윅숭의 부흥을 서술했다. 죄를 깨달은 사람들이 자신의 영혼을 걱정하다가 조건 없는 하나님의 은혜에 감동한다는 식이었다. 여기에서 눈여겨볼 대목이 있다. 브레이너드는 지금 하나님의 강력한 역사와 값없는 은혜는 에드워즈의 백인 회중을 위한 것일 뿐 아니라 뉴저지의 소중한 인디언들을 위한 것이기도 하다고 주장하고 있다. 브레이너드는 자신의 예배에 찾아온 몇몇 백인들을 "무관심한 구경꾼" 또는 "백인 이방인"이라고 부르기까지 했는데, 이는 그들보다 원주민들이 하나님의 말씀을 더 잘 수용해서 변화된 모습을 보였기 때문이다. (『놀라운 부흥과 회심 이야기』, 부흥과개혁사)

38. *Diary and Journal of David Brainerd*, 2:22.

39. *Diary and Journal of David Brainerd*, 2:62-63.

40. 데이비드 브레이너드와 제루샤 에드워즈가 세상을 뜬 지 한참 후인 19세기에 두 사람이 연인이었다는 설이 돌았다. 두 사람이 실제로 약혼을 했거나 연인 사이였다는 증거는 없다. 다만 우리에게 알려진 것은 제루샤가 브레이너드를

돌봤으며 그가 마지막으로 보스턴에 갔을 때 동행했다는 사실뿐이다. 무덤에 나란히 묻힌 것도 사실이지만 에드워즈 가문의 묘지였기 때문에 특별한 의미를 부여할 필요는 없다. 이런 설은 아마도 브레이너드가 병석에 누워 있을 때 했던 말 때문에 생긴 듯하다. "브레이너드는 다정한 눈으로 그녀(제루샤)를 쳐다보며 말했다. '제루샤, 저와 이별할 준비가 됐습니까? 전 당신과 이별할 준비가 됐습니다. 저의 모든 친구들과도요. 제가 세상에서 제일 사랑하는 동생 존과도 작별할 준비가 됐습니다. 존과 모든 친구를 하나님께 맡기고 떠날 수 있을 것 같습니다. 하지만 저세상에서 당신을 만나 행복할 수 없다면, 솔직히 당신을 떠나기가 쉽지 않을 것 같습니다. 우리 천국에서 만나 영원히 행복합시다!'" Life and Diary of David Brainerd, 244.

41. Life and Diary of David Brainerd, 236.

42. Life and Diary of David Brainerd, 245-246.

43. Life and Diary of David Brainerd, 139.

44. Life and Diary of David Brainerd, 139.

45. 다음에서 인용. David Wynbeek, David Brainerd: Beloved Yankee (Grand Rapids, MI: Eerdmans, 1961), 236.

46. 그렇다고 해서 브레이너드를 통해 신앙을 갖게 된 원주민들이 있었다는 사실마저 과소평가해선 안 된다. 19세기 원주민 중에는 자신의 영적 조상을 브레이너드로 말하는 신자도 있었고 레니 레나페족 중에는 지금도 그리스도인이 존재한다.

47. 에드워즈는 교회와 논쟁을 벌이던 시기에 『데이비드 브레이너드 생애와 일기』를 출간했다. 그는 누가 교회의 멤버가 되고 누가 성찬에 참여할 수 있는지 좀 더 엄격한 기준을 세우고 싶어 했다. 에드워즈는 특정한 때에 구체적인 목적을 가지고 브레이너드의 일기를 공개했다. 많은 이(에드워즈가 일기 공개 후 해임된 사실로 미루어 보아 이 중에는 당시 그의 교회에 다녔던 교인들도 분명 포함되었을 것이다)가 책의 출간을 데이비드 브레이너드를 이상적인 기독교 영성의 본으로 내세우는 에드워즈의 메시지로 받아들였다. 에드워즈는 자신의 교구 사람들이 모두 브레이너드처럼 살아서 완전히 회심했음을 증명하기를 바랐던 듯하다. 따라서 브레이너드의 일기를 자신의 말로 바꾸거나 삭제, 강조, 인용했던 에드워즈의 작업은 의식적이든 아니면 무의식적이든 특정한 기독교 영성을 제시하려는 목적 아래 이뤄진 것이다.

48. 다음을 참조. Grigg, Lives of Brainerd, 147-154. 에드워즈가 그랬던 것처럼, 웨슬리도 편집자의 재량으로 브레이너드를 감리교 운동의 표상으로 만들었다.

49. Quoted in Grigg, Lives of David Brainerd, 178.

50. Edwards, Works, 7:509.

4. 윌리엄 쿠퍼

1. *Memoir of the Early Life of William Cowper, Esq.* (Philadelphia: Edward Earle, 1816), 27-28.
2. 쿠퍼는 친척으로부터 돌아가신 어머니의 초상화 복제본을 받은 뒤 「엄마의 초상화를 받아들고」라는 가슴 아픈 시를 지었다. 어머니와 사별한 지 50년이 훌쩍 지났는데도 쿠퍼는 시에서 어릴 적 슬픔과 어머니에 대한 소중한 기억을 어제 일처럼 생생하게 묘사하고 있다.

   최근 어머니를 잃은 친구에게 보낸 쿠퍼의 조문 편지 역시 그가 여전히 상실감에 괴로워하고 있음을 나타내는 또 하나의 예다. 쿠퍼는 이렇게 썼다. "분명 나는 죽을 때까지 그처럼 일찍 어머니를 여읜 경험으로 아파할 거야. 한 주(아마 하루라고 써도 틀린 말이 아니겠지)도 어머니를 생각하지 않은 적이 없어. 함께한 시간이 그토록 짧았는데도 어머니의 다정함은 좀처럼 잊히지 않아." William Cowper to Joseph Hill, November 1784, in *The Works of Cowper and Thomson* (Philadelphia: J. Grigg, 1831), 268.
3. *Memoir of the Early Life*, 32.
4. *Memoir of the Early Life*, 34.
5. 자신의 시에서 쿠퍼는 테오도라의 실명을 쓰는 대신 "델리아"라는 이름을 사용했다.
6. 헤스케스 부인(테오도라의 언니, 해리엇)의 쪽지를 통해 쿠퍼는 부인이 신원불명의 발신자가 누군지 알고 있다는 사실을 깨달았다. 비록 익명의 후원자가 누군지 밝혀내지는 못했지만, 쿠퍼는 헤스케스 부인이 발신자와 선이 닿아 있음을 알고 부인에게 대신 "감사 인사"를 전해 달라고 부탁했다.
7. Charles Ryskamp, *William Cowper of the Inner Temple, Esq.: A Study of His Life and Works to the Year 1768* (Cambridge, UK: Cambridge University Press, 1959), 106. 1757년, 윌리엄 러셀이 죽고 난 후 지어진 시.
8. 쿠퍼가 학부생일 때 법대 친구 로버트 로이드에게 쓴 시에서 인용. 쿠퍼의 초기 시 중 하나로 1754년에 쓰여졌다.

   저 시커먼 지옥 열차
   잔인하게 나의 뇌를 짓뭉갠다.
   열차의 위협은 날마다 계속되고
   얼마 남지 않은 내 초라한 이성은
   분노가 불러온 울적한 생각들과
   처절하게 싸운다.

Quoted in Thomas Wright, *The Life of William Cowper* (London: T. Fisher Unwin, 1892), 67.

9. 쿠퍼의 재정적 어려움은 여기서 그치지 않았다. 재정 관리를 못하기로 유명했던 쿠퍼는 평생 너그러운 친구들의 후원에 의존해야 했다.

10. *Memoir of the Early Life*, 44.

11. *Memoir of the Early Life*, 45.

12. 다음을 참조. *Memoir of the Early Life*, 46.

13. *Memoir of the Early Life*, 52-53.

14. 다음에서 인용했다. Ryskamp, *William Cowper of the Inner Temple*, 109. 쿠퍼가 이너 템플 법학원에 다니던 마지막 해에 지은 시.

15. *Memoir of the Early Life*, 87-88. "괴이하고 무서운 어둠이 나를 덮쳤다. 두개골을 건드리지 않고도 뇌에 큰 충격을 주는 게 가능하다면, 그게 바로 내가 당하고 있는 일이었다. 충격 속에서 나는 손바닥으로 이마를 치며 큰 소리로 울었다. 생각과 말은 점점 거칠고 엉뚱해졌다. 분명히 인식할 수 있는 것은 죄책감과 처벌받으리라는 두려움뿐이었다."

16. *Memoir of the Early Life*, 90.

17. *Memoir of the Early Life*, 92.

18. *Memoir of the Early Life*, 93.

19. 확실하지는 않지만, 코튼 박사가 쿠퍼가 있을 만한 곳에 성경을 배치해 일부러 이 부분을 펼쳐 놓았을 가능성이 다분하다.

20. *Memoir of the Early Life*, 97.

21. *Memoir of the Early Life*, 99.

22. 1765년 7월 1일 헌팅던에서 쿠퍼가 헤스케스 부인에게 보낸 편지, in *Works of Cowper and Thomson*, 165.

23. Wright, *Life of William Cowper*, 128.

24. 1783년 7월 27일 쿠퍼가 존 뉴턴에게 보낸 편지에서, in *Works of Cowper and Thomson*, 234-235.

25. 1786년 1월 16일 쿠퍼가 헤스케스 부인에게 보낸 편지에서, in *The Selected Letters of William Cowper*, ed. Mark Van Doren (New York: Farrar, Straus, and Young, Inc., 1951), 176.

26. 뉴턴은 이렇게 말했다. "쿠퍼는 아직도 늪에서 빠져나오지 못했다. 어쩔 땐 그가 곧 회복될 거라 희망하다가도 또 어쩔 땐 그저 막막하기만 하다." 다음에서 인용했다. Wright, *Life of William Cowper*, 212-213. 존과 메리 부부와 언윈 부인을 보며 우리는 우울증을 앓고 있는 사람을 돌보는 게 얼마나 어려운 일인지 다시금 깨닫는다. 우울증 환자를 간호하는 일은 결코 쉬운 일이 아니며 돌

보는 사람을 지치게 만든다. 뉴턴도 종종 뜻하지 않게 쿠퍼가 그런 상태로 장기간 자신의 집에 머물게 된 것이 "불편하고 힘들다"는 점을 인정했다(다음에서 인용. Wright, *Life of William Cowper*, 213). 그러나 뉴턴 부부와 언윈 부인 모두 너그러운 마음으로 기꺼이 쿠퍼를 보살폈다. 이들은 상처받고 아파하는 친구에게 지속해서 사랑을 보여 주는 일이 얼마나 아름다운지 우리에게 가르쳐 준다. 그들은 기도와 희생으로 아무것도 답례할 수 없는 사람을 돌보는 짐을 나눠졌다.

27. Quoted in Wright, *Life of William Cowper*, 213-214.

28. 1784년 1월 쿠퍼가 존 뉴턴에게 보낸 편지에서, in *Selected Letters*, 129-131.

29. Cowper, *Selected Letters*, 129-131. 쿠퍼는 계속해서 다음과 같이 적고 있다. "내달 말이면 절망의 언어만 말하고 살아온 지 11년째가 됩니다. 한 번 빛을 본 사람이 어둠 속에 머물기엔 긴 시간입니다. 절망이 습관처럼 익숙해지기에 충분한 시간이기도 하고요. 그렇게 절망은 제 안에 자리 잡았습니다. 친구들이 제가 다시 빛을 보기를 기대하고 있다는 거 잘 압니다. 그들은 거룩한 진리는 한 번 소유하면 절대 잃을 수 없는 것으로 생각합니다. 그렇지 않다면 진리라는 게 존재할 수 없겠죠. 틀린 말은 아닙니다. 제 경우만 제외하고 말입니다."

30. Cowper, *Selected Letters*, 129-131.

31. 1788년 2월 19일 쿠퍼가 존 뉴턴에게 보낸 편지에서 인용, in *Selected Letters*, 240-241.

32. Quoted in George B. Cheever, *Lectures on the Life, Genius, and Insanity of Cowper* (New York: Robert Carter & Brothers, 1856), 329.

33. 1790년 2월 5일 쿠퍼가 존 뉴턴에게 보낸 편지에서, in *Selected Letters*, 248-249.

34. Wright, *Life of William Cowper*, 481-484.

35. 1780년 4월 6일 쿠퍼가 윌리엄 언윈에게 보낸 편지에서, in *Works of Cowper and Thomson*, 187.

36. 취미 생활에 열정적이었던 쿠퍼는 취미를 자주 바꾸기도 했다. 다음은 쿠퍼의 편지 내용이다. "내가 뭔가를 한다는 데서 기쁨을 얻기만 한다면, 지치지 않고 계속 집중할 수 있어. 내 성격이 워낙 불같거든. 어떤 일을 하면서 작은 기쁨 같은 것을 느낀 적이 없어. 언제나 격한 감정뿐이었지. 이런 성격의 단점이 있다면 무슨 일이든 금세 싫증을 낸다는 거야." 1780년 5월 8일 쿠퍼가 언윈에게 보낸 편지에서, in *Works of Cowper and Thomson*, 189.

37. 1783년 11월 10일 쿠퍼가 윌리엄 언윈에게 보낸 편지에서, in *Works of Cowper and Thomson*, 241. 아마도 쿠퍼의 친구 윌리엄 역시 종종 우울증에 시달렸던

것 같다. 이따금 윌리엄에게 편지로 조언했던 쿠퍼는 운동을 권했다. "지난번 네가 보낸 두 편지에서 네가 다소 침울하다고 느꼈어. 그런데도 그런 감정에서 벗어나려고 노력하지 않는 것처럼 보여 걱정이 된다. 내 생각엔 네가 너무 활동 부족이 아닌가 싶어. '걸을 수 없다'고 했지. 왜 그런지는 네가 더 잘 알겠지. 네 다리는 네 몸을 지탱하기에 충분히 튼튼해. 정 걸을 수 없다면 말이라도 타길 간곡히 당부한다. 넌 특별한 목적이 없다면 말 타는 것도 못한다고 말하겠지. 건강을 목적으로 삼으면 안 될까? 푹신푹신한 의자는 기분 전환에 전혀 도움이 되지 않는다는 것을 명심해. 겨울에 너무 많은 시간을 난롯가에 앉아 지내면 건강하지 못한 봄을 맞을 거야."

38. "내게는 할 일이 필요하기 때문에 나는 항상 뭔가 하려고 노력해. 여러 가지 시도를 해 봤지만 육체적인 노동은 지성을 만족시키기엔 언제나 부족한 면이 있어. 하지만 창작 활동, 특별히 시를 쓸 때는 완전히 몰입할 수 있지." Cowper, *Works of Cowper and Thomson*, 278.

39. 1786년 1월 16일 쿠퍼가 헤스케스 부인에게 보내는 편지에서, in *Selected Letters*, 175.

40. Quoted in Wright, *Life of William Cowper*, 535.

41. Ryskamp, *Cowper of the Inner Temple*, 101.

42. 1782년 11월 18일 쿠퍼가 윌리엄 언윈에게 보낸 편지에서, in *Works of Cowper and Thomson*, 228.

43. Wright, *Life of William Cowper*, 593.

44. Quoted in Wright, *Life of William Cowper*, 593.

45. Cowper, *Selected Letters*, 277-278.

46. 쿠퍼와 언윈 부인의 건강 상태가 얼마나 악화됐는지 확인한 첫 번째 친척은 헤스케스 부인이었다. 1794년 두 사람을 방문한 헤스케스 부인은 언윈 부인과 쿠퍼가 사촌 존슨의 집으로 이사하기 전까지 그들과 함께 머물다시피 했다. 헤스케스 부인은 존슨에게 보내는 편지에서 쿠퍼의 상태를 다음과 같이 상세하게 설명했다. "쿠퍼는 서재나 침실에서 쉴 새 없이 왔다 갔다 할 뿐 아무것도 하지 않아. 식사 시간을 제외하곤 종일 30분을 앉아 있지도 못한다니까. 지난번에 얘기했던 것처럼 거의 먹지도 않고. 발도 씻지 않고 아편제도 복용하지 않아. 늘 두려움에 떨고 있는 모습은 보기 끔찍할 정도야! 요즘은 매일 아니 매시간 넋 나간 사람처럼 행동해. 지난 일요일엔 아침 식사가 끝나고 저녁 4시까지 방에 처박혀 있었어. 이제는 언윈 부인의 말도 듣질 않아. 밖으로 나오면 누군가 자기 침대를 차지해 자기가 눕지 못하게 할까 봐 걱정해." 1795년 5월 5일자 편지에서, quoted in Wright, *Life of William Cowper*, 632-633.

47. See Wright, *Life of William Cowper*, 651.

48. 1796년 1월 22일 쿠퍼가 헤스케스 부인에게 보낸 편지에서, in *Selected Letters*, 298.

49. Wright, *Life of William Cowper*, 648.

50. 1798년 6월 1일 쿠퍼가 헤스케스에게 보낸 편지에서, 1798, in *Selected Letters*, 301.

51. William Cowper, *The Complete Poetical Works of William Cowper, Esq., Including the Hymns and Translations from Madame Guion, Milton, etc. With a Memoir of the Author by Rev. H. Stebbing, A.M.* (New York: D. Appleton & Co., 1869), 498-499.

52. 1785년 8월 27일 쿠퍼가 윌리엄 언윈에게 보낸 편지에서, in *Works of Cowper and Thomson*, 276.

53. M. Seeley, *The Later Evangelical Fathers* (London: Seeley, Jackson, & Halliday, 1879), 115.

5. 찰스 스펄전

1. *The Autobiography of Charles H. Spurgeon*, ed. Susannah Spurgeon and W. J. Harrald, vol. 2, 1854 1860 (Philadelphia: American Baptist Publication Society, 1899), 2:205-206. 스펄전의 자서전 내용을 바탕으로 극화한 이야기임.

2. *Autobiography of Charles H. Spurgeon*, 2:38.

3. *Autobiography of Charles H. Spurgeon*, 2:50.

4. *Autobiography of Charles H. Spurgeon*, 2:44.

5. *Autobiography of Charles H. Spurgeon*, 2:195-196.

6. William Williams, *Personal Reminiscences of Charles Haddon Spurgeon*, 2nd ed. (London: Religious Tract Society, 1895), 166.

7. *Autobiography of Charles H. Spurgeon*, 2:192.

8. Charles Spurgeon, "The Exaltation of Christ," in *The New Park Street Pulpit* (Pasadena, TX: Pilgrim Publications, 1981), 2:378. 1856년 11월 2일 거의 한 달이 지나 교회로 돌아온 스펄전은 정원에서 생각난 빌립보서 2장 9-11절 말씀을 주제로 설교했다. "재난 속에서…… 그리스도인이 자신과 다른 이들에게 던져야 할 질문은 이것입니다. 하나님의 나라는 안전한가?…… 모든 것이 산산이 부서지는 고통을 견디면서도 그리스도의 보좌가 굳건하게 서 있음을 생각한다면, 발밑의 땅이 흔들려도 그리스도가 영원한 반석 위에 서 계심을 안다면, 우리는 충분히 위로받을 것입니다."

9. 스펄전의 *Autobiography* (2:193)에서 수잔나는 스펄전이 "숨을 거두는 순간까지 그날의 상처를 잊지 못했다"고 회상한다.

10. *Autobiography of Charles H. Spurgeon*, 2:220.

11. Eric W. Hayden, *Searchlight on Spurgeon: Spurgeon Speaks for Himself* (Pasadena, TX: Pilgrim Publications, 1973), 162.

12. Charles Spurgeon, "Our Leader Through the Darkness," in *Metropolitan Tabernacle Pulpit*, vol. 59, sermon 3370, accessed August 1, 2017, www.spurgeongems.org/vols58-60/chs3370.pdf.

13. *Autobiography of Charles H. Spurgeon*, vol. 3, 1856 1878, 3:243-245. 스펄전은 당시 6주 동안 "통증과 무기력증"에 시달렸고 12주 동안 설교를 쉬어야 했다.

14. *Autobiography of Charles H. Spurgeon*, 3:183.

15. *Autobiography*, vol. 4, *1878-1892*, (4:253)에서 스펄전은 다음과 같이 기록했다. "지금 이 시간 꽤 많은 목회자들이 자신이 섬긴다는 예수님을 배반하고 있다. 성스러운 복음을 회의론으로 끊임없이 공격하는 저들은 예수님을 다시 십자가에 못 박고 있다. 상황은 점점 더 악화할 것이다." 논쟁을 싫어하는 스펄전이었지만 묵묵히 하나님의 명령을 따르려면 논쟁을 피할 수 없다고 생각했다. "하나님의 자녀에게 논쟁은 결코 기분 좋은 일일 수 없다. 하나님의 자녀는 믿음을 수호하는 전쟁에 나가거나 잘못된 교리와 싸우기보다 차라리 주님과의 교제를 선호할 것이다. 그러나 그리스도의 군사에게 주군의 명령에 순종하는 것 외에 다른 선택은 있을 수 없다."

16. *Autobiography of Charles H. Spurgeon*, 4:255.

17. 1888년 2월 15일 스펄전이 한 친구에게 보낸 편지에서. *Letters of Charles Haddon Spurgeon*, ed. Iain H. Murray (Edinburgh: Banner of Truth Trust, 1992), 186.

18. *Autobiography of Charles H. Spurgeon*, 4:255.

19. *Autobiography of Charles H. Spurgeon*, 4:255. 스펄전의 아내 수잔나는 남편과 가까이 지냈던 사람들 모두 "스펄전이 믿음을 위해 싸우다가 목숨을 잃었다"는 데 이견이 없다고 말했다.

20. Charles Spurgeon, "A Frail Leaf," in *Metropolitan Tabernacle Pulpit*, vol. 57, sermon 3269, accessed August 31, 2017, www.spurgeongems.org/vols55-57/chs3269.pdf

21. Charles Spurgeon, *The Treasury of David* (Grand Rapids, MI: Zondervan, 1957), 4:3. 스펄전의 시편 88편 주해는 자신이 우울증을 겪으며 얼마나 영적으로 어두운 시간을 보냈는지에 대한 자서전적인 고백으로 채워졌다.

22. Charles Spurgeon, "The Minister's Fainting Fits," in *Lectures to My Students*

(Albany, OR: Ages Digital Library, 1996), 180-181. (『목회자 후보생들에게』, 크리스천다이제스트)

23. 예를 들어, "다부진 성격의 사람은 걱정을 많이 하는 친구에게 '그럴 필요 없어'라고 쉽게 얘기할 수 있습니다. 우리는 영적으로 침울한 사람에게 '그러고 있지 말고 뭐라도 좀 해 봐'라고 가혹하게 말하기도 합니다. 누구도 제가 겪었던 우울함을 겪지 않길 바랍니다. 하지만 저는 이런 경험을 통해서 저처럼 우울한 사람을 부드럽게 대하는 법을 배웠습니다. 주님은 그들을 불쌍히 여기십니다." Charles Spurgeon, "The Saddest Cry from the Cross," in *Metropolitan Tabernacle Pulpit*, vol. 48, sermon 2803, accessed July 28, 2017, www.spurgeongems.org /vols46-48/chs2803.pdf.

24. Charles Spurgeon, "A Song and a Solace," in *Metropolitan Tabernacle Pulpit*, vol. 46, sermon 2682, accessed July 28, 2017, www.spurgeongems.org/ vols46-48 /chs2682.pdf.

25. Charles Spurgeon, "Sweet Stimulants for the Fainting Soul," in *Metropolitan Tabernacle Pulpit*, vol. 48, sermon 2798, accessed August 31, 2017, www. spurgeongems .org/vols46-48/chs2798.pdf.

26. Spurgeon, "Minister's Fainting Fits," 182.

27. Spurgeon, "Minister's Fainting Fits," 182.

28. Charles Spurgeon, "Elijah Fainting," in *Metropolitan Tabernacle Pulpit*, vol. 47, sermon 2725, accessed August 31, 2017, www.spurgeongems.org/vols46 -48/chs2725.pdf.

29. Charles Spurgeon, "The Shank-Bone Sermon—or, True Believers and Their Helpers," in *Metropolitan Tabernacle Pulpit*, vol. 36, sermon 2138, accessed July 28, 2017, www.spurgeongems.org/vols34-36/chs2138.pdf.

30. Spurgeon, "Shank-Bone Sermon."

31. Charles Spurgeon, preface to *Faith's Checkbook* (Chicago: Moody Press, 1993), ii-iii.

32. Charles Spurgeon, "The Roaring Lion," in *Metropolitan Tabernacle Pulpit*, vol. 7, sermon 419, accessed August 31, 2017, www.spurgeongems.org/vols7-9/ chs419.pdf.

33. Spurgeon, *Faith's Checkbook*, 133.

34. Spurgeon, "Elijah Fainting."

35. Williams, *Personal Reminiscences*, 177.

6. 테레사 수녀

1. 강조체는 다음 책에 나온 테레사 수녀의 생각과 기도를 인용하거나 환언한 것이다. *Come Be My Light: The Private Writings of the "Saint of Calcutta,"* ed. Brian Kolodiejchuk, M.C., (New York: Image, 2007). (『마더 데레사 나의 빛이 되어라』, 오래된 미래)

2. 캘커타의 테레사가 어떻게 "마더"라고 불리게 됐는지 궁금한 사람도 있을 것이다. 로레토 수녀회에 몸담고 있던 시절 테레사는 다른 수녀들처럼 이름 앞에 "마더"를 붙여 마더 테레사 혹은 더 자주 마더 메리 테레사라고 불렀다. 로레토 수녀회를 떠나 사랑의 선교 수녀회를 세울 때만 해도 그냥 "메리 테레사"라고 불리던 그녀는 수녀원장에 선출되면서 다시 "마더"로 불리게 되었다. "어머니"의 지극한 사랑을 몸소 실천하는 그녀를 보며 천주교인이 아닌 사람들도 주저 없이 그녀를 "마더 테레사"로 불렀다.

3. Mother Teresa, *Come Be My Light*, 121.

4. 1997년 테레사 수녀가 영면할 무렵 사랑의 선교 수녀회는 123개국 610곳에 약 4천여 명의 회원을 가지고 있었다.

5. Mother Teresa, *Come Be My Light*, 186-187. 이는 1959년 7월 3일 테레사 수녀가 피카치 신부에게 보낸 편지에 동봉된 기도문의 일부이다. 테레사 수녀는 하나님께서 피카치 신부에게 내면의 상태를 가감 없이 드러내기를 원하신다고 느꼈다.

6. 테레사 수녀의 시성 과정에서 그녀가 여러 명의 고해 신부와 영적 스승들에게 보낸 개인적 서신이 『마더 데레사 나의 빛이 되어라』를 통해 공개되었다. 이 책을 통해 수십 년간 그녀와 동역했던 이들조차 몰랐던, 테레사 수녀가 겪은 영혼의 고통이 세상에 알려졌다. 테레사 수녀에 관해 더 알고 싶은 독자가 있다면 이 책을 읽어 볼 것을 강력히 권한다.

7. Mother Teresa, *Come Be My Light*, 221.

8. Mother Teresa, *Come Be My Light*, 226.

9. Mother Teresa, *Come Be My Light*, 161.

10. 1961년 테레사 신부가 노이너 신부에게 보낸 편지에서. *Come Be My Light*, 210-211. 사랑의 선교 수녀회에서 피정을 인도한 노이너 신부에게 고해성사를 한 테레사 수녀는 신부로부터 자신의 경험을 글로 적어 달라는 요청을 받았다.

11. Mother Teresa, *Come Be My Light*, 210.

12. 1959년 9월, 테레사 수녀가 페리에 대주교에게 보낸 편지에서 인용. *Come Be My Light*, 191.

13. 1955년 12월 15일 테레사 수녀가 페리에 대주교에게 보낸 편지에서 인용. *Come Be My Light*, 163.

14. 1965년 1월 8일 전 테레사 수녀가 노이너 신부에게 보낸 편지에서. *Come Be My Light*, 250.

15. 1962년 5월 12일 테레사 수녀가 노이너 신부에게 보낸 편지에서. 테레사 수녀는 이어서 고통스럽더라도 하나님의 뜻에 절대적으로 순종하고자 하는 마음을 써 내려갔다. "정말 끔찍히도 고통스럽지만 전 한 번도 다른 길을 꿈꾸지 않았습니다. 하느님의 뜻이라면 전 계속 고통받겠습니다." *Come Be My Light*, 232.

16. Mother Teresa, *Come Be My Light*, 214.

7. 마틴 루서 킹 주니어

1. 위의 내용은 테일러 브랜치의 책 『가나안의 끝자락에서: 마틴 루서 킹 주니어 시대의 미국, 1965-1968』의 708쪽과 다른 곳을 참조했다. Taylor Branch, *At Canaan's Edge: America in the King Years, 1965-68* (New York: Simon & Schuster, 2006), 708.

2. *The Autobiography of Martin Luther King, Jr.*, ed. Clayborne Carson (New York: Warner Books, 1998), 58.

3. *Autobiography of Martin Luther King, Jr.*, 71.

4. 버스 승차 거부 운동이 일어나던 해, 마틴은 덱스터에서 자신의 신도들에게 종종 하나님께 자신을 객관적으로 보게 해 달라고 기도한다고 말했다. 그의 다음 설교를 보라. "Conquering Self-Centeredness" given at Dexter on August 11, 1957, in *The Papers of Martin Luther King, Jr.*, ed. Clayborne Carson (Berkeley: University of California Press, 2000), 4:255.

5. 피터 쿤하트 감독의 다큐멘터리 영화 *King in the Wilderness*, directed by Peter Kunhardt (Pleasantville, NY: Kunhardt Films, 2018).

6. 흑인 인권 운동과 그 운동에서 마틴 루서 킹 주니어가 차지했던 역할에 관해 잘 모른다면, 이 역사적인 인물과 사건에 대해 꼭 살펴보기를 권하다. 스티븐 B. 오츠의 *Let the Trumpet Sound* (New York: Harper Perennial, 1982)는 마틴 루서 킹 주니어의 업적을 개괄적으로 보여 주는 훌륭한 전기다.

7. 필자가 SCLC를 언급한 이유는 단지 마틴 루서 킹 주니어가 중요한 역할을 한 단체이기 때문이다. 이 밖에도 흑인 인권 운동 시기에 소중한 몫을 담당했던 인물과 조직들은 많다. 이들이 마틴 루서 킹 주니어의 그늘에 가려 간과되는

일은 없어야 한다.

8. Terrie M. Williams의 책 *Black Pain: It Just Looks Like We're Not Hurting*을 내게 소개해 준 조지나 게스에게 감사의 인사를 전한다. 흑인 사회 내 우울증과 관련된 문제들을 적나라하게 드러낸 책이다. 독자들에게도 일독을 권하고 싶다.

9. 다큐멘터리 영화 *King in the Wilderness*에 나오는 클래런스 존스의 인터뷰를 보라.

10. 1968년 3월 멤피스 시가행진에서 폭력 사태가 발생한 후 킹 목사는 랠프 애버내시와 버나드 리에게 말했다. "어쩌면 이젠 폭력의 시대가 왔다고 인정해야 할지 모르겠군……. 어쩌면 다 포기하고 폭력 사태가 어떤 결과를 낳을지 지켜봐야 할지도 모르겠네." 다음 날 기자들 앞에서 늠름하고 자신만만한 얼굴로 비폭력의 전염성에 대해 강조했지만 사석에서 그는 자신의 영향력이 다한 게 아닌지 걱정했다. 킹 목사는 친구 스탠리 레비슨에게 다음과 같이 말했다. "저들의 주장은 이거야. '마틴 루서 킹은 죽었어. 끝났다고……. 그 놈이 말하는 비폭력은 이제 아무것도 아니야. 누구도 듣지 않는다고.'" Branch, *At Canaan's Edge*, 734, 738-739.

11. 킹 목사는 자서전에서 이렇게 쓰고 있다. "보통 사람들은 40대 후반이나 50대 초반에 전성기를 맞는데, 너무 일찍 전성기를 맞으면 나머지 인생은 내리막길이 된다……. 27살에 정상에 오른 이의 앞길은 험난할 수밖에 없다. 사람들은 남은 생애 동안 내가 계속 모자에서 토끼를 꺼내는 마술을 부릴 거라 기대할 것이다. 마술을 부리지 않거나, 못할 때 그들은 내가 아무짝에도 소용없다고 빈정거린다." *Autobiography of Martin Luther King, Jr.*, 106, from the *New York Post*, April 14, 1957에서 인용.

12. 어떤 기자에게 킹 목사에 관한 질문을 받은 흑인 시카고 목사는 다음과 같이 대답했다. "킹 목사가 시카고에 오면 저는 그에게 여기서 당장 꺼지라고 말할 겁니다." *King in the Wilderness*에서.

13. *King in the Wilderness*.

14. 한번은 J. 에드거 후버(FBI 국장)와 그의 부하들이 킹 목사의 성추문을 제기하는 테이프를 킹 목사에게 보내기까지 했다. 그들은 스스로 목숨을 끊어 대중의 망신을 피하라는 내용의 쪽지도 동봉했다. Oates, *Let the Trumpet Sound*, 331과 그 밖의 곳을 보라.

15. Joseph Rosenbloom, *Redemption: Martin Luther King Jr.'s Last 31 Hours* (Boston: Beacon Press, 2018), 82.

16. Branch, *At Canaan's Edge*, 216. 1965년 4월 수면제도 더는 효과를 발휘하지 못했다.

17. Rosenbloom, *Redemption*, 82.

18. *King in the Wilderness.*

19. 킹 목사가 받았던 쪽지 중 가장 사랑스러웠던 쪽지는 아마도 칼에 맞고 회복 중일 때 한 소녀에게 받았던 쪽지일 것이다. 소녀의 짤막한 쪽지에는 이렇게 쓰여 있었다. "그때 기침하지 않으셔서 정말 다행이에요." 킹 목사가 암살당 하기 전날 멤피스에서 했던 연설에서 이를 인용했을 정도로 그에게는 정말 잊을 수 없는 쪽지였다.

20. Rosenbloom, *Redemption*, 109, 112. "킹 목사는 인간의 선택은 더는 폭력이냐 비폭력이냐가 아니라고 말했다. 킹 목사는 손가락으로 연단을 두드리며, 그것 보다는 비폭력이냐 '비존재'냐라고 말했다."

21. Martin Luther King Jr., *I Have a Dream: Writings & Speeches That Changed the World*, ed. James M. Washington (New York: Harper One, 1986), 203.

22. Rosenbloom, *Redemption*, 114.

23. Rosenbloom, *Redemption*, 114.

24. Rosenbloom, *Redemption*, 115.

25. 아이러니하게도 이 전기 작가는 미국에 노예 제도가 존재하던 때부터 흑인들에게 유머와 웃음이 얼마나 중요한 생존 수단인지 얘기한다. 유머는 고통 없는 삶을 의미하지 않는다. 단지 고통스러운 삶을 사는 흑인들이 그 속에서 희망을 발견하게 해 준 도구일 뿐이다. 이 전기 작가는 다음과 같은 각주도 남겼다. "훗날 (제임스 웰든) 존슨은 이렇게 시인한다. '그 후로 나는 이렇게 실컷 웃는 게 미국 흑인들의 생명줄 중 하나인 것을 알게 됐다…….' 클로드 맥케이나 W. E. D. 두 보이스 같은 흑인 사상가들도 압제에 맞서 웃을 수 있는 능력이 하나님이 주신 가장 큰 선물일 것이라고 말하며 비슷한 의견을 공유했다." Lewis V. Baldwin, *Behind the Public Veil: The Humanness of Martin Luther King Jr.*, (Minneapolis: Fortress Press, 2016), 261–262.

26. *King in the Wilderness.*

27. 킹 목사는 이렇게 말했다. "우리 선조들은 깨어진 현실 때문에 너덜너덜해진 음악 속에서도 아름다움을 찾을 수 있는 정력과 용기가 있었습니다……. 조상들의 음악으로 우리는 가장 깊은 고통과 갈망을 표현할 수 있으며 하나님께서 언제나 우리가 해낼 수 있도록 도우실 것이라는 희망을 품게 됩니다……. 이 음악을 통해 우리 흑인들은 매우 비관적이고 위험천만한 샘에서도 신비롭고 아름답게 흘러넘치는 낙관의 물을 길어 올립니다. 세상이 아직도 어둡다는 것을 알고 있지만, 그래도 우리는 한 줄기 빛을 찾고야 맙니다." *Autobiography of Martin Luther King, Jr.*, 178. 흑인 사회에서 영가가 차지하는 역할과 중요성에 관해 더 알고 싶다면 *The Spirituals and the Blues: An Interpretation* (James

Cone, New York: Seabury Press, 1972)을 읽어 보라.

28. 제임스 콘은 자신의 책에서 이 노래를 언급하며 킹 목사가 왜 이 노래를 통해 격려를 받았는지 다음과 같이 설명한다. "백인들은 흑인의 역사를 탄압하며 아프리카인들을 야만인 취급했지만, 억압받는 흑인들은 노예 주인의 말을 새겨듣지 않았다. 누구도 온 우주를 주관하시는 절대자 하나님께서 주신 존엄성을 빼앗지 못한다는 것을 잘 알았기 때문이다. 흑인들에게 하늘나라는 바로 이런 것이었다. 다른 이들이 자신의 존재를 무시할 때 자신도 인간임을 확증해 주는 곳이 바로 하늘나라였다. 핍박당하는 이들에게 자유를 약속하신 하나님의 말씀을 믿음으로써 흑인들은 자신에게도 해방될 권리가 있다고 외칠 수 있었다. 이것이 바로 '하늘나라라 불리는 곳'을 노래할 때 흑인들이 가슴에 품고 있는 생각이다." 제임스 콘은 "나는 가련한 슬픔의 순례자"의 가사로 자신의 분석을 마무리했다. Cone, *Spirituals and the Blues*, 91. 가사는 공유 저작물이다.

29 조안 바에즈는 1967년 일본 도쿄에서 열린 콘서트에서 "슬픔의 순교자"라는 노래를 버밍엄 16번가 침례교회의 한 소녀로부터 배웠다고 말하면서 특별히 그곳에서 일어난 폭탄 테러로 어린 소녀 4명이 목숨을 잃은 사실을 언급했다. 그녀는 곡을 소개하는 가운데 흑인 인권 운동 내에서 불리는 노래에 관해 얘기하며 "상처받고 굴욕적인 일을 겪을 때 대갚음할 수 없다면 노래만 한 해결책이 없다"고 말했다. 이 콘서트는 유튜브에서 들을 수 있다. www.youtube.com/watch?v=veXOWrN9cOY.

30. Story told in Branch, *At Canaan's Edge*, 529.

31. 필자에게 이 영상을 보여 주며 식견을 나눠 주신 패트릭 스미스 박사에게 감사의 인사를 전한다.

32. *Autobiography of Martin Luther King, Jr.*, 76-78.

33. 1967년 11월 5일 에벤에셀 침례교회에서 킹 목사가 한 설교. "But If Not", accessed July 5, 2018, https://archive.org/details/MlkButIfNot. 킹 목사가 성경의 예에서 노래로 전환하는 점을 주목하라. 킹 목사는 그의 가슴에 용기를 불러일으킨 노래 가사를 인용하지 않고 그냥 넘어갈 수 없었다.

34. *Autobiography of Martin Luther King, Jr.*, 184.

35. *Autobiography of Martin Luther King, Jr.*, 185-186.

결론

1. Mother Teresa to Father Neuner, March 6, 1962, in *Come Be My Light: The Private Writing of the "Saint of Calcutta,"* ed. Brian Kolodiejchuk, M.C. (New York: Image, 2007), 230.
2. Charles Spurgeon, "The Single-Handed Conquest," in *Metropolitan Tabernacle Pulpit*, vol. 44, sermon 2567, accessed August 31, 2017, www. spurgeongems.org/sermon/chs2567.pdf.

함께 얘기해 보아요

들어가며

- 이 책을 펼치기 전 당신이 우울증에 관해 어떤 생각을 가지고 있었는지 돌아봅시다. 우울증의 원인을 보통 누구의 탓으로 돌리거나 혹은 무엇 때문이라고 생각하셨나요? 당신이 생각하는 적절한 치료법은 무엇입니까? 우울증을 앓는 사람들을 향해 가진 편견이나 선입견은 없었나요? 있었다면 어떤 것이었습니까?

- 이야기가 우울증을 겪는 사람에게 어떤 영향을 미칠 수 있다고 생각하십니까? 당신에게 어떤 이야기가 유일한 희망으로 다가왔던 적이 있었나요? 당신이 우울증에 관해 생각해 보거나 얘기할 때 혹은 직접 우울증을 겪고 있는 당사자라면, 이 책의 이야기들이 당신에게 어떤 변화를 가져다줄 수 있을까요?

1. 마르틴 루터

- 루터의 이야기에서 당신의 마음에 가장 크게 다가온 부분은 어떤 것이었습니까? 의외라고 생각했던 부분도 있었나요?

- 극심한 시련 속에서도 루터는 "넌 배우는 중이야"라는 메모를 남겼습니다. (우울증 혹은 다른) 시련이 당신을 어떻게 변화시켰나요?

- 당신을 살맛나게 하는 "단순하고 감각적인 즐거움"은 무엇입니까? 그러한 것들에 집중하는 훈련을 어떻게 할 수 있을까요?

2. 한나 앨런

- 한나 앨런의 이야기에서 당신의 마음에 가장 크게 다가온 부분은 어떤 것이었습니까? 의외라고 생각했던 부분도 있었나요?

- 한나는 한동안 일기를 쓰며 많은 도움을 받았습니다. 당신도 일기를 쓰나요? 일기 쓰기가 당신의 마음과 정서, 영적 건강에 어떤 도움이 되었습니까?

- 한나는 종교 생활과 관련되어 특정한 증상을 나타내는 "종교적 우울증"을 앓았습니다. 우울증이 당신(혹은 어떤 이)의 영

적 생활에 어떤 영향을 미친다고 생각하십니까? 과거에 다른 이가 종교적 우울증을 앓고 있는 사람에 대해 어떻게 (긍정적 혹은 부정적으로) 반응하는지 목격하신 적이 있습니까? 한나 와 그녀를 돌봤던 사람들의 이야기를 통해 배울 점은 무엇일까요?

3. 데이비드 브레이너드

• 브레이너드의 이야기에서 당신의 마음에 가장 크게 다가온 부분은 어떤 것이었습니까? 의외라고 생각했던 부분도 있었나요?

• 저자는 브레이너드가 살았던 시대의 종교적, 신학적 관습이 브레이너드의 우울증에 안 좋은 영향을 미쳤을 가능성에 관해 짧게 언급하고 있습니다. 당신은 특정한 종교 관습 혹은 신학적 신념이 (본의 아니게) 우울증을 악화시킬 수 있다고 생각하십니까? 그렇다면 이런 일을 어떻게 방지할 수 있을까요?

• 브레이너드는 신실하게 살아온 삶의 결실을 거의 보지 못했습니다. 우리가 믿음의 열매를 보지 못해 낙심하고 우울해할 때 브레이너드와 그의 친구들의 유산이 우리에게 어떤 격려가 될 수 있을까요?

4. 윌리엄 쿠퍼

• 쿠퍼의 이야기에서 당신의 마음에 가장 크게 다가온 부분은 어떤 것이었습니까? 의외라고 생각했던 부분도 있었나요?

• 쿠퍼의 친구들은 우울증을 앓고 있던 쿠퍼를 어떤 식으로 돕고 격려했나요? 주변에 우울증에 시달리는 사람을 돕기 위해 당신이 적용할 수 있는 게 있습니까?

• 쿠퍼가 우울증을 견디는 데 예술은 어떤 역할을 했나요? 우리가 정서적으로 고통받을 때 예술적 창작 행위가 우리에게 어떤 영향을 미친다고 생각합니까? 힘겨울 때 당신에게 도움이 됐던 작품(시각 예술, 음악, 시, 소설 등)이 있었나요?

5. 찰스 스펄전

• 스펄전의 이야기에서 당신의 마음에 가장 크게 다가온 부분은 어떤 것이었습니까? 의외라고 생각했던 부분도 있었나요?

• 정신 질환을 언급한 설교를 들어보신 적이 있나요? 그 설교에서 정신 질환은 어떤 식으로 다뤄졌나요? 접근 방식이 서툴렀나요 아니면 당신에게 도움이 됐나요? 정신 질환에 관한 목사 혹은 다른 종교 지도자들의 발언이 정신 질환을 앓는 환자와 환자를 돌보는 사람들에게 어떤 영향을 미칩니까? 스펄전이었다면 어떤 조언을 했을까요?

- 우리가 우울증에 걸렸을 때 성경 말씀은 우리에게 어떤 도움을 줄 수 있을까요? 스펄전은 어떻게 하나님의 약속을 붙잡으려 했습니까? 그런 의지를 갖는 게 스펄전에게 어떤 도움이 되었습니까?

6. 테레사 수녀

- 테레사 수녀의 이야기에서 당신의 마음에 가장 크게 다가온 부분은 어떤 것이었습니까? 의외라고 생각했던 부분도 있었나요?

- 테레사 수녀의 내면을 드러내는 이야기가 충격적이었나요? 테레사 수녀가 우울함에 시달렸다는 사실이 그녀의 사역에 관한 당신의 생각에 어떤 영향을 미칩니까?

- 테레사 수녀의 이야기를 통해 "어둠 속에서도" 신실하게 예수님을 따르는 삶이 어떨 수 있을지에 관해 당신이 배운 점은 무엇인가요?

7. 마틴 루서 킹 주니어

- 킹 목사의 이야기에서 당신의 마음에 가장 크게 다가온 부분은 어떤 것이었습니까? 의외라고 생각했던 부분도 있었나요?

- 킹 목사가 우울증에 시달렸다는 사실이 킹 목사와 그의 업적에 관한 당신의 생각에 어떤 영향을 미칩니까?

- 시련 속에서 당신을 다시 일으켰던 것은 무엇입니까? 회복을 위한 당신만의 특별한 수단과 방법이 있나요?

결론

- 영혼의 밤을 안내해 준 7인 중 당신이 가장 공감한 사람은 누군가요? 7인의 이야기가 계속해서 당신의 삶에 어떤 영향을 미칠까요?

- 이들의 이야기가 당신이 우울증에 시달리는 사람을 돕는 데 어떤 변화를 가져다줄 거라고 생각하나요? 당신이 우울증을 앓는 당사자라면 이 이야기들이 당신에게 어떤 영향을 미쳤는지 말해 봅시다.

- 당신에게도 나누고픈 얘기가 있나요? 자신의 얘기를 나누며 다른 사람들에게 손을 내밀기 위해 당신이 구체적으로 할 수 있는 일은 무엇입니까?

영혼의 밤을 지날 때

우울증을 안고 살아간 믿음의 사람들

초판 1쇄 발행 2021년 11월 15일
초판 2쇄 발행 2023년 12월 29일

지은이 다이애나 그루버
옮긴이 칸앤메리
펴낸이 박명준

편집 박명준   펴낸곳 바람이 불어오는 곳
디자인 김진성   출판등록 2013년 4월 1일 제2013-000024호
제작 공간   주소 03041 서울 종로구 자하문로 5, 5층
                      전자우편 bombaram.book@gmail.com
                      문의전화 010-6353-9330   팩스 0504-323-9330

ISBN 979-11-91887-00-6 03230

• 이 책의 판권은 지은이와 바람이 불어오는 곳에 있습니다.
  이 책의 내용의 전부 또는 일부를 재사용하려면 반드시 양측의 서면 동의를 받아야 합니다.

• 잘못된 책은 구입하신 곳에서 교환할 수 있습니다.

바람이불어오는곳 은
교회 안과 밖 사람들의 신앙 여정을 담은 즐거운 책을 만듭니다.

 bombaram.book